HANNAH ARENDT

Entre a contingência e o absoluto

HANNAH ARENDT

Entre a contingência e o absoluto

Tiago Cerqueira Lazier

Grafia atualizada segundo o Acordo Ortográfico da Língua Portuguesa de 1990, que entrou em vigor no Brasil em 2009.

Edição: Haroldo Ceravolo Sereza/Joana Monteleone
Editora assistente: Danielly de Jesus Teles
Editor de projetos digitais: Brunno Henrique Moura
Projeto gráfico e diagramação: Airton Felix Souza
Capa: Danielly de Jesus Teles
Assistente acadêmica: Tamara Santos
Revisão: Alexandra Colontini
Imagens da Capa: *Pxhere*

CIP-BRASIL. CATALOGAÇÃO-NA-FONTE
SINDICATO NACIONAL DOS EDITORES DE LIVROS, RJ
L46H

Lazier, Tiago Cerqueira
Hannah Arendt : entre a contingência e o absoluto / Tiago Cerqueira Lazier. - 1. ed. - São Paulo : Alameda, 2021.
p. ; 21 cm.

Inclui bibliografia
ISBN 978-65-86081-88-6

1. Arendt, Hannah, 1906-1975. 2. Ciência política - Filosofia. I. Título.

19-57557 CDD: 320.01
CDU: 32:1

Alameda Casa Editorial
Rua 13 de Maio, 353 – Bela Vista
CEP 01327-000 – São Paulo, SP
Tel. (11) 3012-2403
www.alamedaeditorial.com.br

SUMÁRIO

Prefácio 9

Introdução 13

CISÕES 17
Aqui, agora 19
Absoluto 21
Dualidades 69

ENTRE PASSADO E FUTURO 81
Conflito: biografia e ontologia 83
Responsabilidade: história e ontologia 109
Acertos e Erros 223

Conclusão 241

Posfácio 251

Referências 257

Agradecimentos 263

Para a areia que interrompe o mar
Para o mar que interrompe a areia

Para a terra que interrompe o rio
Para o rio que interrompe a terra

Para a cidade que interrompe a floresta
Para a floresta que interrompe a cidade

Para o dia que interrompe a noite
Para a noite que interrompe o dia

Para os sons e cores
Que oscilam nos encontros dos desencontros

Para os bailarinos da existência
Que bailam em seus limites

Pela beleza plural da dignidade comum
Pelo presente

Prefácio

Esse livro foi apresentado originalmente ao Programa de Pós-Graduação em Ciência Política da Faculdade de Filosofia, Letras e Ciências Humanas da Universidade de São Paulo (USP) como tese para a obtenção do título de Doutor em Ciência Política. O texto estrutura-se de maneira não-convencional, experimental, em curtos diálogos com conceitos e autores, centrados em Arendt, que se sucedem em um espiral. Esperamos que seu efeito resulte numa obra provocativa sobre como repensar a política sem o apoio de um balaústre, como diria a autora. Para tanto, apesar de sua natureza acadêmica, o texto se permite recorrer, quando oportuno, à linguagem poética. Em função dessas características, optamos por não realizar mudanças substanciais e, assim, oferecer ao leitor, para o bem e para o mal, a narrativa em sua concepção estética original.

Está em ordem, não obstante, o subsídio de um mapa para facilitar a leitura, que oferecemos na sequência. O texto se inicia com uma introdução que apresenta a proposta do projeto ao leitor. Logo após, na primeira parte do livro, extrapolamos da crítica de

Hannah Arendt à pretensão da soberania, uma problematização do recorrente equívoco do pensamento projetar o absoluto, impróprio a nossa existência plural. Observamos, em Hobbes e em Berlin, como esse absoluto, em seu existir simulado, sempre se apresenta ao modo de uma dualidade, na qual a verdade ou emancipação plena equivale à falsidade ou opressão plena, a revelação divina, à dedução "jurídica", e vice-versa. Por detrás dessa farsa, a realidade se reproduz, contingentemente, nos conflitos entre limites que se tensionam, contorcendo-se sobre si mesmos. Após uma breve problematização da permanência da farsa do absoluto e da dualidade, mesmo no pensamento que se levanta contra ela, retornamos à Arendt, uma pensadora que se diferencia em sua aceitação da prática política e da espontaneidade, a partir da qual busca compreender como os valores e possibilidades democráticas – a beleza plural da dignidade comum, mesmo que imperfeitamente defendida em seus escritos – efetivam-se sem precisarem se sustentar no absoluto.

Na segunda parte, considerando-se que ela, não obstante, retorne ao e ilustre os equívocos do retorno ao absoluto, iniciamos uma requalificação de seu pensamento, com intuito de mantê-lo coerente com a condição de contingência. Partindo do tema do conflito e tensão entre passado e futuro, o qual recorta toda a sua obra, concentramo-nos nos escritos do início de sua carreira acadêmica, mais diretamente dedicados à compreensão da experiência totalitária que a afetou como judia alemã. Após uma breve introdução aos traços gerais do que seria uma ontologia consistente da pluralidade e da contingência, exploramos a questão da responsabilidade, observando como alguns desses traços se apresentam. Do pária ao parvenu, da conservação à mudança, do idealismo ao realismo, da antiguidade à modernidade, observamos como não somos soberanos, nem vassalos: somos a responsabilidade que se manifesta em sua contingência e espontaneidade, nas tensões dos conflitos entre pluralidades. Na conclusão, fazemos uma recapitulação da discussão e tecemos algumas últimas considerações.

Introdução

O presente trabalho – cuja presença ocorre diferentemente nos códigos armazenados em meu computador e na projeção que se materializa em meu monitor, em ser escrito e reescrito, lido e relido – objetiva, numa releitura da obra de Arendt, em primeiro lugar, introduzir uma ontologia da contingência e da pluralidade, a qual evitaria os equívocos cometidos pela autora e nos permitiria compreender como os valores e as possibilidades democráticas[1] – a beleza plural da dignidade comum, imperfeitamente defendida pela mesma – efetivam-se sem poderem sustentar-se no absoluto. Em segundo lugar, objetiva situar a discussão dessa ontologia no contexto da insistente farsa do absoluto e da dualidade, contra a qual Arendt escreve, e que, não obstante, perpetua.

Mas se não há absoluto para solucionar a política por nós, você pode estar se perguntando, por qual motivo então alguém perderia tempo com esse texto, com a tentativa de conhecer? Ao decorrer da

1 Arent talvez preferisse o termo "república", mas optei pelo termo "democracia" por seu uso político mais corrente.

exposição, construiremos juntos uma resposta. Veremos que justificar o esforço do pensamento – esse dialogar do eu consigo mesmo no diálogo com outros – seria, em grande medida, uma falácia. Como o respirar do corpo, contorcido sobre si mesmo, no conflito com a pluralidade de coisas em seu arredor, o pensamento ocorre mesmo que não reflitamos sobre sua ocorrência. Também ocorre quando refletimos e observamos, contorcido com a necessidade, a vontade que, ao puxar mais ou menos ar, não é nossa: é simultânea ao nosso eu. Uma das dimensões do pensamento, a qual não se justifica, porém ocorre, é o conhecer da condição da existência, o que poderíamos chamar de filosofia e ciência. Ela acompanha a dimensão que, oscilando entre necessidade e vontade, pratica significado e manifesta possibilidades, o que poderíamos chamar de política ou ética – a qual acompanha-se, também, da dimensão dos deveres e estratégias cobradas pela realidade, entre outras. Não obstante, uma vez que o conhecer da condição acompanha o propósito da prática, esse conhecimento lhe pode ser útil: enquanto o conhecer dá chance para o praticar ocorrer no pensamento, conhecemos para subsidiar a nossa prática; enquanto não podemos escapar do conhecer, conhecemos para liberar a prática estética – validada no próprio declarar de sua beleza – da política favorável à democracia.

Nossa releitura de Arendt, como será detalhado oportunamente, inova ao colocar a Arendt da contingência e da pluralidade contra a Arendt do absoluto. Ao assim procedermos –, isto é, ao tentarmos mapear as linhas gerais do que seria uma ontologia coerente –, não é nossa pretensão sugerir que a autora concordaria conosco: o fato óbvio é que escrevemos o que ela não escreveu. Mesmo se copiássemos todas as suas palavras, elas existiram em outro contexto temporal e espacial, e se aplicariam diferentemente. Em reconhecimento a isso, optamos por priorizar o "re" da releitura, ou, em outras palavras, por, desde o início, colocar em destaque não aquilo que, de acordo com o nosso julgamento, ela quis argumentar, porém aquilo que, de acordo com o nosso julgamento, ela deveria ter argumentado, ou que deveria ser argumentado agora: motivo, afinal, pelo qual supostamente estamos aqui. Como pano de fundo, embora nem sempre imediatamente antes ou após uma consideração apócrifa, será indicado como e por que divergimos do argumento que, para nós, ela parece ter desenvolvido.

A organização do trabalho não é propriamente tradicional: experimenta seguir a característica oscilante da ontologia da contingência e da pluralidade, a qual pretende introduzir. Em reconhecimento à natureza oscilante do pensamento, deixa transparecer que o mesmo traça círculos apenas enquanto vai e volta sobre seu próprio eixo, ao deslocar-se no conflito com outros pensamentos; que traça uma linha de raciocínio apenas enquanto vibra além do linear. Não esconde, igualmente, que, enquanto se dedica ao conhecer da condição, inevitavelmente configura, ainda que caladamente, as demais dimensões da existência.

Assim sendo, a primeira parte contextualiza a discussão subsequente, ao considerar como o absoluto e a dualidade cabem na existência despedaçada apenas como projeções falaciosas no pensamento do ser particular. Enquanto a verdade ou emancipação total equivale à falsidade ou opressão total, e a revelação divina, à dedução "jurídica", como o tudo equivaleria ao nada, a realidade, em sua contingência, se reproduz.

A segunda parte apresenta, em linhas gerais, nossa ontologia da contingência e da pluralidade (primeira seção) e oferece uma exploração introdutória da mesma (segunda seção), bem como, demarca alguns equívocos a serem evitados (terceira seção). Partindo da tensão que Arendt identifica entre passado e futuro – conhecimento que aparece no início, meio e fim de sua carreira acadêmica –, concentraremos-nos, embora não exclusivamente, nos escritos do início da carreira acadêmica da autora, mais diretamente dedicados à compreensão da experiência totalitária que a afetou como judia alemã. Propomos reconsiderar esses escritos à luz daquela consideração ontológica, e, ao mesmo tempo, reconsiderar esta à luz desses escritos históricos e menos abstratos. Funciona, portanto, também, como uma introdução apócrifa ao pensamento de Arendt, do qual obtemos que o conhecer e o desmascarar, embora mobilizem o movimento a oferecer oportunidade para a oscilação da possibilidade, não a determinam. Não importa, pois, a pretensão de nossas farsas obter acesso ao absoluto, importa nossas práticas atuais, aquilo que se declara na ação, que, ao se colocar como uma referência particular, permite a crítica, provoca o outro a ser diferente.

A conclusão reflete sobre nossa estratégia de leitura da autora e delineia a continuidade futura da pesquisa, à qual faltaria considerar em mais detalhes os escritos posteriores ao livro *The Origins of Totalitarianism*, com intuito de consolidar a ontologia introduzida. Também brevemente sintetiza os resultados da pesquisa.

Antes de prosseguirmos, um último aviso: embora uma ontologia da contingência e da pluralidade tenha que ser válida tanto em relação à experiência humana como à não-humana, uma vez que não corrobore o dualismo do absoluto, e, embora não possamos evitar propor argumentos que se apliquem e se justifiquem em relação a ambos, tivemos que, em grande medida, seguindo Arendt, focar nossos esforços em uma apreciação fenomenológica da ontologia. Isso implica que iremos antecipar – sem aprofundá-lo, pois não é propriamente objeto desta pesquisa – o tema da continuidade entre materialidade e linguagem, bem como, a coexistência de um paralelismo imbricado de agências.

Cisões

AQUI, AGORA

Despedaçados

Chegamos cindidos, começamos despedaçados. Estamos aqui, existindo no perímetro deste texto, permitindo-o existir no perímetro do nosso corpo, por motivos diversos. Certamente, estamos aqui saudando um futuro que ainda não é, despedindo-nos de um passado que não é mais, porque a pluralidades de coisas que mutuamente se afetam, assim procedem apenas em sua descontinuidade. De maneira tal que entre meu empurrar e a sua reação, há um lapso que é o lapso do seu corpo contorcendo sobre si mesmo, sobre o limite que lhe permite existir. Esse lapso ocorre agora na oscilação do presente e da presença, da contingência ou espontaneidade, da diferença que se manifesta no limite da tensão dos conflitos que é o nosso corpo. Após o tudo ao desencontrar-se do nada encontrá-lo, despedaçar-se em existência, o presente é dádiva, é maldição, certamente não é nosso, é o que praticamos, o que se pratica em nosso corpo. O início é oscilação, nenhum lugar para voltarmos; o começo é oscilação, nenhum absoluto a traçar a linearidade do seu horizonte infinitamente vazio. Vamos e voltamos sobre nós mesmos enquanto deslocam-nos os conflitos, sem possuirmos o que somos e o que seremos, sem o que somos ou fomos nos possuírem, por isso estamos aqui, oscilando.

A condição que nos cerca é de finitude, observamo-la na pluralidade das coisas que existem apenas em seu limite e no presente que teimosamente nos escapa; não obstante, é comum que nossas ontologias, nossos meta-fatos, pretendam, ao invés de compreender essa condição do ser particular, capturar o absoluto que lhe é por definição incompatível. Como seres particulares, praticando nossas particularidades na tensão dos conflitos com outras particularidades, das quais não somos donos – ninguém o é –, somos tentados a abdicar da responsabilidade, com a qual nossa existência plural e contingente nos agracia e amaldiçoa, em nome do absoluto que determinaria antes e após o presente, absolvendo-nos da ação nessa condição de existência, cuja verdade é a verdade da indeterminação. Visto que essa abdicação é falsa, resulta um disfarce que mascara aquilo que se pratica politicamente, o que pode ocorrer tanto religiosamente, como filosoficamente ou cientificamente. Como ilustração dessa farsa e disfarce, iremos nos apropriar e expandir a crítica de Arendt ao ideal da soberania hobbesiana, e na sequência considerar como essa falácia se replica em inversões da face dual do absoluto. Embora o ideal em questão represente um disfarce histórico específico, ele não deixa de exemplificar a farsa do fundacionalismo – isto é, a crença na existência de uma fundação capaz de determinar e resumir a ordem da realidade – em suas características genéricas.

ABSOLUTO

Hobbes I: Limites

A soberania que nos interessa em Hobbes não é a do Estado, pois essa é derivada da soberania não propriamente do indivíduo, mas do individual: liberdade, a qual "aplica-se não menos ao irracional, e a criaturas inanimadas, do que ao racional,"[1] "significa propriamente a ausência de oposição",[2] pelo que o autor quer dizer "impedimentos externos à moção"[3] (Hobbes, 1998, p. 139). Com essa famosa definição, o pensador inglês reconhece que a existência é dada finitamente – eis, portanto, a centralidade do movimento – enquanto ignora a natureza da finitude, a condição que justamente permite e dá sentido ao movimentar-se. Ele formula assim o que podemos chamar da versão moderna da farsa do "absoluto existente", no caso, a projeção de um individual que seria o particular que ocorre na finitude da existência,

---

1 Do original: "(...) may be applied no less to irrational, and inanimate creatures, than to rational".

2 Do original: "Liberty, or freedom, signifieth (properly) the absence of opposition".

3 Do original: "I mean external impediments of motion".

porém com as propriedades do absoluto que, por definição, inexiste. Ora, a pretensão desse individual é que nada externo o limite, que ele exista sozinho, onipotente e plenamente independente, que ele possa mover-se livremente em todas as direções. Fosse ele, entretanto, capaz de remover todos os obstáculos externos e existir como um ponto de densidade infinita, afinal qualquer lacuna aquém do absoluto geraria um externo que oferece resistência, não teria como ou porque se movimentar. De tão completamente cheio, ele seria completamente vazio: o ponto em sua onipotência desapareceria por inteiro. Ao estar em lugar nenhum, estaria em todos. De fato, seria soberano: nada lhe seria externo, nada lhe seria interno. Não se contorceria sobre si mesmo ao encontrar outros, não conversaria consigo mesmo ao encontrá-los. Não teria sua mente cindida e tensionada pela pluralidade que a povoaria, não cindiria e tensionaria uma mente a existir pluralmente, capaz de oferecer resistência a si mesma assim como neurônios se resistem e por isso transmitem impulsos elétricos. Não perderia, assim, sua soberania: seria tudo e nada, sem jamais encontrar, sem jamais desencontrar. Moção perfeitamente livre é moção nenhuma.

Para o soberano, o movimento não é apenas uma afronta – prova de que algo que lhe escapou, de que existe um espaço não ocupado, o qual não pode ocupar imediatamente, pois então já o teria ocupado antes do tempo –, lhe é incompreensível no sentido de lhe ser impróprio: o soberano não conhece limite, não conhece nem desconhece. Em outras palavras, a ideia da soberania não serve nem mesmo como descrição do domínio, pois este depende da existência de outros, os quais lhe dariam sentido justamente ao oferecerem-lhe resistência. O poder, no sentido de poder causar, assim como o movimento, só ocorre limitado. Assim como a necessidade não é automática, pois precisa ser recebida, resistida, estranhada e sentida, a ordem se propaga por aquilo que a resiste: pelo ar que resiste à voz ou pelo papel que resiste à caneta, pelos neurônios que resistem às ondas captadas pelos sentidos, pelo chão que permite o movimento do receptor. Não é imediata, sua força depende do lapso temporal e espacial que a ameaça com a desobediência, com a interpretação, com o fracasso. Ao aniquilar a ameaça à sua soberania, consequência da existência do seu próprio domínio, aniquila a condição que lhe permite existir.

Arendt (1998, p. 245) tem isso em mente quando diz: "soberania, a qual é sempre espúria se reivindicada por uma entidade individual isolada, assume, no caso de muitos homens vinculados por uma promessa, uma certa realidade limitada."[4] Mesmo numa organização orientada à sua hierarquia, a soberania – como um praticar específico da capacidade parcial e compartilhada do autogoverno – não seria propriamente da pessoa no topo e sim das relações de significado que vinculam uma pluralidade. Isso não significa que a coerção não desempenhe necessariamente um papel ordenativo, mas que seu desempenho depende sempre de vinculações, especialmente considerando-se que "a natureza fez os homens tão iguais, nas faculdades do corpo e do espírito, tal que mesmo às vezes havendo um homem comprovadamente mais forte de corpo, ou com uma mente mais rápida do que a de outro, ainda assim, quando a tudo observa-se junto, a diferença entre homem e homem não é tão considerável a ponto de um homem poder reivindicar para si qualquer benefício, o qual um outro não poderia demandar tanto como ele. Pois, no que tange à força do corpo, o fraco tem força suficiente para matar o mais forte, seja por maquinações secretas ou aliança com outros, os quais são vulneráveis ao mesmo perigo[5]"

---

4 Do original: "Sovereignty, which is always spurious if claimed by an isolated single entity, assumes, in the case of men mutually bound by promises, a certain limited reality".

5 Do original: "Nature hath made men so equal, in the faculties of the body, and mind; as that though there be found one man sometimes manifestly stronger

(Hobbes, 1998, p. 82). Arendt (1998, p. 234-235) aborda o mesmo quando diz que "em um sistema politeísta, por exemplo, mesmo um deus, não importa quão poderoso, não poderia ser soberano."[6] Ela, entretanto, não está apenas sugerindo que a pluralidade de similares impede o domínio da pura coerção, o que é correto, porém incompleto, pois entende como a finitude implica reconhecer que definir o domínio, em qualquer relação de forças, como soberania – e esta não no sentido de um autogoverno parcial e plural mas do "ideal intransigente de autossuficiência e controle"[7] – é absurdo. A soberania, por definição, seria realizável "apenas na suposição de um só deus:"[8] "Um é um e totalmente sozinho e sempre o será."[9] A contradição entre domínio e soberania não se dá pela maior ou menor equiparação das forças que são relativamente. Enquanto houver relação – e, portanto, semelhanças – para medirem-se as forças, não haverá soberania: qualquer coisa além do soberano, qualquer lapso na imediatez do seu poder, por menor que seja, a começar pelo seu próprio pensamento a se contorcer, a se conter e demorar, lhe nega a soberania. Controle total é controle nenhum. O fato é que toda causação depende de resistência, e resistência é incompatível com a soberania, como bem compreendeu Hobbes. O que o autor

---

in body, or of quicker mind than another; yet when all is reckoned together, the difference between man, and man, is not so considerable, as that one man can thereupon claim to himself any benefit, to which another may not pretend, as well as he. For as to the strength of body, the weakest has strength enough to kill the strongest, either by secret machination, or by confederacy with others, that are in the same danger with himself".

6 Do original: "In polytheist systems, for instance, even a god, no matter how powerful, cannot be sovereign".

7 Do original: "The ideal of uncompromising self-sufficiency and mastership".

8 Do original: " (...) only under the assumption of one god".

9 Do original: "'One is one and all alone and evermore shall be so'".

ignorava, e que Arendt consistentemente ignora apenas em relação ao não-humano, é o sentido do seu acerto: que a única maneira de interromper a contingência – no caso dos seres humanos, a vinculação espontânea por significado –, a qual se manifesta no lapso da vibração dos limites que se resistem, é interromper a causalidade.

Se a soberania não serve como definição do domínio, não serve também como definição da liberdade, ao colocar-se a ênfase não no controle e sim no isolamento, na autossuficiência. Contrariamente ao que Hobbes sugere, ele não provê uma referência lógica para a liberdade ao postular que "um homem livre é aquele que em relação àquelas coisas, as quais por sua força e sagacidade é capaz de fazer, não é impedido de fazer de acordo com sua vontade"[10] (Hobbes, 1998). Afinal, seria uma árvore em meu caminho uma lembrança da minha constituição fraca ou um impedimento externo? A resposta, claro, é que a árvore, ao me permitir ser tanto fraco como forte, assim como o próprio caminho que me separa do destino, é ambos. O absurdo erro de Hobbes é, mais uma vez, tratar uma propriedade relacional como uma propriedade absoluta e, assim, ignorar a impossibilidade lógica de se distinguir entre uma fraqueza interna e um obstáculo externo. A força pode medir-se apenas em relação a outra: é uma propriedade da interação. O que não significa que, ao medirem-se as forças, um seja fraco enquanto o outro é forte, mas sim que somos fracos e fortes simultaneamente, ainda que de maneiras diferentes. Eu tenho que ser fraco o suficiente para precisar me mover ou para precisar da madeira da árvore para efetivar minha sagacidade e força ao transformá-la, por exemplo, em uma mesa. A fraqueza da árvore, por sua vez, me interessaria apenas na maneira pela qual ela é capaz de resistir ao serrote e conformar-se

10 Do original: "A freeman, is he, that in those things, which by his strength and wit he is able to do, is not hindered to do what he has a will to".

ao formato de uma tábua. Nesse exemplo, infelizmente, a fraqueza da força da árvore frente à força da minha fraqueza significou sua morte como árvore, embora não como madeira. É ainda mais o lastimável quando algo similar ocorre a uma pessoa. Não obstante, o ponto é o seguinte: a árvore só existiria em sua força ao ser resistida pelo chão e ao resistir aos vapores da atmosfera e aos raios do sol, relações as quais, ao permitirem a demonstração de sua exuberância, tornam-na simultaneamente vulnerável e fraca. Antes que eu, aproveitando-me de sua força e fraqueza, destruíra sua existência como árvore, era ela que, ao nutrir o chão, permitia-o ser solo tanto quanto o chão permite-a ser árvore. Ambos se resistiam mutuamente, de tal maneira que, ao se modificarem, reforçavam sua identidade de árvore e solo, assim como o chão é chão por me resistir na vertical e eu sou homem, entre outros motivos, por resisti-lo na horizontal.

O mesmo raciocínio se aplica à relação entre pessoas. De fato, os seres humanos foram capazes de sobreviver às forças e às fraquezas da natureza apenas ao se resistirem mutuamente, isto é, ao combinarem suas forças e fraquezas. Essa resistência mútua refere-se também à nossa existência intersubjetivamente cultural e linguística: o ser humano só é ser humano e se reconhece enquanto tal ao resistir seus pares. Sem nos delongarmos nessa questão, entretanto, o que nos interessa aqui é notar como, ao consideramos a realidade física do particular, desaparece, de qualquer maneira, a possibilidade de ordenarmos as relações humanas a partir de um conceito absoluto, anterior aos conflitos que nos permitem ser. Assim como uma árvore antropomórfica não poderia sustentar a priori que o chão é contra a sua liberdade, muito embora poderia a posteriori reclamar das condições do solo em que existe, por julgar valioso ser grande e formosa, pessoa alguma poderia justificadamente pretender ser livre no isolamento, pois só existe ao ser resistida, por coisas e pessoas, muito embora poderia a posteriori demandar condições específicas e relacionais para a prática dos seus movimentos. O que significa dizer que – em não havendo como encontrar o significado de liberdade ou simplesmente significado na soberania do absoluto, anterior ao tempo e ao espaço, ou, em não havendo como existir sozinho sem a pluralidade de outros – cabe ao movimento humano ao movimentar-se significar e coordenar parcialmente a ordenação de sua própria existência compartilhada com outros. Em outras palavras, não existiria um fato total que resolva para nós a moralidade ou a política, um princípio organizativo anterior ao estado de movimento em que nos encontramos e manifestamos nossa espontaneidade. O que deveria ser óbvio, afinal, a própria ideia do homem ser capaz de racionalmente deduzir e aplicar a verdade moral ou política ignora que, caso houvesse essa verdade ou fato total, ela teria que ser efetiva antes de ser resistida, antes do pensamento capaz de desafiá-la – o que é factualmente absurdo. Caso contrário, por definição e demonstração, não seria total, e qualquer tentativa de reivindicar acesso a ela seria falaciosa. Nossa condição é tal que o livramento do absoluto nos confere a responsabilidade de significar a liberdade, de organizar as confrontações nas quais existimos sem poder apelar para uma referência última.

Em suma, enquanto reconhece a factualidade da finitude do poder, Hobbes não reconhece nesse fato, como reconhecera Arendt, a natureza do mesmo; mais precisamente, não reconhece que é o limite que empodera. No nível mais elementar, o autor ignora que aquilo que torna o movimento humano possível é aquilo que oferece resistência a ele, como o chão em que eu piso. No nível mais abstrato, ignora que se algo chega ao seu limite, se algo se contorce sobre si mesmo enquanto se movimenta no espaço, sua gravidade e densidade deixou de ser infinita: há necessariamente lapsos, outros que lhe resistem, que o demarcam – o vazio do tudo pois nada demarcaria –, que o puxam para fora. Ignora, portanto, como o espaço se configura justamente nesse conflito de finitudes vibratórias – sejam a nós visíveis ou invisíveis – para que possamos falar de movimento, em primeiro lugar.

Hobbes não inventou ou racionalizou com seu estudo da soberania o fundacionalismo: a projeção de uma referência absoluta jamais poderia ser coerente. Ele inventou um disfarce específico para o comum mascaramento do particular, o qual acentuou o caráter absurdo da tentativa de fazer o absoluto inexistente caber na existência das finitudes a permitirem tanto o tempo como o espaço, a interação material como a comunicação linguística. Em que pesem as especificidades, a projeção do absoluto sempre ignora, em alguma maneira crucial, a natureza da finitude. Ignora – como poderemos reconhecer mais facilmente na passividade e atividade da experiência humana – que a ordem ou causa, como um limite que é resistido por outros, faz o efeito vibrar sobre si mesmo, configurando-se assim os espaços, ao ocasionarem-se os lapsos dos limites, os quais, ao vibrarem, materializam a sua contingência. Tanto quanto a causa – o início, mesmo o mais remoto – não poderia ser anterior à contingência do rompimento da soberania que deu origem à moção ao explodir-se em pedaços em movimento, à rebeldia que rejeitou o perfeito controle do tudo sobre o nada, ao desencontro que permitiu os encontros. Ou, em outras palavras, o movimento jamais poderia derivar-se do absoluto, decorrer como seu predicado, pois representa a fatal rejeição deste, pois surge como prática que vibra enquanto encontra resistência.

Na segunda parte, exploraremos – em caráter introdutório – como a existência, por definição limitada, conforme experimentada pelas pessoas, significa o início do particular que é responsável na medida em que não é soberano, nem mesmo sobre si mesmo. Sou capaz de sentir a minha pele somente na resistência que a atmosfera lhe oferece, sou capaz de andar somente sobre o chão que me resiste. Reconheço minha existência no comandar que ocorre na contorção ou vibração do meu corpo sobre seu próprio limite, porém não existo anterior à minha prática, antes do meu corpo e meu cérebro contorcerem-se, antes de minha pele ser resistida e vibrar os sons que reconheço como meu. Mas nos antecipamos; nosso ponto aqui é que sem limites, sem resistência, não haveria liberdade, não haveria dominação, não haveria espaço ou razão para movimento. Soberania é uma farsa! O que ela esconde? Como ela esconde?

Hobbes II: verdade e falsidade

Se o absoluto não serve de referência automática à pessoa, visto que é a resistência propiciada por outros que lhe permite existir; se é exatamente essa condição que a deixa com a paradoxal tarefa de significar sua liberdade e organizar os espaços de sua existência – paradoxal porque a responsabilidade é descrição da prática e não algo que se possui –; então, projetar um estado de natureza, ou qualquer outra referência absoluta, da qual deduziríamos nossa verdade política ou moral, é tão absurdo como é inútil. Vejamos.

Caso fixássemos, sem nenhum motivo, que o homem se orienta para sua soberania, Hobbes (Hobbes, 1998, p. 82-86) estaria sim correto em deduzir um estado generalizado de agressão: "guerra perpétua, todo homem contra o seu vizinho"[11] (p. 142). Matar ou morrer representaria um imperativo na mesma medida em que representaria uma indiferença: ao matar tudo que me cruza, dedico-me ao absoluto; morto, alguém me dedicou a ele, minha consciência desejosa da soberania finalmente encontraria a merecida paz. Esse suposto estado de natureza do homem, entretanto, não serviria como base para um argumento heurístico, como sugere o autor, ao notá-lo como descrição factual apenas das relações internacionais;

11 Do original: "(...) perpetual war, of every man against his neighbor".

afinal, esse homem se prestaria apenas à destruição. Caso fixássemos, sem nenhum motivo, que o mesmo homem almeja não aniquilar a solidão na solidão absoluta, porém ganho no sentido de gozo do possuir e reputação no sentido da glória do dominar – sendo capaz de, para tanto, agir estrategicamente para manter seus domínios e posses, mas não de se vincular por significados –, Hobbes estaria novamente correto em deduzir o mesmo estado de agressão. Novamente, sem utilidade heurística, visto que não a desconfiança e sim a confiança que o outro o apunhalaria pelas costas na primeira chance que tivesse utilidade para isso, o faria apunhalar primeiro: a guerra de fato seria constante e inevitável e a vida do homem "pobre, sórdida, brutal e curta"[12] (p. 84).

Caso o valor da pacificação de um conflito fosse corretamente reconhecido não apenas como uma questão estratégica posta pelo cálculo das relações de força, mas também como uma orientação alternativa, o gozar das possibilidades que a paz oferece, entre as quais Hobbes cita o comércio, as artes, as letras e o conhecimento; isto, então, significaria reconhecer que aquilo que os outros oferecem não é apenas negativo no sentido de invalidar minha soberania, e não é apenas positivo no sentido de me permitir dominá-los ou possuí-los. Ao me resistirem, me oferecem a chance de existir, e, assim existindo, a possibilidade de experimentar e organizar os confrontos de diversas maneiras – a hierarquização da diferença sendo apenas uma delas. Agora, de fato, temos um problema: a possibilidade de significar e organizar nossas relações. E o temos porque, ao sermos seres finitos e relacionais, o absoluto não nos comanda automaticamente: na mesma medida em que não nega nossos limites, eles o negam. É certo que existimos com outros, apenas com outros, e é próprio dessa condição não encontrar referência outra que não a própria prática.

12 Do original: "(...) poor, nasty, brutish, and shot".

Por mais que a comunicação – e o pensamento é sempre comunicação – seja, por definição, racional, no sentido de se comunicar, nossas possibilidades organizativas, nossos significados, nossas orientações valorativas não podem se fixar no absoluto inexistente, assim como inexiste o estado de natureza, cuja projeção do mesmo de nada nos serve. Fosse o homem necessariamente a besta do apocalipse ou um sadista, o argumento racional teria efeito nulo, justamente porque a prática de agressão já seria racional dentro dos parâmetros irracionais estabelecidos: a verdade racional total seria tão perfeitamente deduzida que ela se encontraria revelada internamente nesse ser de puro automatismo niilista ou sádico, tão puro que inexiste. Supuséssemos, por qualquer motivo, que a razão levaria a um arranjo burguês, de tal maneira que a burguesia poderia deduzir sua verdade moral ou política do estado de natureza, este nunca teria ocorrido em primeiro lugar, e não teríamos porque projetá-lo agora para justificar algo que já estaria dado: o absoluto seria de fato absoluto e não uma possibilidade. Claro, por ser absoluto, o absoluto teria negado todo divergir, teria abolido a existência. Enquanto a possibilidade, ao existir apenas ao ser resistida, desconhece uma fixação absoluta; oferecendo-se, assim, no lapso das vibrações, a chance paras outras possibilidades se afirmarem.

Se as pessoas, entretanto, não simplesmente deduzem obviedades, isto é, apuram fatos como uma calculadora, porém, são somente capazes de apurarem na medida em que, ao resistirem ao que está dado, aprendem e organizam-se em função de valores que não estão fixados no absoluto; em outras palavras, visto que resistir é rebeldia, parcialidade, movimento, ou, ainda, dado o fato que existimos ao resistir, e por isso estamos jogados nesse conflito sem um norte transcendental; então, esses valores ou possibilidades são demonstrativamente divergentes e podem ser diferentes: a resistência que eu ofereço ao outro dá a chance de ele vibrar seu significado, mas é incapaz de determiná-lo.

A farsa do absoluto inclui a farsa da razão total. Trata-se, no caso de Hobbes, da falsidade, com a qual ele ilude a si mesmo, e, assim, naturaliza a posição do monarca absolutista, bem como, na melhor das hipóteses, um regime meritocrático de competição econômica com igualdade de oportunidades – sendo que o mérito seria sempre do evento e não de um sujeito capaz de controlá-lo –, ou, na pior das hipóteses, o domínio de uma nova aristocracia econômica, a qual a meritocracia disfarça. Não há nada de muito surpreendente nesta constatação; não obstante, interessa-nos brevemente explorá-la com intuito de considerarmos a dualização da verdade total e da falsidade total posta pela projeção do absoluto.

Tendo-se em vista seus falsos pressupostos, observamos Hobbes proceder por substituir contradições anteriores por novas contradições, até alcançar o seu objetivo que é defender como racional sua organização predileta da sociedade. Entre outros, notamos, em primeiro lugar, como o autor considera ocorrer no estado natural de guerra perpétua "completa e absoluta liberdade em todo homem particular"[13] (Hobbes, 1998, p. 142), afinal, o homem não teria acordado "abdicar seu direito a todas as coisas"[14] (p. 87). Quando o correto seria reconhecer como a agressividade decorreria não da liberdade e do direito natural per se e sim de sua ausência. Decorreria do crime intolerável que a mera existência do outro representaria para a minha soberania, à qual tudo deveria pertencer. O resultado da agressão generalizada representaria o oposto do estado de liberdade absoluta, definido pelo autor como um no qual o outro não impede o meu movimento, afinal, na guerra, homens me impedem constantemente.

Essa mesma contradição mostra-se em Berlin (Berlin & Hardy, 2002, p. 170) ainda mais ilustrativa, pois ocorre nos espaço de

13 Do original: "(...) full and absolute liberty in every particular man".

14 Do original: "(...) to lay down this right to all thing".

pouquíssimas linhas. Observe como o autor termina um parágrafo dizendo que "quanto mais ampla a área de não-interferência, mais ampla a minha liberdade,"[15] e começa o próximo dizendo que "é isto que os filósofos políticos clássicos ingleses queriam dizer quando [referenciam-se à liberdade]."[16] Ele continua: "discordavam sobre qual amplitude esta área poderia ou deveria ter. Acreditavam que não poderia ser, em função dos fatos, ilimitada, porque isso implicaria em um estado no qual todos homens poderiam interferir ilimitadamente com todos outros; e esse tipo de liberdade 'natural' levaria ao caos social."[17] Ora, é flagrantemente absurdo falar da existência de uma liberdade natural ilimitada de não-interferência se ela se encontra sobre interferência da guerra.

Fôssemos manter a equivocada linguagem de absolutos, diríamos que o estado de natureza hobbesiano representa o perfeito estado de não-liberdade, não-soberania. E é, justamente, em reconhecimento ao fato que não podemos evitar dividir a existência com outros, que – em nome de uma alternativa organização dessas inevitáveis interferências mútuas, uma que merecesse o título de livre não mais como referência à soberania impossível ou, apenas, como descrição apropriada da condição existencial em que somos responsáveis porque não somos absolutamente determinados, mas sim como um juízo de valor sobre como podemos viver – Hobbes e seus colegas contratualistas ingleses escrevem.

---

15 Do original: "The wider the area of non-interference the wider my freedom".

16 No original: "usavam essa palavra".

17 Do original: "This is what the classical English political philosophers meant when they used this word. They disagreed about how wide the area could or should be. They supposed that it could not, as things were, be unlimited, because if it were, it would entail a state in which all men could boundlessly interfere with all other men; and this kind of 'natural' freedom would lead to social chaos".

Essa contradição não é mero equívoco de raciocínio. Ao permitir-lhes ignorar o que aprendemos na subseção anterior, que é precisamente a resistência do outro que me empodera, eles autorizam-se a falar da liberdade – por um lado, descrição da condição de não ser absolutamente determinado, e, por outro, um juízo de valor de como viver bem e organizar o afastamento e a aproximação – como se fosse algo que possuíssemos em isolado, como característica do nosso ser absoluto, à imagem e semelhança de Deus. Ao considerarem a liberdade posse ou propriedade do indivíduo, isto é, do particular disfarçado de absoluto, resulta que estes indivíduos poderiam fingir abdicar ou "restringir [sua fantasiosa[18]] liberdade em favor do interesse de outros valores,"[19] os quais a paz nos permitiria gozar, e, simultaneamente – essa é a questão chave – manter um espaço de liberdade natural autárquica, "o qual não poderia em caso algum ser violado"[20] (Berlin & Hardy, 2002, p. 171).

Observe como esse suposto espaço de soberania individual não respeita as condições físicas da espacialidade, conforme identificadas na subseção anterior, pois ignora como espaços se configuram no conflito com outros, e como, portanto, são factualmente sempre maleáveis e negociáveis. Embora isto não signifique que toda configuração mereça ser considerada boa, significa que inexiste uma referência absoluta capaz de a priori resolver o problema para nós.

Em suma, ao incoerentemente fantasiar sobre um espaço natural de não-interferência, os filósofos políticos clássicos ingleses almejam naturalizar uma configuração real das interferências mútuas; as quais, obviamente, continuam a existir numa sociedade capitalista. Isto é, almejam resolver o debate antes mesmo de ele co-

18 No original: "a".

19 Do original: "(...) to curtail freedom in the interests of other values".

20 Do original: "(...) which must on no account be violated".

meçar. Esta é a grande malandragem do contratualismo inglês. Os melhores malandros são, claro, aqueles que enganam a si mesmos. Na subseção seguinte, iremos explorar esse predicamento, especialmente em relação a Berlin.

Aqui, notamos, em segundo lugar, como Hobbes considera os indivíduos, não realmente bestas do apocalipse ou sadistas, porém, racionais no sentindo de serem capazes de problematizar as interferências mútuas e, assim, cooperarem para uma melhor organização destas relações inevitáveis. Essa apreciação da natureza complexa e maleável das realidades humanas, embora correta, não decorre dos seus pressupostos inicias: contradizê-los. Não obstante, o autor prefere ignorar o fato de ele ter substituído um entendimento equivocado da natureza humana por um correto. Procede assim, pois quer manter, por um lado, que o homem seria capaz de comprometer-se em números suficientes com Leviatã – isto é, com o despotismo monárquico – para constituir seu poder inigualável de coerção, e, por outro lado, que este homem capaz de comprometimento seria a priori incapaz de organizar-se diferentemente. Em outras palavras, ele mantém a falsa compreensão da natureza humana como pano de fundo para poder retornar imediatamente a ela após promover politicamente sua orientação à monarquia e, assim, evitar enfrentar – desqualificar a priori – as demais possibilidades que a realidade apresenta.

Se Hobbes escreve um livro em favor do Leviatã, é porque ele julga relevante convencer as pessoas a acatarem a instituição da monarquia absolutista. E, de fato, "o absolutismo" da mesma depende de um número suficiente de pessoas aderirem a ela, para que haja algum tipo de administração e policiamento, e para que a desobediência não seja maior do que a capacidade policial de repressão. O problema é que se o autor pressupõe homens exclusivamente sadistas, ou simplesmente alheios ao bem-estar dos outros, configura-se, como vimos, um inquebrável círculo vicioso de confiança no oportunismo dos demais. Hobbes (Hobbes, 1998, p. 141) reconhece parcialmente isso quando diz que "as leis não têm poder para proteger sem a espada na mão do homem ou dos homens para causar essas leis serem postas em execução."[21] Não obstante, se todos aderem à lei exclusivamente por medo da espada, de nada adianta eu ser convencido pela razão que a ordem pelo Leviatã seria melhor para todos, pois a mesma razão, uma vez que o Leviatã ainda não exista, obriga-me a me antecipar ao oportunismo do outro. É, por isso, afinal, que estaríamos em guerra, porque não compartilhamos nada e sabemos que não podemos confiar no outro. Por isso o Leviatã seria necessário, mas por isso também, porque ele depende do nosso comprometimento antes da espada para que haja a força coordenada da espada sob a ordem do monarca, sua constituição é impossível.

A organização política, por mais que dependa também da espada, depende, portanto, do compartilhamento de significados capazes de gerar confiança não-estratégica. A exceção talvez seja um suposto regime de uma minoria sadista, que conseguiria coordenar ações de maneira puramente estratégica, uma vez que elas estejam direcionadas para a coerção da maioria que, dispersa e sem acesso às mesmas armas, não saberia como resistir ou pagaria um preço demasiadamente alto em vidas. Ainda assim, é improvável que tal regime fosse estável, especialmente considerando-se que essa minoria já representaria um expressivo número de pessoas ou precisaria de um grande grupo de suporte. De qualquer maneira, obtemos que nada a priori impede que as pessoas compartilhem outros significados e coordenem suas interferências mútuas sob arranjos práticos diferentes se, como sabemos, elas são capazes de se organizarem.

---

21 Do original: " (...) the laws are of no power to protect them, without a sword in the hands of a man, or men, to cause those laws to be put in execution".

Evidentemente, há riscos envolvidos, mas isso não é exclusividade de governos democráticos. Hobbes (p. 142), inclusive, conhece um dos grandes riscos que afetam o seu governo de predileção, apenas não se importa com o reconhecimento de complexidades. Segundo ele, é prerrogativa do déspota, ao seu critério, matar um inocente e responder apenas perante Deus. Questione o autor sobre isto e ele procederá por ignorar o correto entendimento da capacidade humana de se comprometer e, assim, empoderar governos distintos, para, então, responder que sem o déspota haveria necessariamente "desordem". Palavra que, ao ser empregada para lamentar não apenas a ausência de uma ordem alternativa possível, mas mais especificamente a prevalência da insegurança, poderia ser empregada, preservando-se esta mesma ênfase, para descrever a tirania e a violência irrestrita autorizada pelo autor. Hobbes pode ignorar como somente escreve porque o déspota falhou em efetivar seu "absolutismo" no decorrer da História, mas não há como escapar da precariedade das relações humanas: não existe governo sem risco, não ocorrem soluções em definitivo.

Tendo considerado o procedimento hobbesiano que substitui contradições por novas contradições, com o intuito de mascarar orientações valorativas, podemos agora reparar na relação entre verdade total e falsidade total. Ao favorecer uma organização específica que mantenha as relações capitalistas desproblematizadas e o monarca como déspota, Hobbes não admite que estas suas disposições representem opiniões e valores específicos: elas seriam derivadas racionalmente do seu conhecimento de fatos totais, isto é, fatos que não deixam margem para possibilidades distintas e complexidades. A realidade é simples: ou há guerra, onde "não há espaço para noções de justiça e injustiça" (Hobbes, 1998, p. 85), ou há a ordem despótica, a qual, uma vez que seja impossível regular todas as ações (p. 141), deixaria intacta parte de nossa liberdade natural no mercado. O autor posiciona-se explicitamente contra o que poderíamos chamar de "irresponsabilidade utópica" de Aristóteles, Cícero e outros pensadores da antiguidade: "ao ler estes autores gregos e romanos, homens desde sua infância criaram o hábito (...) de favorecer tumultos e licenciosamente controlar a ação dos seus soberanos (...) com a efusão de tanto sangue que, parece-me correto dizer, nunca houve algo comprado tão caro"[22] (p. 143). Em primeiro lugar, portanto, observamos como Hobbes opõe seu conhecimento do fato total à falsidade total da utopia que desconsidera a realidade. A qual é, ainda assim, capaz de afetá-la negativamente, o que não deveria ser possível, visto que é falsa. Contraditoriamente à sua falsidade, algo nela seria efetivo em mobilizar, e, como Hobbes é a prova, não seria necessariamente ou automaticamente, apenas atualmente experimentado como bom. Em todo caso, o que importa aqui é notar a oposição entre verdade total e falsidade total, ainda que a segunda represente o absolutamente irrelevante.

Podemos agora destacar, em segundo lugar, como, enquanto se vende como realista em oposição ao idealismo, ou como moderno em oposição aos antigos, Hobbes mantém como fundamento da sua teoria a mais absurda utopia disfarçada de fato: a liberdade como soberania, a qual inexiste e não poderia existir, e o direito a tudo, o qual ocorre apenas como devaneio de um sonhador, sem base alguma na realidade ou nas condições físicas do existir. Poderíamos inclusive dizer, se nos permitirmos exagerar como o autor, jamais houvera outro idealista como Hobbes, que gastara seu tempo imaginando a mais absurda e impossível liberdade.

Isso não significa que os antigos estariam corretos em sua pretensão, mas sim que Hobbes, ao simular a existência de uma ver-

22 Do original: "(...) by reading of these Greek, and Latin authors, men from their childhood have gotten a habit (...) of favouring tumults, and of licentious controlling the actions of their sovereigns (...) with the effusion of so much blood; as I think I may truly say, there was never any thing so dearly bought (...)".

dade total, não poderia evitar simular praticar o que considerava a falsidade total. Por um lado, se a metafísica e a ética projetam a existência de uma boa e justa vida, a qual seria verdadeira porque dada e determinada por uma referência absoluta, na medida em que essa vida falha em se atualizar na realidade, na medida em que factualmente a realidade diverge dela, o que era acesso absolutamente racional ao absoluto, o que era absolutamente deduzido, dissolve-se em revelação, absolutamente irracional. O praticante pode reconhecer essa "dialética" ou não; de qualquer maneira, o que se simulou como absolutamente racional não pode evitar de se simular como absolutamente irracional, visto que no enfrentamento da realidade divergente poderia apenas ignorá-la em nome de uma referência absoluta, à qual somente ele, ou aquele grupo restrito que concorda com ele, tem acesso. Por outro lado, se Hobbes, ao considerar essa problemática, confunde-se no sentido de julgar o fracasso, o qual poderia se impor a qualquer arranjo político, como proveniente da falsidade da revelação, a qual era apenas uma simulação, um disfarce e não a prática concreta – era afinal falsa –; ele, ao invés de considerar como o fato físico da existência de finitudes nos deixa com a verdade das possibilidades que não se sustentam no absoluto, irá simular a existência de um fato total. O qual, na medida em que falha em resumir a complexidade da realidade, em determiná-la absolutamente, não pode evitar simular a revelação que criticara. Resulta o falso absoluto da soberania hobbesiana, o qual o autor simula como sua utopia ao simular como seu fato total. Podemos dizer que o indeterminado disfarçado de absoluto se disfarça duplamente: Hobbes, ao manter o absoluto, poderia apenas inverter a dualidade do fato e da norma. Em ambos os casos, a verdade total imita a falsidade total.

Quando Arendt (2004, p. 141-142) afirma que Hobbes "retrata as características do homem de acordo com as necessidades do

Leviatã,"[23] que essa sua imagem "é um esboço do novo tipo de homem que se encaixaria na nova sociedade burguesa,"[24] ela está apenas parcialmente correta. Embora ela perceba corretamente como o fato total de Hobbes mostra-se a idealização de um homem que se forma culturalmente, ela ignora como essa idealização é igualmente total e, em sua pretensão falaciosa, irrelevante para a prática. O homem burguês, sujeitado ao absolutismo monárquico, não é o homem do estado de natureza, o qual jamais poderia superar a agressão generalizada. Não é, de fato, diretamente esboçado por Hobbes que trafica em contradições, porém, é por ele praticado, constituído nas entrelinhas do seu raciocínio: é o homem que se acredita livre – isto é, que experimenta a boa vida – na meritocracia ou na aristocracia econômica e na sujeição ao autoritarismo e sua simplificação da realidade. Atrás do disfarce dual do absoluto, a realidade se efetiva. Enquanto simula praticar sua falsidade, enquanto brinca de inverter "o que é" e o que "deveria ser", Hobbes pratica "o que pode ser".

Não queremos, nesta primeira parte do trabalho, compreender como a possibilidade que se manifesta na existência se dá no limite que é resistido e que se resiste, porém, considerar aquilo que não é: não é fato total, nem norma total, ambas as quais colocam-se como a dupla face do absoluto que disfarça o indeterminado. O fato total, a ordem total, em sua impotência em ordenar, simula a revelação que, igualmente em sua impotência, reduz-se a normas vazias, provenientes do fato do absoluto, do qual as leis foram derivadas, em primeiro lugar.

Podemos acompanhar e exemplificar esse predicamento no modo como o cristão e filósofo político Hobbes trata o cristianismo.

---

23 Do original: "(...) and he depicts the features of man according to the needs of the Leviathan".

24 Do original: "(...) this picture of man is a sketch for the new type of Man who would fit into the new bourgeois society".

Em primeiro lugar, reduz a prática - os valores que, independentemente de qualquer pretensão sobrenatural, factualmente atraem seguidores - a uma norma. Da experiência da dignidade própria na dignidade do outro, resta apenas o comando: "tudo o que você quer que os homens façam a você, faça-lhes; o que é indubitavelmente a eterna lei de Deus"[25] (Hobbes, 1998, p. 333). "O próprio, por revelação sobrenatural, instalou a religião (...) e assentou leis"[26] (p. 78). Observe que o dever é aquilo que devemos, por força das circunstâncias, aos valores que experimentamos na prática, em último caso, ao valor do permanecer vivo. Na medida que os valores são praticados, e não determinados a priori, podem deixar de sê-lo. Ao depararmo-nos com sua fragilidade e precariedade, com nosso abandono à existência, com nossa responsabilidade, somos tentados a pretender nossa prática como absolutamente correta. Como resultado, o que era nada mais do que uma possibilidade se simula um absoluto revelado, o qual, finalmente, em sua impotência em assegurar a mobilização, reduz-se a normas.

Em segundo lugar, por definição, a norma pretende-se derivação de um fato absoluto. Observe que, supostamente, não importaria a experiência - a fé, como diriam religiosamente -, porém apenas a lei natural, a "regra geral, encontrada pela razão"[27] (p. 86). De maneira que a "desobediência" à referência absoluta não se explicaria pela inexistência da mesma e pela diversidade de experiências - que podem se provocar, mas não determinar -, porém, pela malícia (ou estupidez) de um ser que viola a norma que é a lei dos fatos.

25 Do original: "Whatsoever you would that men should do unto you, that do ye unto them; which is the indubitable everlasting law of God".

26 Do original: "(...) himself, by supernatural revelation, planted religion (...) and gave laws".

27 Do original: "(...) general rule, found out by reason".

Em terceiro lugar, para Hobbes, você provaria sua santidade, quer dizer, sua racionalidade, ao comprometer-se com o Leviatã; comprometimento, o qual, como vimos, não se explica estrategicamente. Observe, portanto, como, em detrimento do valor inicial, são outros os valores, as possibilidades, que Hobbes manifesta, enquanto simula praticar revelação e derivação. Não importa sua pretensão de acesso ao absoluto, suas dissimulações, importa o que ele pratica.

Se lidamos com valores, e não com a impotência de uma norma, então, pode haver adesão e confiança, e a confiança pode cooperar contra a desconfiança, isto é, vigiar e punir, quando apropriado, os que discordam do valor ou que são tentados pelas circunstâncias. A revelação divina de Hobbes isolada com norma – "tudo o que você quer que os homens façam a você, faça-lhes" – é vazia de propósito e sentido. Na prática, não é racional ou irracional observá-la a priori. Considerando-se que alguém pode desejar que o outro seja seu súdito, não é coerente propor em abstrato que a esse alguém caberia ser súdito do outro. Se a norma isoladamente tem significado, é apenas negativamente, em nos lembrar, como nos lembra Hobbes, que os homens podem sempre rejeitar as hierarquias estabelecidas e, ao cooperar, tornar imprudentes certos oportunismos. Mas essa cooperação não se dá estrategicamente, ela opera estrategicamente, uma vez que o compartilhamento de valores permita a confiança.

Hobbes, entretanto, não reconhece a natureza do valor, e assim não reconhece a natureza do dever, o qual acompanha o valor, mas não o substitui; igualmente, não reconhece a natureza do conhecer a condição, o qual acompanha a prática valorativa, mas não a resolve. O absoluto que disfarça o indeterminado parece pura lei – lei do fato, lei da revelação – apenas por ser absolutamente impotente, vazio. Efetiva-se não a lei do fato ou a necessidade que em sua impotência postula a vontade e o "dever ser", não a lei da norma ou a vontade que em sua impotência postula o fato total e a necessidade;

efetiva-se o que ocorre nessa tensão, nesse limite cujas pontas não se equivalem. Antes de que essa afirmação seja feita mais compreensiva, registra-se que o fato total e a norma total são as duas faces do absoluto que inexiste, enquanto a prática do que é possível se manifesta na inexistência de sua soberania.

Berlin I: Interferências

Outros contratualistas ingleses, como Locke, evitam ou minimizam aquela contradição de Hobbes que disfarça a preferência arbitrária deste autor pelo autoritarismo. Entretanto, ainda que não se mantenha a dualização da ordem, garantida apenas pelo absolutismo monárquico, e da desordem da guerra civil, ou do estado generalizado de agressão, a dualização e as contradições que disfarçam as preferências arbitrárias por uma organização específica do mercado permanecem. Trata-se ainda de uma ideologia que se pretende "realista", porém agora o realismo – inversamente idealista – diz respeito, uma vez que se admita que diferentes arranjos políticos são capazes sim de ordenar, à verdade total da ordem emancipada, oposta à falsidade que representa a verdade total da ordem opressiva, e não mais à desordem ou à irrelevância total. Queremos agora focar a oposição da emancipação e opressão. Para tanto, iremos retomar a discussão da subseção anterior acerca da incoerência que serve à naturalização de configurações específicas do mercado.

Berlin, por mais que tentasse, jamais conseguiria preservar a pretensão hobbesiana, pois esta é fundamentalmente incoerente com as condições da existência. O autor é menos ambicioso em suas afirmações ontológicas, porém mantém os mesmos pressupostos absurdos. Assevera, por exemplo: "Dizem-me livre na medida em que nenhum homem ou grupo de homens interferem com minhas atividades"[28]

28 Do original: "I am normally said to be free to the degree to which no man or body of men interferes with my activity".

(Berlin & Hardy, 2002, p. 169). Em abstrato, vimos como essa colocação não merece reconhecimento: assim como a priori não é possível julgar minha relação com o chão que me resiste, e, por isso, me permite ir e vir, a priori não é possível julgar a minha relação com o outro que me resiste, e, por isso, me permite agir. O absoluto ao qual eu abdicaria dessa responsabilidade inexiste. Considerar essa afirmação em termos concretos não altera o diagnóstico.

Mesmo que o concreto represente na verdade o hipotético; mesmo que nos permitíssemos devanear no idealismo e imaginássemos uma situação na qual dois homens existam sozinhos – vale notar que esse cenário é fruto de um patriarcalismo extremo que se permite ignorar a existência política da família e do "clã" –, cada qual dono de metade de uma ilha que compartilham, cada metade provendo-lhes os mesmos e suficientes recursos naturais para que consigam sobreviver e empenhar suas habilidades; mesmo assim, o diagnóstico não se alteraria. O próprio Hobbes nos lembra que um desses homens, em sua condição de liberdade, poderia, por qualquer motivo – seja por inveja das riquezas que o outro conseguiu acumular, seja pela preguiça ou por querer se libertar do trabalho ao possuir um escravo, seja pelo prazer de se impor – invadir o terreno do outro com intuito de saqueá-lo ou dominá-lo. O homem que perdeu foi interferido? Sim, claro, mas o fato é que ele perdeu porque era mais fraco do que o outro. Que culpa o outro tem de ser mais forte? Ele deveria aceitar que sua força, a qual quer e pode se impor, fosse interferida por preocupações que consideram o outro digno de respeito? O fato é que o homem mais forte, em sua condição de liberdade, pode sentir-se impelido a atacar o outro pela mera interferência que a presença deste representa em sua psique: o outro é tão "culpado" como ele o é. Nosso ponto aqui não é defender a moral nietzschiana do senhor contra a moral do escravo, mas demonstrar que não existe uma referência absoluta que nos permita distinguir a priori a interferência que é interferência da interferência que não é interferência – o que deveria ser óbvio. Se o outro existe em um espaço comum a ponto de compartilharmos uma fronteira, de um jeito ou de outro, ele interfere comigo. Tudo o que podemos fazer é julgar politicamente e moralmente, sem apelo ao absoluto, como organizar, aceitar e rejeitar as interferências mútuas.

O que significa dizer, ao contrário do que Hobbes sugere conscientemente, que pessoas são seres relacionais: eu me descubro pobre ao vislumbrar a riqueza de outro; meus costumes, em alguns casos, são ofendidos pela mera existência de outros. Nosso julgamento moral e político recriminatório dessas duas experiências ocorre, muitas vezes, tão rapidamente que não entendemos como o juízo representa uma possibilidade de significação da realidade, e não a verdade dada pelo absoluto. A inveja é um ótimo exemplo disso. Nós podemos julgar negativamente o homem mais forte que invadiu o terreno do mais fraco porque desejava possuir os bens do outro, mas factualmente não podemos negar que ele experimentou uma interferência: a maneira como ele percebe o mundo foi interferida pela existência e ação do outro. A projeção do absoluto inexistente não altera este fato.

Retornemos ao nosso caso hipotético. Suponhamos agora que foi o homem mais forte que conseguiu acumular mais riquezas, e isso fez que o homem mais fraco se sentisse pobre. O segundo decide, então, ao invés de roubar o primeiro, pedir que este lhe ensine a ser mais capaz. O homem mais forte – limitado, não obstante, naquilo que poderia acumular sozinho – aceita, mas apenas sob a condição do homem mais fraco aceitar pagar-lhe 50% de tudo que acumular pelo resto da sua vida. O homem mais fraco também aceita. Futuramente, uma vez que tenha aprendido, ele enfrenta um dilema: deve honrar ou não o combinado? O acordo foi assinado no contexto de uma relação de forças, este contexto se alterou, nada lhe obriga em absoluto. O que fazer? Possivelmente, nesta situação seja mais fácil imaginar a discórdia de opiniões. Muitos tentarão dar uma resposta definitiva, absoluta; responder, entretanto, só é possível porque o absoluto não determinou a solução.

Seria impossível esgotar com simulações a multiplicidade de interferências que ocorrem na prática, e não é nossa intenção emitir aqui opinião sobre casos particulares. Apenas consideramos este segundo hipotético, também derivado das entrelinhas dos escritos tanto de Hobbes como de Berlin, para subsidiar a desnaturalização, na raiz, da ideia de que as pessoas poderiam compartilhar limites, e acumular, sem se interferirem mutuamente, bem como, de que possamos contar com o absoluto para decidir politicamente em nosso lugar.

A realidade, claro, é muito mais complexa. A experiência dos limites e das interferências é diversa e pode ser organizada diferentemente em diferentes contextos. A acumulação, em especial, seguiu e segue roteiros muito mais cruéis do que a historinha infantil contada. Acessos aos recursos não eram e não são igualmente distribuídos, sejam os naturais ou culturais. Para que possamos falar de uma competição econômica, falta uma linha de partida compartilhada por todos competidores. Historicamente, as pessoas não se formaram sozinhas, ou foram criadas por lobos, porém, participavam de grupos, os quais cooperavam para fazer frente à natureza e frequentemente organizavam as interferências hierarquicamente. A acumulação, a existência específica do outro, as cadeias de relação criam necessidades. Pessoas, por esses e outros motivos, migram ou são impedidas de migrar; de um jeito ou de outro, inserem-se em estruturas complexas com relações de forças previamente estabelecidas. Enfim, considerando-se a escassez que promove o comércio, o trocar, e a fraqueza das pessoas que promove as empresas, o cooperar, obtemos que a geração e acumulação de riquezas é, independentemente de qualquer consideração moral sobre os padrões de produção e distribuição, uma propriedade das interferências, de maneira tal que não seria possível determinar a priori espaços de liberdade como espaços de não-interferência. A economia e a riqueza moderna, caracterizadas por um exacerbamento dessas interferências, apenas reforça este veredito. Interferências podem, por definição, interferirem-se; definem-se ao interferir.

Na subseção anterior, suprimimos, da citação de Berlin sobre os homens – o autor referia-se precisamente aos filósofos políticos ingleses clássicos – abdicarem parte de sua liberdade natural em favor de outros valores, o seguinte complemento: em favor "também da própria liberdade."[29] Fizemos isso porque essa consideração representa desapercebidamente o reconhecimento da incoerência. Ao reconhecer que ganhamos em liberdade ao melhor coordenarmos nossas ações e interferências, Berlin está corretamente explicitando o que sua postura já indicava: a liberdade que importa são os espaços concretos que os significados compartilhados, numa condição de responsabilidade, configuram. São as configurações específicas que permitem realizações nas relações e nas restrições de força. Hobbes (Hobbes, 1998, p. 142), por exemplo, menciona especificamente a liberdade do sujeitado ao monarca, a qual implicaria em deixarmos nossas reivindicações absurdas de soberania de lado para assim gozarmos da liberdade assegurada pela espada da lei, pelo Estado, seja para "comprar, vender, estabelecer contratos, escolher sua moradia, dieta, emprego e instruir seus filhos como julgar melhor, entre outros."[30] Deixando de lado a questão da espada que importa, porém não exclusivamente e mesmo não primariamente, o que obtemos são espaços concretos abertos pelo compartilhamento de significados. Num contexto de conflito religioso e guerra civil, a

---

29 Do original: "(...) indeed, of freedom itself".

30 Do original: "(...) to buy, and sell, and otherwise contract with one another; to choose their own abode, their own diet, their own trade of life, and institute their children as they themselves think fit; and the like".

organização institucional pode nos propiciar instruir em paz nossos filhos a respeito de nossas crenças religiosas. Num contexto ainda parcialmente feudal, a organização institucional pode nos dar a oportunidade de limitadamente escolher onde morar, o que comer e com que trabalhar, sem o impedimento do senhor feudal – cuja interferência tanto me obrigava a ficar pelo uso da força física, como por me roubar aonde ir por tudo possuir hereditariamente, por não me deixar possuir. Num contexto capitalista, no qual novas elites ao buscarem concentrar as terras, as riquezas e, por conseguinte, o trabalho, igualmente me impedem, a organização institucional pode reverter esse processo. Portanto, ao Berlin e Hobbes admitirem, ainda que sem propriamente reconhecerem, que os espaços de liberdade se fundamentam não no indivíduo, mas na organização das interferências inevitáveis a partir de significados compartilhados, eles acertadamente contradizem sua teoria da liberdade absoluta e a falsa naturalização do mercado como um espaço absoluto, não configurado politicamente.

Reconhecer o óbvio não implica ou favorece alguma organização específica das relações produtivas, apenas estabelece o fato de que o mercado, assim como o estado de guerra civil, caracteriza um espaço de interferências e posses arbitrárias, as quais serão julgadas e trabalhadas politicamente pelas pessoas de acordo com valores e possibilidades que significam à liberdade. Ironicamente, esta é a verdadeira lição que Hobbes nos ensina: não faz sentido falar de liberdade natural, pois de um jeito ou de outro seremos limitados. É melhor, portanto, decidirmos politicamente como vamos nos limitar do que, em nome de uma falsa liberdade primordial, nos matarmos. A liberdade fantasiosa da soberania, ou fantasiar-se de soberano na guerra ou na precariedade, não tem valor algum, porque não passa de uma fantasia. Evidentemente, para as bestas do apocalipse, que vivem para matar ou morrer, a guerra civil representa um espaço concreto e apropriado para a específica efetivação da sua condição de liberdade; para todos os demais, entretanto, que significam sua existência de maneira diferente, a cooperação gera configurações mais apropriadas de liberdade. O mesmo raciocínio aplica-se ao mercado, seja porque estão ausentes as condições para falarmos de uma competição econômica meritocrática – no lugar de uma suposta "guerra civil" ocorreria parcialmente um "regime feudal" –, seja porque a competição econômica em si, ao lhe obrigar a guerrear economicamente para não ficar para trás, ou simplesmente para não perder o acesso aos recursos que as partes tentam capturar, consome o seu tempo e energia, matando quem você poderia ser. Esse raciocínio não nos diz como agir, nem o que irá funcionar, diz-nos apenas que temos que agir. Porque somos interferidos e interferimos podemos – como agrupamento – rejeitar qualquer ordenamento que conta com nosso comprometimento: Hobbes nos ensinou isso. O que não implica que seja sábio – não podemos assegurar que a realidade será como queremos – ou justo fazê-lo; mas, certamente, o absoluto não pode responder por nós.

É interessante notar como a incoerência no tratamento da interferência reflete na incoerência do tratamento da lei. Hobbes (Hobbes, 1998) diz que "um homem às vezes paga sua dívida apenas por temer a prisão, o que, visto que ninguém o impediu de não pagá-la, foi a ação de um homem em liberdade"[31] (p. 140). Logo depois diz também: os homens "fabricaram correntes artificiais, chamadas de leis civis, cuja uma das pontas, eles mesmos (...) fixaram no lábio daquele (...) a quem concederam poder soberano"[32] (p. 141). Observe como

31 Do original: "A man sometimes pays his debt, only for fear of imprisonment, which because nobody hindered him from detaining, was the action of a man at liberty".

32 Do original: "(...) they made artificial chains, called civil laws, which they themselves (...) have fastened at one end, to the lips of that man (...) to whom they have given the sovereign power".

Hobbes está sugerindo que eu sou livre porque posso, independentemente das consequências, desobedecer à lei, ao mesmo tempo em que reconhece que a lei é uma corrente que me prende na medida em que é eficaz por ser segurada pelo soberano. No mesmo contexto, ele diz que o Estado goza da liberdade para guerrear, independentemente das relações de força – liberdade "a qual todo homem teria se não houvesse a lei civil"[33] (p. 142). Não obstante, o fato é que o homem pode sim guerrear: assim como no caso da dívida, ninguém o impede de agredir e ter que lidar com as consequências da concentração de poder na mão do soberano – também o Estado fraco ao guerrear tem que lidar com as consequências da concentração de poder na mão do Estado mais forte. Contrariamente, em outro lugar, Hobbes também dissera que "a liberdade do sujeitado ocorre apenas naquelas coisas as quais, em regulando as ações, o soberano predeterminou"[34] (p. 141). Essas linhas confusas resumem-se assim: de acordo com Hobbes, eu era livre em poder desrespeitar o soberano, mas, pensando bem, não era, ou era, afinal o Estado fraco é, em circunstâncias similares? Não faria mais sentido dizer-se livre naquilo que me é permitido realizar pela organização das interferências?

Em suma, Hobbes faz uma confusão do que não é confuso. Uma coisa, como já mencionado, é a condição de liberdade. O limite que o outro representa, ao me limitar e resistir, me permite. A possibilidade da ação não desaparece mesmo perante a espada que certamente me cortará a cabeça, caso eu me recuse a me ajoelhar diante dela. Eu posso discordar e resistir à ordem, mesmo enquanto estou sendo morto. Esse conhecimento, entretanto, não implica nada na prática. Ou, melhor, implica o que consideramos anteriormente: a outra

---

33 Do original: "(...) which every man then should have, if there were no civil laws".

34 Do original: "The liberty of a subject, lieth therefore only in those things, which in regulating their actions, the sovereign hath praetermitted".

coisa é que cabe a nós significar essa condição e organizar as interferências mútuas inevitáveis. O absoluto que inexiste nos diz nada, a condição nos responsabiliza. Em outras palavras, não temos como derivar da condição existencial na qual somos incuravelmente livres uma filosofia política da liberdade que é nossa responsabilidade significar. O que, por definição, não nos deixa com a verdade da liberdade como oposta às preferências políticas de Hobbes ou Berlin, mas com a verdade segundo a qual a liberdade como condição nos obriga a determinar e construir nossos espaços de liberdade. Esses autores, por sua vez, confundem a condição com a prática que organiza os espaços porque querem naturalizar uma organização específica como dada pela condição e, assim, projetam todos estes absurdos.

Tudo não é possível, não é uma questão do que deveria ser, mas por isso mesmo tudo não está predeterminado. Existem possibilidades que se descobrem na medida que são praticadas numa atualidade, criticamente e pragmaticamente. Se o absoluto não resolve moralmente, também não resolve economicamente. Não apenas temos que significar as interferências, significar o bem-estar, mas na medida em que significamos na prática, descobre-se o que é possível, não absolutamente, mas particularmente, o que é e que deveria ser porque pode ser.

Berlin II: Emancipação e Opressão

"Se eu digo que eu não consigo pular mais de três metros, ou não consigo ler porque sou cego, ou não consigo entender as páginas mais obscuras de Hegel, seria excêntrico dizer que, nessa mesma medida, sou escravizado ou coagido"[35]. Se desconsiderar-

35 Do original: "If I say that I am unable to jump more than ten feet in the air, or cannot read because I am blind, or cannot understand the darker pages of Hegel, it would be eccentric to say that I am to that degree enslaved or coerced".

mos a resistência da gravidade que me permite pular, porém não alto como gostaria, bem como, a tensão do meu próprio corpo que me permite entender, porém não ler como outros leem, ou ler, porém não entender o que desejo entender, e definirmos a priori que computaremos como resistência ou coerção apenas a existência de outros homens, então, Berlin (Berlin & Hardy, 2002, p. 169) estaria correto. Tanto como seus pais, por ocasião do seu nascimento, afirmarem: "porque eu te chamarei de Berlin, teu nome será Berlin". Quisesse o autor, entretanto, tirar algum aprendizado ontológico que sirva também para a compreensão das relações entre homens, ele não poderia começar por ignorar as relações que estavam postas, por exemplo, na possibilidade do saltar. E, mesmo assim, essas relações estaria aquém da complexidade das relações humanas em que nos interferimos mutuamente.

Berlin ignora a complexidade e as condições relacionais da existência porque ele deseja derivar da condição existencial a verdade da emancipação, e, para isso, precisa simular também a verdade da opressão. Ele propõe, então, uma primeira dicotomia entre o conceito de liberdade positiva e negativa: "a liberdade que consiste em ser mestre de si mesmo, e a liberdade que consiste em não ser impedido por outros de escolher"[36] (p. 178). O autor mesmo reconhece que muitos não identificariam diferença relevante entre estas afirmativas; pareceriam, pois: "não mais que o modo negativo ou positivo de dizer a mesma coisa."[37] De fato, não identificamos nenhuma diferença lógica; diríamos que são como duas faces do absoluto, o qual existe sozinho, sem interferências, porque inexiste, e o qual é anterior ao

36 Do original: "The freedom which consists in being one's own master, and the freedom which consists in not being prevented from choosing as I do by other men".

37 Do original: "(...) no more than negative and positive ways of saying much the same thing".

predicado, mestre de si mesmo, porque é anterior à existência. Esses são precisamente os dois equívocos que identificamos em Hobbes logo no início do texto. Sendo assim, nota-se excêntrico Berlin (p. 208-212) criticar a pretensão da soberania enquanto escreve para defender a naturalização que a farsa da soberania, feita famosa por Hobbes, tornou corrente. O que ele critica, evidentemente, não é a farsa que ele pretende, como discípulo do contratualismo inglês, usar a seu favor, porém aquilo que ela veio a disfarçar, e, na medida que ela disfarça o fascismo ou totalitarismo, concordamos com sua crítica – mas é importante separar as coisas. Em todo caso, o próprio Berlin (p. 181) admite, após desenvolver o seu argumento, que a mudança pela qual o suposto conceito positivo de liberdade passou, o que explicaria a malícia do mesmo, "poderia sem dúvida nenhuma ser perpetrada pelo conceito negativo de liberdade."[38] O que é o mesmo que dizer que essa dicotomia não tem relevância explicativa alguma: o que importa é o que ocorre por detrás dessas pretensões.

A história moderna da falsa noção de liberdade que – supostamente – seria verdadeiramente opressiva, Berlin tenta contar em detalhes. Por ela, passaremos aqui muito rapidamente. Ela começa com a projeção do sujeito que seria antes do predicado, isto é, do absoluto como dono do movimento; muito embora, como vimos, o movimento represente, por definição, o rompimento da soberania. Considere como seria impossível ao pensamento que é movimento antecipar-se a si mesmo, considere como você não consegue se antecipar ou controlar o seu próprio pensamento. Observe, agora, como o homem, o qual se diz livre ao não ser interferido pelo movimento de outros, supõe-se necessariamente e falsamente dono de si mesmo, dono de um corpo que, ao invés de pensar ao existir em seu

---

38 Do original: "(...) can no doubt be perpetrated just as easily with the 'negative' concept of freedom".

limite em conflito com outros, obedece a um absoluto. Berlin, claro, não se atenta a isso e logo nota como a farsa da soberania, pensada como liberdade positiva, dá margem à falácia que divide a personalidade em dois: "o transcendente, controle dominante, e o embrulho empírico dos desejos e paixões a ser disciplinado e forçado a se sujeitar"[39] (p. 181). Ao haver a liberdade de um absoluto simulado, haveria também a opressão de um absoluto simulado, pois tudo que escapa ao controle do pensamento ou sensação particular, a qual permanece particular e resiste ao ser resistido, é falsamente visto como um "embrulho". E não como uma pluralidade que ocorre em mim, na medida em que meu corpo, em sua pluralidade de células, limita-se na pluralidade das demais células que me envolvem.

Resulta dessa falsa oposição, simultaneamente interna e externa, a invocação de um autêntico eu contra o falso e opressor eu. A preocupação de Berlin é que esse "eu real" seja "concebido como algo mais amplo que o indivíduo – como o termo é normalmente compreendido –, como (...) a tribo, a raça, a igreja, o Estado."[40] Por algum motivo, ele não cita, entre estes, a classe social, a qual pode claramente ser utilizada para mobilizar paixões fascistas ou totalitárias, e a qual seguramente ele tem em mente ao querer a priori desautorizar problematizações do capitalismo como ofensas à liberdade natural. Em todo caso, ele continua: "esta entidade, [alguma daquelas previamente mencionadas] é então identificada como o verdadeiro eu, a qual, ao impor sua vontade (...) coletiva sobre os seus membros recalcitrantes alcança a sua – e, portanto, também a deles – liberdade

---

39 Do original: "(...) the transcendent, dominant controller, and the empirical bundle of desires and passions to be disciplined and brought to heel".

40 Do original: "(...) conceived as something wider than the individual (as the term is normally understood), as (...) a tribe, a race, a Church, a State".

mais nobre"[41] (p. 179). "Eu posso declarar que [estes membros] na verdade almejam aquilo que, em seu estado de ignorância, eles conscientemente resistem, pois existe dentro deles uma entidade oculta – a vontade racional latente ou os propósitos verdadeiros – (...) e este espírito interno é o único eu que merece ter seus desejos levados em consideração."[42] Eu estaria, assim, "em posição de ignorar os desejos atuais dos homens ou sociedades, de intimidá-los, oprimi-los, torturá-los em nome do seu 'eu real",[43] da sua liberdade (p. 180).

A prática a que Berlin se refere é uma possibilidade real; a história do século XX prova isso. A pretensão de autenticidade, entretanto, a qual o autor tão bem descreveu, é uma farsa, a mesma farsa do absoluto e da razão de Hobbes. Todo esse papo sobre o eu autêntico é um truque, identificado – embora não exclusivamente – com o fascismo ou totalitarismo que surge na direita ou na esquerda, porém, nada mais do que um truque. Observe que, caso Berlin considere que o fascismo ou o totalitarismo fale em nome do falso e opressor eu, do eu que não é o "indivíduo como normalmente compreendido", então, por oposição, ele projeta a existência de um eu autêntico, em nome do qual ele se incumbiu de falar: em nome do eu oprimido que precisa ser libertado. A mesma falsidade criticada por Berlin se repetiria nele, embora apenas ao nível da pretensão; afinal, uma coisa é pretender uma falsidade na dimensão do conhecer da condição, outra coisa é aquilo que praticamos politicamente. Vejamos.

41 Do original: "This entity is then identified as being the 'true' self which, by imposing its collective (...) single will upon its recalcitrant 'members', achieves its own, and therefore their, 'higher' freedom".

42 Do original: "I may declare that they are actually aiming at what in their benighted state they consciously resist, because there exists within them an occult entity – their latent rational will, or their 'true' purpose – (...) and that this inner spirit is the only self that deserves to have its wishes taken into account".

43 Do original: "(...) in a position to ignore the actual wishes of men or societies, to bully, oppress, torture them in the name, and on behalf, of their 'real' selves".

Em primeiro lugar, Berlin repete a pretensão de acesso ao absoluto, o que simula uma dualidade entre emancipação e opressão. Ao inverter a pretensão do fascismo, o eu considerado verdadeiramente emancipado se mostra, na verdade, o eu verdadeiramente opressor imposto pelo grupo, enquanto o eu verdadeiramente subjugado mostra-se o eu verdadeiro a ser emancipado. Na mente de Berlin, a farsa ou truque do soberano hobbesiano está tão naturalizada que, ao criticar a noção do eu real, ele imediatamente recorre a ele, sem mesmo perceber. O eu hobbesiano seria tão factual ou natural que nem precisaria ser descrito, basta referir-se ao "indivíduo como normalmente compreendido": o termo se explicaria a si mesmo. Acontece que não: como vimos, trata-se de uma falácia física, a qual projeta no particular o absoluto, por definição incompatível com as condições da existência. Esse eu hobbesiano, absoluto e verdadeiro, seria oprimido não por aquilo que veio a ser na relação com os outros, não pela possibilidade que se manifestou nas interferências mútuas inevitáveis, mas pelo eu inversamente opressivo: o nós grupal. Berlin ignora, assim, que factualmente no regime por ele descrito não existem apenas agredidos, existem agressores que efetivam um nós ao experimentarem os "desejos atuais" de um eu. Observe que, quando Berlin usa a expressão "desejos atuais", ele tem em mente os desejos dos agredidos pelo regime, mas o fato é que os desejos dos agressores também são atuais. Nós, certamente, a partir de nossa própria experiência e prática, julgaríamos o eu e o nós fascista (ou totalitário) repulsivo, mas não podemos negar que aquelas pessoas que possibilitam o regime o fazem por livre e espontânea vontade. Se tentássemos desenvolver uma teoria para explicar porque este eu fascista ou totalitário atual não é o eu real, mas o eu opressor do eu real, que é o eu que somente eu e meu grupo sabemos que é real, apesar de ele não ser ainda manifesto no outro, estaríamos cometendo justamente aquilo que Berlin critica. E, que segundo ele, seria a causa do fascismo ou totalitarismo. O fato é que o autor procede assim: seu eu real é o soberano hobbesiano que existe sozinho, sem ser interferido.

Em segundo lugar, a projeção do absoluto dentro da existência, ao dualizar emancipação e opressão, procede por opor a possibilidade favorecida a todas as demais possibilidades em absoluto. Não existiriam diversas práticas e experiências parciais de liberdade por parte de pessoas que compartilham as mesmas condições de existência, as quais permitiriam experiências particulares justamente por não as predeterminar. Sendo que, se nem o fato ou a necessidade se impõe totalmente a nós, nem nossa norma ou vontade é totalmente imposta à realidade, então, a comunicação é possível ao ser parcialmente comensurável: ao trocarmos fatos eu posso lhe provocar com minha indeterminação valorativa e você pode provocar a mim. Para Berlin, entretanto, existiria apenas a liberdade negativa e a liberdade positiva, a verdade da emancipação e a verdade da opressão. A emancipação seria completamente racional, imediatamente comensurável, porém apenas para quem já participa de sua verdade, já concorda com ela, já se apresenta como o "indivíduo como normalmente compreendido". A opressão seria completamente irracional, abdicação integral do eu real, de maneira que, embora Berlin escreva para resgatá-lo e libertá-lo, isto seria impossível: se "os desejos atuais" do eu do nós opressor são absolutamente irreconhecíveis aos desejos reais do eu individual, então, não há como ou por que começar um diálogo. Ao serem absolutamente opostos, a comunicação entre a experiência da verdadeira emancipação e da verdadeira opressão seria impossível: o custo da razão total é sua inutilidade, ela é imediatamente verdadeira para quem já sabia e imediatamente irrelevante para quem não sabe. Se não há verdade na caverna, ou, melhor, apenas verdade da opressão, a luz seria para sempre incompreensível, externa, aos habitantes do escuro; e a escuridão para sempre incompreensível, externa, aos habitantes da luz – nada, nem mesmo violência, poderia alterar um eu que é sem se comunicar, sem interagir.

Em terceiro lugar, ao dualizar emancipação e opressão ao projetar no particular o absoluto, Berlin – como antes Hobbes – inevitavelmente simula praticar sua falsidade, assim como o tudo equivale ao nada e o nada ao tudo. Seguindo com a analogia, diríamos que os seres da luz são tão escravos da luz como os seres da escuridão são escravos da escuridão: não há possibilidades indeterminadas, não há cores, a luz é total e cega assim como a escuridão é total e cega. A cegueira não precisaria ser sintetizada ou mediada, já seria total. Em Berlin, podemos notar como o eu hobbesiano simula o nós absoluto, visto que este eu seria por definição fixo, sempre idêntico, padronizado em seu isolamento: o eu absoluto é o eu determinado pelo absoluto – trata-se, claro, de uma identidade tão grande, a ponto de nada escapar, que em realidade nada existiria. Em Berlin, percebemos também que se a liberdade positiva significa falar em nome de outro, então, o autor pretende o mesmo: embora não admita, fala em nome de todos que não estão em contato com seu eu real, aquele eu que não quer ser interferido, seja qual for o sentido disso. Se a liberdade positiva significa não propriamente defender possibilidades e organizar espaços adequados, porém, explicar como ser mestre de si mesmo, o que não precisaria ser explicado, pois seria simultaneamente fato e revelação, então, o autor pretende o mesmo: ele nos explica como não deixarmos outros interferir com nossa soberania.

Essa proposta, claro, como vimos, não faz sentido algum, assim como não faz sentido negar a atualidade de um impulso, qualquer que ele seja. Berlin, em realidade, manifesta uma possibilidade, assim como o faz o fascismo, cuja possibilidade almeja provocar outros a compartilharem parcialmente da mesma experiência, em números suficientes para poderem praticar sua exclusão e punir, colocando medo naqueles que discordam. O eu de Berlin é o eu que valida sua experiência de liberdade na competição econômica meritocrática ou no serviço prestado à aristocracia econômica: um eu que, de qualquer jeito, existe em um espaço positivo, configurado pelas relações e restrições de força, o qual permite a ele realizar algo, seja competir a partir de uma linha de partida comum, o que chamamos de igualdade de oportunidades, ou proteger-se atrás de um homem rico. O regime poderia ser misto; seria, certamente, diferente do fascismo ou totalitarismo. Entretanto, como esses últimos, precisaria provocar adesão, tanto quanto, em algumas circunstâncias, usaria da espada para calar a desobediência. Em quarto lugar, portanto, ao significar a condição de liberdade e defender uma organização específica das interferências mútuas, porém, fingindo se tratar da liberdade negativa que simula praticar sua falsidade e opressão, ele está apenas disfarçando ou mascarando suas preferências políticas arbitrárias, seja pela meritocracia, seja pela aristocracia econômica duplamente disfarçada, de meritocracia e verdade. Embora discordamos das preferências políticas de Berlin – e elas certamente, aos olhos do eu democrático que se posiciona pela beleza plural da dignidade comum, podem arranjar uma sociedade extremamente cruel –, seria um equívoco sugerir que, ao repetir, a nível do conhecimento da condição, a farsa do absoluto que identificou no fascismo ou totalitarismo, ele repita a mesma prática: não a repete.

O problema não é propriamente a farsa do absoluto hobbesiano, porém aquilo que ela disfarça, assim como o problema não é propriamente a pretensão fascista ou totalitária, porém aquilo que é praticado, ou que deixa de sê-lo. Não importa propriamente a história da pretensão depositada no indivíduo, mas aquilo que ela disfarça. Escapar da farsa do absoluto não é identificar a verdade total do ser particular; é considerar práticas, experiências, arranjos que não são a verdade da emancipação ou da opressão, que não são a falácia de sua pretensão, porém possibilidades.

Berlin (Berlin & Hardy, 2002, p. 216), por exemplo, na prática, parece defender balancear a meritocracia ou a aristocracia econômica com outros valores que não a liberdade, como a igualdade. O que ele ignora é que ele somente pode proceder assim, uma vez que, em sua prática da condição liberdade, ele seja capaz de significá-la de diferentes maneiras. Na medida em que meu limite existe na resistência que o limite do outro me oferece, o sentido do meu movimento não está determinado a priori. Claro, uma pessoa, ao praticar certas possibilidades, perde outras. A pessoa rica que goza da possibilidade de praticar a igualdade pode consumir menos com suas riquezas. O empresário que goza da possibilidade de participar de uma governança empresarial mais democrática pode mandar menos. A pessoa pobre que para de servir ao aristocrata, ou busca viver bem ao invés de tentar tornar-se rica, também sacrifica possibilidades. É uma questão de preferência que se manifesta na espontaneidade, de significação do sentido da liberdade.

Não protegemos o que é caro a nós, independentemente do que seja, ao pretendermos que sejam absolutos. Berlin (p. 181) está parcialmente correto quando coloca que: "manipule-se suficientemente a definição de homem, e liberdade pode significar qualquer coisa que o manipulador deseje. A história recente demonstrou com demasiada clareza que a questão não é acadêmica."[44] Ele ignora, entretanto, a verdade do que diz. Seu objetivo com essa frase é indicar que "se apenas as pessoas aceitassem minha definição de homem, tão obviamente correta, o mundo não mais se arranjaria em regimes os quais

44 Do original: "Enough manipulation of the definition of man, and freedom can be made to mean whatever the manipulator wishes. Recent history has made it only too clear that the issue is not merely academic".

abomino". Isso, novamente, é tão verdadeiro como dizer que "como eu me chamo Berlin, meu nome é Berlin". O fato é que as pessoas não necessariamente concordam com ele; necessariamente as pessoas desenvolvem divergentes entendimentos do que fazer com sua condição de liberdade. Ignorar isso em nome de uma pretensão que é factualmente falaciosa, na melhor das hipóteses, não nos acrescenta nada, na pior das hipóteses, confunde a nossa prática: somos todos inevitavelmente "manipuladores" de significados.

O que diferencia a meritocracia, a aristocracia econômica, o fascismo ou totalitarismo, e a democracia, entre outros, não é a pretensão da verdade total que acabam falaciosamente compartilhando, mas sim a maneira como, enquanto particulares, empenham e validam sua particularidade sem poderem apelar para o absoluto. O particular democrático – favorecido por este trabalho – valida-se na beleza do enriquecer-se e enriquecer no parcial congregar no mundo maior. Para tanto, busca maximizar os espaços de diálogo – incluindo-se o protesto – e iniciativa, na expectativa de provocar a maioria a portar-se democraticamente e renovar a significação democrática. Seria um erro, do qual Arendt pode ser acusada, tipificar a democracia redutivamente como a liberdade de participar das decisões da cidade, à qual Berlin ou Benjamin Constant poderia opor as "liberdades do indivíduo". Enquanto todo arranjo democrático é parcial, imperfeito e imbricado com outros, encontramos sua natureza na maneira pela qual valida o particular. Teremos a oportunidade de começar a explorar isso na segunda parte.

Dupla Face

Começamos contorcidos sobre nosso próprio limite, em conflito com os demais, depois que o tudo e o nada, ao se encontrarem no desencontrar, despedaçaram-se: não há referência fixa na qual possamos ancorar nossa prática. À condição de finitude é própria o movimento e não a ancoragem. Ao encontrarmo-nos envoltos por um mar de ondas, somos, não obstante, levados a buscar uma referência absoluta na qual possamos prender a nossa âncora. Para realizarmos essa nossa pretensão numa simulação do impossível, é imperativo ignorarmos a pluralidade que nos rodeia, a qual por definição interrompe o absoluto. Procedemos, portanto, por embrulhá-la em uma suposta totalidade, no caso da história do que se chama de ocidente, o Cosmo dos gregos ou o Deus dos judeus. Aos quais nosso eu seria oposto e se desenvolveria, a nível de sua pretensão, a eles inversamente equivalentes: o indivíduo dos modernos. Este que, como o Cosmo e o Deus, seria dono de sua espontaneidade, isto é, seria o absoluto anterior ao movimento que o destruiu - deuses no plural exemplificariam o mesmo. Como coloca Arendt (1998, p. 17), "virar de ponta-cabeça os sistemas filosóficos mantém o quadro conceitual mais ou menos intacto": o indivíduo dono de si mesmo é determinado pelo absoluto tanto quanto o absoluto coloca-se em quem é capaz de identificá-lo.

A dualidade na existência ocorre como a simulação das duas faces do absoluto inexistente projetado. Na matemática da existência, o "dual" apresenta o "uno" tão factual quanto o "zero". Somente na absoluta equivalência do tudo e nada ocorre a dualidade em sua perfeita exatidão, sem encontros e desencontros, sem lacuna, sem despedaçamento, sem terceiros; quando, portanto, as duas faces da moeda careceriam de largura para existir. Toda vez que reduzimos as 24 horas da rotação da Terra, em sua pluralidade de cores, ao dia e à noite, a dualidade já ocorre unificada como as duas faces da mesma moeda. Fosse esta observação factual, haveria apenas duas cores: o branco do dia sem tonalidades seria tão escuro quanto a claridade total da mais perfeita escuridão noturna. Essa equivalência na totalidade e nulidade do absoluto, entretanto, inexiste; na existência não passa de uma farsa que disfarça a contingência e espontaneidade de nossas práticas. Uma vez que a simulação da dualidade esteja posta, ocorre de praticarmos o que não se resume a ela enquanto, falsamente, a invertemos e a replicamos.

Por um lado, o conhecer da condição e o praticar de possibilidades confundem-se. Conhecer e praticar pretendem-se uma verdade total, oposta a falsidade totalmente irrelevante do ponto de vista do conhecimento e/ou opressor do ponto de vista da prática. Assim, simulam praticar seu oposto, tanto quanto a comensurabilidade plena do pensamento se mostraria plenamente incomensurável com qualquer divergência. Se, por exemplo, a crítica de Arendt a Hobbes, ao engajar-se com o conhecimento deste, não desmascara sua falaciosa pretensão para, então, considerar e divergir de sua prática, ela igualmente confundirá seu conhecimento da condição da finitude com sua prática democrática, fantasiando sua própria arbitrariedade de absoluto, assim como observamos Berlin proceder em sua crítica à liberdade positiva. Isto se daria em função da suposição segunda a qual a farsa seria sujeito da prática, assim como Hobbes havia suposto que o absoluto seria sujeito do movimento. De maneira tal que a farsa não seria realmente falaciosa, porém a verdade da falsidade e da opressão total, plenamente incomensurável com a comensurabilidade irrelevante da verdade total da emancipação.

Por outro lado, portanto, aquilo que conhecemos e praticamos aparecem confundidos e disfarçados. Como não há equivalência entre o conhecer e o praticar, na farsa de nossas pretensões não apenas invertemos dualidades, replicamo-las de acordo com as especificidades que vão disfarçadas. A física inverte a metafísica, assim como o realismo inverte o idealismo e o ascetismo inverte o hedonismo. Se o asceta, por exemplo, reconhece a angústia ou o esvaziamento por qual passa o hedonista, ele, ao preservar a face dual do absoluto, isto é, ao preservar a simulação de uma verdade total oposta à falsidade total, ignora a permanência de sua própria angústia, a qual o desautoriza falar em nome da verdade total, absolutamente distinta da prática do hedonista. Seu conhecimento e valor disfarça-se, portanto. Se o físico, por sua vez, pratica a intuição do conhecer da condição para identificar padrões de movimento, os quais permitem o desenvolvimento de tecnologias – corretamente sublinhando, assim, a fisicalidade da existência –, ao pretender que tudo seja determinado pelo absoluto, tanto quanto os metafísicos, ignora justamente a natureza da finitude.

Mais do que isso, pretende-se a si mesmo sujeito de predicados, o qual ao ser inexistente origina a dúvida cartesiana sobre a própria realidade da existência (Arendt, 1998, p. 274-289). Uma falácia que nas inversões dualísticas alcança a pós-modernidade, ignorando-se que, de uma maneira ou de outra, a existência só pode ocorrer despedaçada e sem dono. Enquanto a mente do absoluto era absolutamente equivalente a si mesma, absolutamente equivalente ao corpo estático, era o nada equivalente ao tudo. Na existência, explodiu o corpo contorcido sobre seu próprio limite, configurado como o perímetro do conflito de seus átomos com os átomos do arredor. E, assim, como esse contorcer dos limites dos conflitos, configurou as dimensões do tempo e do espaço. Configurou, também, as dimensões do conhecer e do praticar, as quais ocorrem no movimento que é ao ser contorcido e resistido, sem absoluto. Ou, inversamente, na existência, explodiu a mente contorcida sobre os limites daquilo que pensava e que resistiam seu pensamento. Como movimento, não podia antecipar-se a si mesmo, de maneira tal que não era uma mente, mas muitos pensamentos e muitas consciências. E, assim, como esse contorcer dos limites dos conflitos, configurou as dimensões do conhecer e praticar. Configurou, também, as dimensões do espaço e do tempo. Em um corpo há muitos pensamentos, e pode haver muitas consciências, mas consciência alguma pode ser absoluta, pode ser dona de si mesmo. Mesmo porque corpos não são absolutos, porém planos paralelos de agência: meu corpo age enquanto age também os micróbios em meu corpo que alteram o meu estado emocional.

Embora não poderemos propriamente explorar na segunda parte a continuidade do corpo e do espírito, bem como, o paralelismo da agência, coloca-se essa consideração como pano de fundo de um exercício que almeja compreender a prática política em sua condição, cuja verdade seria a finitude, a qual, ao não permitir o absoluto, também não permite dualidades.

Nosso grande desafio será começar a compreender um conhecer e um praticar – em especial, o democrático – que não se sustente no absoluto. Para tanto, não seria suficiente trocar o ideal da não-interferência da filosofia política clássica inglesa pelo ideal da não-dominação, outra suposta referência fixa na qual Pettit (1997) pretende sustentar sua democracia, ou, como ele prefere, republicanismo. Ainda que a orientação valorativa do mesmo aproxime-se da dignidade comum da beleza plural da democracia, ele mantém os falsos pressupostos que observamos tanto em Hobbes como em Berlin. O autor identifica que o ideal de não-interferência é insatisfatório de um ponto de vista republicano, porém compra a pretensão falaciosa de Berlin, isto é, não distingue entre a orientação valorativa dele e a falsa base que tenta construir para ela. Resulta que Pettit mantém o particular disfarçado de absoluto como o indivíduo, ignorando a impossibilidade – ao o empoderamento para a ação dar-se na resistência do outro – de encontrar-se referência outra que não a prática que se significa ao praticar-se. Fato que a história tão obviamente testifica – as pessoas aderiram e aderem a diversos regimes, muitos dos quais seriam considerados opressores por Pettit – e que intelectuais insistem em explicar não como possibilidades, as quais podem ser criticadas desde outra possibilidade, porém como o eu inautêntico oposto ao eu autêntico. Tão absolutamente que, fosse esta pretensão intelectual verdadeira, não haveria comunicação alguma – a concordância e a discordância seriam absolutamente imediatas e totais –, não haveria história alguma, não haveria nada. Enfim, Pettit, ao comprar a pretensão de Berlin, comete o mesmo equívoco que o inglês criticou e, então, repetiu.

Arendt, nossa grande interlocutora, também não escapará dessa sina. Seus acertos, entretanto, são mais ricos, e seus equívocos melhor ilustram os equívocos do pós-fundacionalismo. Nossa estratégia de leitura procederá por apresentá-la, em primeiro lugar, despida de suas falsas pretensões. Apenas, em segundo lugar, considerará seus equívocos. Não reivindicamos com isso que ela concordaria conosco: o fato é que não concorda, porque pensou diferente.

Para termos sucesso, ao lidarmos com o conhecer e o praticar, com o "como" e o "porquê", não podemos isolá-los e opô-los. O como que se opõe ao porquê postula a totalidade, tanto quanto o porquê que se recusa a reconhecer sua finitude. Na pretensão do absoluto, ocorrem unidos como sua dupla-face: fato e revelação equivalem-se enquanto mascaram o conhecimento parcial e espontâneo da finitude e a espontaneidade da possibilidade que se manifesta – a qual assenta deveres frente à imperfeição da realidade. Como vimos, a revelação em sua impotência reduz-se a normas, isto é, comunica legalidades (racionalmente) e não sua própria validade, tanto quanto a lei em sua impotência simula a revelação, isto é, não poderia ser deduzida, tão-somente revelada (irracionalmente). Se a metafísica é culpada de idealizar o porquê, simula totalizar o como: tudo é determinado. Se a ciência é culpada de "materializar" o como, simula totalizar o porquê: a finitude obedeceria à lei total de uma revelação externa. Ao propor o absoluto, ao absolutizar suas significações, nem mesmo as reconhece, assim como Berlin não as reconheceu. Ignora-se a prática, sem a qual o conhecer e o dever não fariam sentido.

O como diz respeito ao conhecimento da condição. Quando o porquê quer se ancorar no absoluto, ou simplesmente compreender sua condição, ele considera o como. Quando as orientações valorativas querem se movimentar no espaço, elas intuitivamente consideram o como. Dessas práticas desenvolvem-se a filosofia e a ciência, também a religião. O porquê diz respeito ao praticar da condição: não é a tentativa de ancorar o valor, isto é, não é a derivação revelada do dever, mas sim a prática de uma possibilidade. É a política que imortaliza, institucionaliza, julga/compõe, e, assim, provoca, seduz. É a ética da boa vida. É a estética que valida sua própria beleza. Enquanto conhecemos, praticamos; enquanto praticamos, conhecemos. Não apenas descobrimos como nos alimentar, significamos a prática, o existir. E o fazemos porque a condição é uma de finitude e a finitude não permite absoluto. Da mesma maneira, enquanto manifestamos possibilidades de significação em uma realidade imperfeita, assentamos deveres.

Como mencionado, conhecer e praticar, juntamente da estratégia ou dever, entre outros, serão considerados dimensões, as quais se configuram nas contorções dos limites que se resistem mutuamente, e acompanham as dimensões do espaço e do tempo. Antes de prosseguirmos, entretanto, convém brevemente considerarmos algumas armadilhas da dualidade que teremos que evitar.

Dualidades

Dicotomias, Inversões e Replicações

Assim como o absoluto nem sempre se apresenta como absoluto - Berlin, por exemplo, mantêm o eu hobbesiano enquanto critica a soberania -, a dualidade nem sempre se apresenta como dualidade; pode, inclusive, apresentar-se como solução da mesma enquanto a replica. Na existência, a simulação da oposição entre as duas faces do absoluto inexistente pode ser combativa, divisória ou conciliatória. Com Hobbes e Berlin consideramos o primeiro caso: a oposição combativa. Nesta, a verdade total combate a falsidade total, a emancipação verdadeiramente determinada combate a opressão verdadeiramente determinada. Cada lado ignora como a impotência de sua totalidade simula sua falsidade. Para além da filosofia política em sentido estrito, um exemplo clássico dessa oposição seria a disputa entre o empirismo e racionalismo (Markie, 2015).

No segundo caso, a oposição divisória, cada lado desenvolve suas atividades em paralelo, saudando ao outro como um espelho invertido de si mesmo. Este é um arranjo que podemos verificar na divisão de trabalho entre factualidade e normatividade no estudo da política, isto é, entre ciência positiva e filosofia moral: em um se deduz leis físicas, noutro, normas morais. Em que pese, entretanto, a convivência mais amigável, no pensamento dualista sempre verificamos ambas as faces do absoluto se revertendo desapercebidamente na outra. Tente, por exemplo, segurar o fato em sua onipresença e você terá em suas mãos a normatividade sem consciência de si mesmo, a revelação. Ou tente segurar a norma em sua onipotência e você terá a factualidade sem consciência de sua contingência.

Considere, por exemplo, Rawls (2005a, 2005b). Para o autor, ainda que os fatos, seguindo suas regras, não acompanhem nossas intuições morais, caberia à filosofia política antecipar e deduzir as regras postas pela moralidade prática em sua fundamentação racional. Em outras palavras, inverte Hobbes: enquanto o segundo revela um estado de natureza, do qual derivaríamos as leis políticas que ordenam contra o caos, assim preservando parte de nossa liberdade natural, Rawls revela um estado de ignorância, do qual poderíamos derivar as normas de uma sociedade justa, independentemente de sua efetividade. Embora Rawls deixe mais claro do que Hobbes tratar-se de uma simulação, o autor simula justamente o indivíduo hobbesiano que existe em seu isolamento. O qual, ao desconhecer sua posição socioeconômica futura, bem como, suas experiências enquanto ser humano – e, não obstante, manter as propriedades de pensamento da pessoa humana –, determina estrategicamente o melhor arranjo para a sociedade do qual fará parte. Retorna, então, à realidade e honra esse acordo simulado. Observe como se trata de uma tentativa de lidar com a capacidade humana de cooperação sem realmente lidar com a sua complexidade e com a inexistência de uma referência última. O exercício fracassa ou é irrelevante justamente por causa disso: tanto a colocação do véu que nos transportaria ao estado de ignorância, como o respeito futuro ao acordo simulado, depende das significações que desenvolvemos na prática. Assim como as possibilidades reais dos arranjos societais dependem de nossas experiências.

Ao transformarmos a discussão concreta entre pessoas reais em uma discussão técnica entre filósofos simulando seres inexistentes, perde-se não apenas a relevância, mas também a substância do problema. E, na medida em que a discussão permanece, o substancial disfarça-se de questões técnicas do tipo: o ignorante ignora sua propensão ao risco? Afinal, uma pessoa mais propensa a riscos aceitaria um acordo com mais desigualdade futura. Não há uma grande verdade por detrás dessa pergunta, há apenas a tentativa de fingirmos que podemos resolver problemas concretos em abstrato.

Assim como Hobbes, na impotência dos seus fatos, simula praticar sua falsidade, Rawls, na impotência das suas normas, simula ter acesso a fatos totais, visto que, na medida em que o exercício é acusado de ser irrelevante, ele se defende dizendo que está estabelecendo os fatos normativos, que são fatos estratégicos. Na mesma medida em que o autor tenta demonstrar a capacidade da razão, situada em uma sociedade democrática, regular politicamente a pluralidade de valores, podemos argumentar que seu raciocínio não escapa ao fato da sociedade burguesa compreender, falsamente, a pessoa como uma entidade autárquica padronizada: deduz-se em ignorância daquilo que somos e daquilo que nos motiva obedecer.

No terceiro caso, a oposição conciliatória, reconhece-se a equivalência da dualidade no absoluto, porém não como demonstração de uma farsa, e sim como solução: como conciliação ou sobreposição da dualidade que não precisava ser conciliada ou sobreposta, pois já era una na falácia da simulação do absoluto inexistente na existência. Seja na dialética de Hegel ou no correcionalismo em Kant, "a ideia segundo a qual nós apenas teríamos acesso à correlação entre pensamento e ser,"[1] entre sujeito e objeto (Meillassoux, 2009, p. 5), reafirma-se o absoluto, ainda que para o segundo seja pela inacessibilidade da coisa em si que ele permaneça pressuposto e posto. Fosse verdadeiro o absoluto de Hobbes, não haveria guerra generalizada, haveria tudo porque haveria nada; fosse verdadeira a reconciliação de Hegel no absoluto, não se encerraria apenas a história, encerraria a existência.

Na filosofia política considere, por exemplo, Honneth (Fraser & Honneth, 2003), o qual, ao invés de supostamente negar a normatividade em nome dos fatos, como Hobbes, ou supostamente contentar-se em derivar normas, como Rawls, entende que normas e fatos sobrepõem-se. O "fato antropológico enquistado, referente ao tema da natureza intersubjetiva dos seres humanos,"[2] (Kompridis, 2007, p. 278) seria total, isto é, equivalente ao fato normativo. Desse se deduziriam normas instrumentais de reconhecimento, postas pela saúde mental e impotentes por terceirizarem sua vitalidade ao determinismo inexistente. Em outras palavras, a intersubjetividade que é fato, ao pressupor-se como determinismo moral, é irrelevante, visto que não se dedica ao convencimento, porém à dedução racional, enquanto patologiza a dissidência. Ironicamente, patologias, embora da intersubjetividade, não poderiam ser tratadas com palavras, afinal, o que deveria seguir a ordem natural das coisas e não segue, somente poderia ser compreendido como aberração, defeito de fabricação. O absolutamente natural há de ser imediato; sua impotência, portanto, projeta o seu oposto: a patologia.

1 Do original: "(...) the idea according to which we only ever have access to the correlation between thinking and being, and never to either term considered apart from the other".

2 Do original: "(...) a deep-seated anthropological fact of the matter about 'the intersubjective nature of human beings".

Outro exemplo da oposição conciliatória encontramos em Taylor (1992; 1994), o qual sobrepõe autenticidade interior com a verdade comunitária, ignorando que o movimento não existe antes de sua prática, e que o encontro com outros existe apenas no momento de sua atualização – a qual excede a necessidade do passado e a vontade do futuro. Montesquieu (1989), por sua vez, no que tange à verdade comunitária, utiliza um truque similar. Apesar de não depender da projeção de um estado de natureza, projeta o absoluto na lei como encarnação da verdade comunitária, da conciliação entre pessoas. Enquanto, em realidade, a referência particular representada pela lei testifica não o consenso, porém o dissenso, não a solução, porém o problema, não a atualidade, porém o desafio da atualização.

Tendo observado esses três casos de oposição dualística; em primeiro lugar, relembramos que não estamos necessariamente criticando as orientações valorativas de autores como Rawls, Honneth e Taylor, as quais poderiam ser consideradas democráticas. Questionamos sua compreensão da prática política, a qual prejudicam nesta busca pelo impossível.

Em segundo lugar, ressaltamos que numa estrutura argumentativa, em diferentes momentos, estas apresentações da dualidade – combativa, divisória, conciliatória – podem variar. O indivíduo soberano da vontade, ao combater o cosmo da necessidade, simula-o; não se compreende como pedaço entre pedaços, porém como sujeito de objetos – falsidade que o levará a duvidar da realidade – e como sujeito da sua própria pluralidade de predicados – falsidade que o levará a duvidar de si mesmo. A verdade total do sujeito combate a verdade total do objeto, o racionalismo combate o empirismo, e vice-versa, enquanto já se encontram unidos na mesma farsa do absoluto. Kant apresenta-a como a verdade da correlação; o que o impede de compreender o conhecer, o praticar e o dever como dimensões dos limites que se resistem mutuamente. Antes, a verdade total da correlação entre as duas faces do absoluto inexistente é oposta e dividida com a verdade da beleza que é bela não ao espontaneamente validar sua própria beleza, sua própria orientação valorativa, porém ao transcendentalizar-se (Gadamer, 1989). A estética, ao opor-se ao conhecer, não se reconhece como prática hermenêutica, como reconheceu Gadamer, ou prática política, como reconheceu Arendt ao longo de sua obra, porém com uma inversão da verdade total própria ao absoluto. Da mesma maneira, a verdade total da correlação é oposta e dividida com a verdade total da moralidade, ignorando-se que o dever não se sustenta em sua legalidade, não pode ser deduzido do absoluto: é o que devemos a realidade em conformidade com as nossas experiências políticas ou valorativas.

Estas dualizações acompanham a filosofia habermasiana, especialmente, oposição entre uma instrumentalidade que seria sujeito de si mesma, e não mobilizada politicamente e valorativamente, e a comunicação que manteria a mesma pretensão da instrumentalidade de acesso a uma verdade total sem contingência, aparecendo como dever e não como estética.

Em terceiro lugar, notamos que a farsa da face dupla do absoluto não necessariamente é evitada na consciente tentativa de se secularizar o divino, ou de se lidar com particulares, com aquilo que escapa à dualidade da soberania. Não importa o nome que damos ao absoluto, importa a manutenção ou não de uma pretensão que não se conforma com a natureza contingente da finitude. A “modernidade” de Hobbes pretendia lidar com o particular, mas o disfarçou de indivíduo soberano. Habermas tenta fundamentar a razão não transcendentalmente, porém toda fundamentação que não seja reconhecimento da natureza contingente da finitude, simula um absoluto que nos retira a responsabilidade de significar a existência.

Nem mesmo o “pós-modernismo” está imune disto. O problema não seria precisamente a aparente contradição entre a relatividade e sua verdade (Bernstein, 1983), porém uma distinção insatisfatória ou equivocada entre o conhecimento da condição que é factual, ainda que provisório em sua dependência da linguagem, e a prática política de natureza estética. Equivocadamente, a prática seria percebida como uma totalidade cuja verdade não seria a condição de vibração física-linguística dos limites, mas sim a linguagem como sujeito do predicado e objeto: pensamento e ser correlacionam-se. Falha-se em perceber o particular em sua existência entre particulares, ou falha-se em perceber o particular como particular, cuja finitude significa-se e valida-se em sua própria prática. Prevalece um retorno ao inverso à comensurabilidade plena da razão, à revelação messiânica, ao invés de se estabelecer o contentamento com a comensurabilidade parcial da manifestação de possibilidades.

O problema do particular que, ao escapar da forma do absoluto, permanece, não obstante, revelação do absoluto, já ocorre, como descreve em detalhes Gadamer, na hermenêutica e no historicismo alemão. No sentido destes manterem uma falsa suposição de que o texto ou a comunidade possui um significado fixo ou total, um significado que ao invés de ser muitos ao ser resistido, seria uno e resumidor da identidade de um todo. O que Berlin chama de liberdade positiva tem como pano de fundo essa falsa pretensão. Em que pesem as diferenças entre o caminho hegeliano e o hermenêutico, a totalização do particular pressupõe a totalidade absoluta, assim como a soberania do indivíduo hobbesiano pressupõe o absoluto que ele encarna. Será Heidegger quem desenvolverá essa relação entre ser e Ser de maneira brilhante, embora não menos falaciosa, como consideraremos na seção final da segunda parte. Falácia que permanece com Gadamer, o qual, ao compreender a natureza oscilante do significado, mantém a linguagem como o Ser total que orienta a prática e substitui sua responsabilidade.

Identificamos em Rancière (em Bowman & Stamp, 2011) uma colocação similar em referência a Derrida, outro herdeiro de Heidegger: "enquanto descontrói a identidade, ele encontra-se sempre à beira de restabelecê-la ao exagerar a identidade da alteridade ou a presença do ausência"[3] (p. 13). Ou, dito de outra forma, ele encontra-se sempre à beira de reestabelecer o minado projeto fundacionalista ao isolar a sobra que escapa à dualidade da totalidade. Como em Agamben (2013), reaparece a revelação de um destino histórico/ontológico (p. 11); reaparece, também, uma ética dada em lei. Ironicamente, Bennett (2010, p. 16) ecoa Rancière ao criticar Adorno, cuja dialética negativa "honra a não-identidade como alguém honraria um deus desconhecido,"[4] "um absoluto ausente,"[5] "uma promessa messiânica."[6] De Husserl a Derrida, de Hegel a Adorno, o problema de uma dualidade equivalente no absoluto reaparece.

Conforme mencionado, autores como Honneth e Taylor, "secularistas" da pós-modernidade, assim como Habermas seria "secularista" da modernidade, falham igualmente em oferecer uma compreensão pós-fundacionalista da política ao tentarem encontrar na intersubjetividade não a condição que nos permite significar e provocar convencimento, mas sim a significação resolvida a priori. Neste sentido, a crítica de Connolly (1993, p. 369-371) a Taylor é bastante pertinente. Ao elogiá-lo por distanciar-se do verbo "ordenar", isto é, de uma ética dada em regras, e, portanto, aproximar-se do entendimento segundo o qual sensibilidades são cultivadas e "informam a qualidade de futuras interpretações, ações e relações"[7] (1993, p. 369), assevera que Taylor permanece ocupado com o subs-

---

3 Do original: "(...) while deconstructing identity, he is always on the verge of reinstating it by overstating the 'identity of alterity' or the presence of the absent".

4 Do original: "(...) honors nonidentity as one would honor an unknowable god".

5 Do original: "(...) as an absent absolute".

6 Do original: "(...) as a messianic promise".

7 Do original: "(...) that informs the quality of future interpretations, actions, and relationships".

tantivo "ordem", isto é, com a ordem moral como um "inerente, harmonioso desígnio do ser"[8] *(1993, p. 371).*

Connolly, herdeiro de Foucault, falha em reconhecer a dualidade que existe entre a revelação de uma verdade transcendental e a derivação "jurídica". E esse desconhecimento beneficia-o no sentido de permitir-lhe ignorar a relação que permanece entre o *ordenar* e o *revelar* em seu próprio pensamento, no qual a ordem, que ordena, da harmonia do ser, é substituída pelo ordenar da ordem da abundância da vida. Neste sentido, a crítica de Taylor (1989, p. 490) a Foucault, herdeiro de Nietzsche, é bastante pertinente. Diz o primeiro do pensamento do segundo: mostra-se um "impulso para o primeiro perfil espiritual do modernismo, em nome da liberdade irrestrita."[9] Como vimos, a farsa da pretensão não é sujeito da prática, e não é nossa intenção julgar as orientações valorativas de Foucault, porém considerar, ainda que brevemente, como no seu conhecer, em que pese a devida problematização da soberania do indivíduo ou do sujeito, a mesma reaparece como a soberania do movimento sobre si mesmo, como a abundância que orientaria a prática e resolveria o problema da significação a priori: a outra vertente do particular que não escapa a falácia do absoluto. Também teremos oportunidade de retornar a isto na seção final da segunda parte.

E, assim, poderíamos continuar a problematizar a dualidade da "desconstrução e construção", bem como, da "crítica e manifestação", apontando que não existe pensamento positivo ou negativo: existe o pensamento que projeta na crítica a lei, e, como revelação simula a razão total, e o pensamento que projeta na desconstrução a lei, e como revelação simula a manifestação da abundância ou au-

---

8 Do original: "(...) an inherent, harmonious design of being".

9 Do original: "(...) boost for the first spiritual profile of modernism, in the name of unrestricted freedom".

sência. Enquanto, em realidade, o conhecer desmascara falsas pretensões e a prática manifesta a possibilidade contingente que serve de crítica a outras possibilidades.

Mesmo Rancière (1996), embora mereça destaque por chamar atenção para a dimensão poética da política – não opondo sensibilidade à cognição – apenas "materializa" o messiânico: a política, oposta a polícia, representaria necessariamente a manifestação da inclusão pura, enquanto a polícia representaria necessariamente a manifestação da exclusão pura. Ignora, portanto, que a inclusão e a exclusão não representam dois reinos distintos que se equivalem no absoluto, porém a natureza do limite que se relaciona com o outro ao resisti-lo, ao parcialmente incluí-lo e excluí-lo. O excluído é igualmente incluído pelo sistema que o oprime. O incluído nunca o é totalmente. A questão pertinente é como se dá a inclusão e a exclusão, seja pela política diretamente ou por aquilo que ela deve à realidade imperfeita – por exemplo, a interrupção de um crime racial. Ignora também, como reconhece Mandoki (2008) à sua maneira, que a experiência estética coloca possibilidades: não as determina a priori. Entre elas, ocorre a alternativa de congregarmos em um mundo maior, o qual retiraria sua beleza do parcial encontro da pluralidade; porém, ocorre também a alternativa do autoritarismo, o qual representa igualmente uma experiência estética. Também em Rancière, como em Foucault, com quem ele se associa (Rancière em Bowman & Stamp, 2011, p. 246 e 247), prevalece a farsa do absoluto, ainda que o enfoque negativo, criticado por Rorty (1991) como insuficiente, o desnudamento do poder, seja suplementado pelo aspecto positivo da manifestação poética.

Em suma, como sugerido na subseção anterior, o pensamento que – ao invés de desmascarar a farsa do absoluto no outro, e, assim, identificar o conhecimento que permanece, bem como, expor a orientação valorativa – opõe-se ao absoluto, invertendo-o, está fadado a repetir e replicar sua dupla-face. A farsa não é sujeito, é disfarce. Fosse ela responsável, seria inversamente verdadeira, a outra face da determinação que ocorre apenas na convergência do tudo e do nada. Enquanto isso, na confusão, conhece-se a condição e pratica-se significados que são por definição sempre autênticos e que não equivalem às pretensões falaciosas de acesso ao absoluto.

Como pensar a pluralidade sem dualizá-la? Como pensar a contingência sem absolutizá-la? Como pensar a verdade da condição sem replicar a face dual do absoluto que simula verdade e falsidade total, emancipação e opressão total? Como compreender a prática política em sua capacidade de manifestar possibilidades democráticas sem fundamentá-las no absoluto? Nosso objetivo é introduzir uma ontologia da pluralidade e da contingência que dê conta de responder a essas perguntas. Ao invés de lidar com fatos onipresentes ou normas onipotentes, estudar a condição de vibração de cordas de possibilidades. É, precisamente, essa ideia – ocasionada pela leitura do pensamento de Arendt – que diferencia este trabalho de diversas outras críticas à dualidade e à totalidade. Falamos de oscilação porque a contingência do que ocorre jamais poderia opor-se à causalidade, formando, assim, uma nova dualidade, cuja equivalência entre as partes não suportaria contingência, possibilidade ou existência. Antes, na tensão dos limites dos conflitos oscila a possibilidade: sem desprender-se dela, não se resume a ela.

Hannah Arendt será a nossa principal interlocutora. Não porque ela tenha se imunizado contra o retorno da dualidade e da totalidade. Em certo sentido, inclusive, seus erros são ainda mais espetaculares, por isso mesmo, exemplares. Observaremos como o isolamento daquilo que oscila na causalidade leva à incomensurabilidade de uma revelação que se opõe a uma realidade na qual, supostamente, as pessoas perderam a capacidade de compreensão da lei verdadeira, ou da não-lei que efetivamente coloca-se como, vivendo por uma falsa legalidade, acorrentados em um caverna, ou, como diríamos em um linguajar (pós)moderno, engrenados em uma máquina. A face dupla do absoluto – comensurabilidade e incomensurabilidade plena – que rouba as possibilidades de sua energia "causada". Os acertos de Arendt, entretanto, são também exemplares e será nossa tarefa, ao evitar seus equívocos, iniciar a exploração de um caminho que ela sinalizou, porém não seguiu.

Entre passado e futuro

CONFLITO: BIOGRAFIA E ONTOLOGIA

Abismo

Frente à insistência das filosofias e das ciências buscar aquele ponto fixo prometido por Arquimedes, o qual permitiria ao sujeito com o uso de uma alavanca metodológica dispor do seu objeto, Arendt propõe ao seu pensamento uma jornada sem balaústre.[1] No lugar onde outros aspirariam, admitidamente ou não, encontrar a absoluta fundação, ela vislumbra uma rachadura, uma cisão entre placas tectô-

---

1 Arendt (1998, 2006a) discute o ponto de Arquimedes no sexto capítulo "*The Vita Activa and the Modern Age*", do livro "*The Human Condition*", bem como, no oitavo capítulo "*The Conquest of Space and the Stature of Man*", da coletânea "*Between Past and Future*", entre outros. A metáfora "pensar sem balaústre", traduzida livremente do alemão "*Denken ohne Geländer*", aparece em entrevista publicada na coletânea de textos e cartas "*Denken ohne Geländer: Texte und Briefe*" *(Arendt, Bohnet, & Stadler, 2006)*. Essa ilustração, que até então Arendt havia resguardada para si, é destacada por vários comentadores, especialmente aqueles atraídos a Arendt por sua tentativa de articular um entendimento pós-fundacionalista da política. Considere, entre outros: Strong (2012) e o pragmatista Richard J. Bernstein, que escreve o prefácio (p. v-vii) do livro "*Hannah Arendt and the Law*" (Goldoni & McCorkindale, 2012).

nicas, cujo choque constante desloca o abismo, conferindo-lhe realidade como o precipício que existe na finitude de seu limite, ao invés de desaparecer em um vazio sem profundidade, impróprio à existência. Ou ao menos deveria: como tantos notáveis do século XX, ela fracassará em sua jornada. Seus fracassos, porém, serão exemplares, e seus acertos capazes de paradoxalmente nos direcionar em uma geografia que não permite bússolas, nem fim ou início, salvo como constantes rearranjos de finitudes, incontidas no absoluto calar da existência na totalidade do nada, ou no vácuo do tudo.

Passado, Futuro e Presente

Arendt, em *The Life of the Mind* (1981, p. 152), explicitamente refere-se ao abismo ao notar que "a continuidade temporal, infinda mudança, [sólida cadeia causal][2] é rompida em tempo passado, presente e futuro, sendo passado e futuro antagonistas um ao outro, como o não-mais e o não-ainda"[3] (p. 1:203), e "o presente, este misterioso e escorregadio agora, um mera fenda no tempo"[4] (p. 1:208). Embora registrasse essas palavras ao fim de sua vida, em um livro cuja terceira e última parte nem em rascunho se escreveu além do título, encravado nas páginas da História como o último suspiro intelectual da autora, morta em 1975 (p. 2:242), *Entre Passado e Futuro* dá nome a uma coletânea de artigos escritos em proximidade à publicação de "seu maior trabalho filosófico"[5] *(d'Entreves, 2016), The Human Condition* (Young-Bruehl, 1982, p. 279). Em *Between Past and Futu-*

---

2 Arendt (1981, p. 2:207).

3 Do original: *"In other words, the time continuum, everlasting change, is broken up into the tenses past, present, future, whereby past and future are antagonistic to each other as the no-longer and the not-yet".*

4 Do original: "*the present, this mysterious and slippery now, a mere gap in time*".

5 Do original: "*major philosophical work*".

re (2006a), agora referenciado com o título em sua língua original, Arendt antecipa discussões que serão retomadas de forma mais sistemática em *The Life of the Mind.* Notavelmente, o capítulo vigésimo deste, *The Gap Between Past and Future*, recupera largos trechos do prefácio daquele. O exercício que antes introduzia reflexões que, sem poderem ou quererem evitar discussões ontológicas, colocavam em primeiro plano preocupações políticas – isto é, preocupações práticas em consideração às particularidades do conflito entre passado e futuro ocasionado no Ocidente, de maneira mais geral, e nos Estados Unidos, de maneira mais específica – agora conclui a primeira parte de um livro dedicado às condições de experiência do espírito.

A menção explícita ao abismo ou lacuna ocorre apenas em relação ao que Arendt chamará de *Vida do Espírito*,[6] "o reino da filosofia, da ética, da contemplação, do observador, dualisticamente oposto ao reino da política, da práxis, da ação, do ator, ao que a autora chama de Vida Ativa" (1998, p. 7-21) – expressão que, além de delimitar o tema, intitula as palestras que derem origem ao livro *The Human Condition* (Arendt, 1998, p. 327), bem como, as traduções europeias do mesmo (Young-Bruehl, 1982, p. 324). Contraditoriamente, essa dualização estéril da *Vida Ativa* e da *Vida do Espírito* reclamada pela autora corresponde à postulação de uma dicotomia entre *Atividade* e *Passividade* ou *Espírito* e *Corpo*, a mesma que ela desmistificará, com grande sucesso, como faces da totalidade imprópria à existência (humana), e que tentará, com menor sucesso, subverter. Em que pese, pois, relevante resquício da lógica dualista, a atenção aos conflitos entre passado e futuro, em cujos abismos coloca-se a indeterminação do presente, perpassa toda a obra.

---

6 Embora o título original em inglês traduza-se literalmente como *Vida da Mente*, vamos seguir a tradução oficial em português intitulado, *Vida do Espírito* (2000), considerando-se que o termo *Espírito* aproxima-se melhor do que a filosofia alemã, referência para o pensamento de Arendt, chama de *Geist*.

O conflito não é apenas cenário do livro *The Human Condition*, anteriormente colocara-se como topografia de sua tese de doutorado, *Der Liebesbegriff bei Augustin* (1929) – em português, *O Conceito de Amor por Agostinho* – e com ela permanecera, inquietante. Arendt enxergava Agostinho não como um teólogo católico, mas sim como um pensador. Sua leitura se distanciava dos debates da época, era um exercício de filosofia existencialista, ainda não amplamente reconhecida. Jovem estudante, fora aluna e amante[7] de Heidegger, e embora o pensamento deste – ao conceber, segundo ela, um *eu* absolutamente egoísta – nada contribuiria para o entendimento do amor, sua influência nota-se marcante (Young-Bruehl, 1982, p. 74-75): "o débito de Arendt é com o mais profundo e geral nível do pensamento de Heidegger, é com o nível do qual ele ergue suas questões fundamentais sobre a relação entre Ser e Tempo e sobre a existência do homem como temporalidade."[8] Arendt divide sua tese em três partes, as quais corresponderiam à existência temporal do amor: "como apetite é antecipatório, orientado ao futuro; (...) como relação com Deus, o Criador, é orientado ao passado primordial, à Criação,"[9] na relação com o próximo é atual, orientado ao presente. *"E estes três modos de temporalidade, o passado ou 'não-mais', o futuro ou 'não-ainda', e o presente, (...), foram tão fundamentais para a tese de Arendt quanto foram para 'Sein und Zeit'*[10]" – em português,

---

7 A relação amorosa entre Arendt e Heidegger é bastante conhecida, para uma referência, pode-se considerar, entre outros: Young-Bruehl (1982, p. 42-76).

8 Do original: "*Arendt's debt is to the deepest general level of Heidegger's thought, to the level from which he raised his fundamental questions about the relation of Being and Temporality and about man's existence as temporal*".

9 Do original: "*Love as appetitus is anticipatory, future-oriented; love as a relation with God the Creator is oriented to the ultimate past, the Creation*".

10 Do original: "*And these three modes of temporality, the past or "no longer", the future or "not yet", and the present, (...) were as fundamental to Arendt's dissertation as they were to Being and Time*".

Ser e Tempo - de Heidegger (1977). Cujo *Tempo*, "por sua vez, deve tanto às *Confissões* de Agostinho como o 'Ser' deve à ontologia grega"[11] (Young-Bruehl, 1982, p. 76).

Em outras palavras, ao retornar à fonte da temporalidade heideggeriana, Arendt inicia a jornada de uma vida na busca de requalificar valiosas perspicácias ontológicas de um filósofo que, em sintonia ou dissintonias com os seus escritos, teve sua existência grosseiramente manchada pelo apoio, breve e mal explicado, ao nazismo. Arendt retornará com frequência aos romanos, como era Agostinho, e aos gregos, vasculhando o mar que engoliu as terras do passado, em procura das pérolas que permitiriam a ela, em sua luta contra o futuro, preservar o presente em sua contingência. A existencialista que rejeitaria o ponto de Arquimedes não parte com um mapa, não quer restaurar velharias, mas parte, sem plenamente admitir a si mesma, em caçada a uma fórmula de liberdade, elementar, como é tão comum. Trazendo consigo o futuro, não lhe bastará caminhar pelas bordas dos abismos que se abrem e fecham no constante atrito com o passado. Não bastará encará-los e praticá-los. Gananciosa, ela revela - ao escrever sobre seu querido amigo, Walter Benjamin - querer quebrar o feitiço e "recortar o 'rico e estranho', os corais e as pérolas"[12] (1968, p. 196), *pô*-los na mochila e com ela levar.

Política e Filosofia

Nascida em 1906, na Alemanha, Arendt não encontrara, como judia e mulher, preconceito notável no início de sua vida acadêmica. Oriunda de uma família secular bem integrada à sociedade da época, encarava o crescente sionismo com indiferença. Suas paixões eram

---

11 Do original: "The 'Time' of 'Being and Time' owes, in its turn, a great debt to Augustine's Confessions, as a great debt as "Being" owes to Greek ontology".

12 Do original: "to cut out 'the rich and strange', coral and pearls".

as letras alemã e uma filosofia à qual em sua pretensão não propriamente reconhecia seu imbricamento com a política (Bernstein, 1996, p. 14-16).[13] O acaso histórico, entretanto, não lhe permitirá desconsiderar ou descaracterizar os lastros práticos que acionam e justificam a ontologia. *Der Liebesbegriff bei Augustin* já se escreve pelas mãos de uma autora que compartilhava crescente preocupação e interesse pela problemática do antissemitismo (Young-Bruehl, 1982, p. 70-74), muito embora sua busca pelo presente não ainda se direcionava às manifestações do contingente: mirava transcender a efemeridade do particular e da mortalidade por meio do pensamento, contemplava a eternidade. Após Agostinho, Arendt se dedicou por dois anos às origens do romantismo alemão, e, apesar de logo abandonar esse projeto (Young-Bruehl, 1982, p. 81-85) em favor da ação prática em uma realidade carente de mudança, as marcas deixadas em sua escrita e em seu experimentar existencial serão inegáveis. Positivamente, ela herdará e desenvolverá, assim como Heidegger, crítica à pretensão e prática da racionalidade instrumental. Negativamente, sua requalificação do trilhar da fenomenologia e da hermenêutica como prática da política[14] em detrimento da dialética hegeliana, repetirá o equívoco no qual o comprometimento hermenêutico com o particular carrega a expectativa de transcendência, de síntese no absoluto.

Nesta passagem da filosofia enamorada de si mesmo rumo à preocupação com a política, não ocorre uma ruptura, ocorre a interferência do futuro que ainda não é, porém impede o passado de

13 Não se afirma aqui a relevância ou não de Agostinho ou outro pensador que despertará o interesse da jovem Arendt para a compreensão da política, nem se considera a capacidade de eles reconhecerem ou não o imbricamento da filosofia e da política, apenas se resgatar como Arendt, no ambiente acadêmico da época, se aproximou da primeira.

14 Young-Bruehl (1982, p. 93) chega a afirmar que Herder, no início da década de 30, "*emerge como herói de Arendt*" (do original: "*emerges as Arendt's hero)*".

permanecer sendo, não é mais. No limite dessa lacuna que se forma, o pensamento de Arendt se atualiza; sem ter sido causado pelo passado ou pelo futuro, constrói uma ponte sobre o tempo desconexo, oferece ao passado a chance de tocar o futuro, de mudá-lo antes que seja, numa continuidade na qual o que passou e permanece não é mais o mesmo.

Arendt, todavia, simulará em seu pensamento uma ruptura. Se a filosofia olvida o lastro prático que a efetiva, se sacrifica o particular no altar do universal, se não se presta a uma realidade que é eventual, então a ela caberá deixar o castelo do rei solitário e entrar na cidade dos homens: "*Eu disse adeus à filosofia de uma vez por todas. Como você sabe, eu estudei filosofia, mas isso não significa que eu fiquei com ela.*[15]" "*Há uma espécie de hostilidade contra a política na maioria dos filósofos. (...). Isto se deve à natureza do tema.*[16]" "*Eu não quero tomar parte nessa hostilidade, (...). Eu quero olhar para a política, diria, com olhos não obscurecidos pela filosofia*[17]" (Arendt & Kohn, 2005, p. 2). Não fora, claro, de uma vez por todas; ao *Reino do Espírito*, ao lar que um dia abandonou sem piscar, a ele voltará na velhice. De fato, ela nunca o deixou, como poderia? Se entendemos que "*o pensamento surge dos incidentes da experiência vivida*[18]", *não basta dizer que devemos "permanecer conectados a eles como as únicas placas das quais podemos tomar rumo*[19]" (Arendt, 2006a, p. 14).

---

15 Do original: "I have said good-bye to philosophy once and for all. As you know, I studied philosophy, but that does not mean that I stayed with it".

16 Do original: "There is a kind of enmity against all politics in most Philosopher. (...) It lies in the nature of the subject itself".

17 Do original: "I want no part in this enmity, (...). I want to look at politics, so to speak, with eyes unclouded by philosophy".

18 Do original: "My assumption is that thought itself arises out of incidents of living experience".

19 Do original: "(...) remain bound to them as the only guideposts by which to take its bearings".

Não apenas a vida prática origina tanto a prática do conhecer-sua--própria-condição como do condensar-nuvens-particulares que obscurecem a visão, os equívocos que acometem a filosofia não podem ser considerados externos à política e à tentativa de purificá-la de si mesmo e eliminar o risco – isto é, de fixar a qualidade oscilante do particular como o firmamento prometido por Arquimedes, ao invés de se contentar em provisoriamente compreender-a-natureza ou delimitar-a-pretensão do praticar ao praticar particularidades – pode apenas repetir o erro fundacionalista do qual queria escapar. Ao fugir da filosofia sem olhar para trás, Arendt mancha fatalmente seu pensamento com a marca desse pecado original, consumado no dia que tardou, mas não falhou: ela não mais lembrava do que fugia.

Sentindo-se em casa no reino de outrora, clarificaria alguns anos depois, em 1972: "Por natureza, não sou um ator [político] (...). Nunca senti a necessidade de me comprometer [politicamente]. Até que alguém finalmente me bateu com um martelo na cabeça e, pode-se dizer, isso me acordou para as realidades. Mas, mesmo assim, tive essa vantagem de mirar desde fora"[20] (Arendt & Hill, 1979, p. 306). Ela que, por vinte anos após fugir da Alemanha nazista, trabalhara *"quase exclusivamente em prol de organizações judaicas e sionistas em Paris e Nova York*[21]*"* (Bernstein, 1996, p. 21), que se posicionara como uma intelectual pública, que pretendera promover em seus leitores um certo acolhimento do "sujar das mãos[22]" com

20 Do original: "I, by nature, am not an actor. (...) I never felt the need to commit myself. Until finally, schliesslich schlug mir [einer mit einem] Hammer auf den Kopf und ich fiel mir auf: finally somebody beat me over the head and, you can say, this awakened me to the realities. But still, I had this advantage to look at something from outside".

21 Do original: "(...) worked almost exclusively for Zionist and Jewish organizations in Paris and New York".

22 Arendt não usa essa expressão.

o negócio da política, ela, pretendia-se "pura". Enxergava nos particulares da política um espelho invertido do absoluto da filosofia.

A grande ironia, claro, é que Arendt escreve justamente com o intuito de alertar para este erro da redução, inversão e síntese dualista da totalidade ou absoluto. De acordo com ela, desde Platão, a filosofia é "dominada pelas recorrentes inversões do idealismo e materialismo, do transcendentalismo e imanentismo, do realismo e nominalismo, do hedonismo e ascetismo e assim por diante"[23] (1998, p. 292); devendo-se "à natureza [desta] famosa 'virada de ponta-cabeça' dos sistemas filosóficos ou dos valores estabelecidos, isto é, à natureza da operação ela mesma, a permanência mais ou menos intacta do quadro conceitual"[24] *(1998, p. 17)*. Destaca-se nesta citação a expressão "mais ou menos": a permanência conceitual é apenas parcial. Fosse total, como sugerido pela autora em outros trechos, não haveria razão para "admirarmos a coragem e a extraordinária ingenuidade dos filósofos ao decorrer da era moderna" (1998, p. 294), pois não haveria nem coragem, nem ingenuidade, apenas inversão e repetição. Em que pese, pois, o equívoco desta busca pela referência última, levando à simulação de um dualismo reversível sem abismo, o exercício não poderia evitar de ocasionar a lacuna no conflito entre passado e futuro. A inversão é uma farsa que mascara a contingência que se manifesta no praticar e conhecer. Por isso, ainda que o erro de Arendt seja comum, temos motivo para estudá-la em busca daquilo que desmascara e que escapa à falsa compreensão dualista e totalista.

23 Do original: "(...) dominated by the never-ending reversals of idealism and materialism, of transcendentalism and immanentism, of realism and nominalism, of hedonism and asceticism, and so on".

24 Do original: "It lies in the very nature of the famous 'turning upside down' of philosophic systems or currently accepted values, that is, in the nature of the operation itself, that the conceptual framework is left more or less intact".

Por mais que fracassara – em consistentemente manter que todo exercício filosófico pratica política, isto é, não apenas se origina, mas também acompanha a inserção prática na realidade, tanto quanto todo exercício político filosofa, isto é, pensa a condição que lhe permite –, encontrara-se numa posição única entre os pensadores pós-fundacionalistas do século XX ao acolher a política em sua vacilante fragilidade, em sua incerteza, sem ponto de apoio, sem balaústres. Ela não abandonaria a filosofia, porém a poria a serviço da compreensão da condição da prática do particular, como indica, inclusive, o título de sua maior obra, *The Human Condition*. Ao longo de sua carreira acadêmica, ao fenomenologicamente revezar reflexões cujo enfoque era ontológico com reflexões cujo enfoque era a política e não simplesmente a cultura de algum local, Arendt ensaia corrigir a falsa transformação do particular em fundação. Mantém, assim, um projeto cuja consciência do seu inevitável aspecto positivo – não basta desmascarar, há que se enfrentar manifestação particulares com a manifestação de novas possibilidades – deveria prescindir da alavanca arquimediana, isto é, de um método capaz de impor verdades a prática do particular. Deveria notar abrindo-se entre passado e futuro o abismo do presente que em sua contingência quebra a totalidade e a nulidade do tempo.

Ao isolar filosofia e ética como práticas da *Vida do Espírito* e isolar a política como prática da *Vida Ativa*, Arendt recorre a uma falsa esterilização do conflito entre *Passado e Futuro*, *Passividade e Atividade* ou *Corpo e Espírito*, antecipando a nulificação do abismo que repetidamente ocorre nas particularidades do seu pensamento. O mesmo que entrevê *Filosofia* e *Ciência*, *Política* e *Estética*, *Ética* e *Dever*, além da *Angústia* e do *Prazer*, como práticas ou conhecimentos que ocorrem na beira do abismo, como dimensões do atritar.

Caminhando, a autora pudera aprimorar o entendimento da condição do particular, pudera despir falsidades de uma pretensão de verdade qualquer, de uma tradição; jamais poderia, entretanto, neutralizar o seu feitiço particular, apenas conjurar novo encanto. Ao passo que desejava capturar pérolas do passado, com intuito de oferecê-las uma morada permanente no futuro, pudera apenas encontrar as flores que nascem no limite do precícipio entre passado e futuro, na contingência do encontro que se manifesta. Arrancá-las e pô-las numa redoma de vidro seria em vão.

Inclusão e Exclusão I: Judaicidade

Arendt, a teórica política, é conhecida por sua apropriação da *polis* grega e da *res publica* romana (Bernstein, 1996, p. 31), o que dá margem a críticas demasiadamente simplistas, ainda que em certa medida justificáveis, direcionadas ao que seria uma idealização malvinda do período que aprendemos a chamar de clássico. Essa apropriação, porém, aparece de maneira sistemática apenas a partir da publicação do *The Human Condition,* no ano 52 da vida da autora, em 1958, enquanto "sua educação política começara 25 anos antes, e sua preocupação primária fora entender a política dos judeus, ou melhor, o fracasso da mesma"[25] (Bernstein, 1996, p. 31). Poderíamos, inclusive, ir mais longe; já em 1926, três anos antes de defender a sua tese a respeito de Agostinho, Arendt encontrara-se numa reunião do clube estudantil sionista de Heidelberg. Embora a questão não lhe fosse particularmente interessante, fora para apoiar seu tímido amigo, Hans Jonas, que havia convidado Kurt Blumenfeld, principal porta-voz da Organização Sionista da Alemanha, para dirigir-se ao grupo. "*A palestra não converteu Hannah*

---

25 Do original: "Her political education had begun 25 years earlier, and her primary concern had been to understand Jewish politics or, rather, the failures of Jewish politics".

Arendt ao Sionismo[26]" (Young-Bruehl, 1982, p. 71), mas despertou o seu interesse em pensar a inserção dos judeus na sociedade alemã, bem como, a apresentou à distinção – proposta pelo pensador judeu francês Bernard Lazare – entre o pária ou excluído, o parvenu ou assimilado e o pária-consciente ou emancipado. Embora a problemática constituíra o pano de fundo da tese de nossa autora, ela somente se apropriará dos referidos conceitos anos depois (Young-Bruehl, 1982, p. 71-73, 121), ao escrever a biografia de Rahel Varnahagen (1974), bem como, em artigos escritos especialmente na década de 40 e publicados numa coletânea em 2007, sob o título *The Jewish Writings*, em tradução livre, Os Escritos Judaicos.

A descoberta da tragédia da judia alemã Rahel, em busca de inclusão social na sociedade alemã do século XIX, também fora eventual: Arendt descobrira as cartas que narram a história durante o seu estudo das origens do romantismo alemão, ao mesmo tempo em que o nazismo e o antissemitismo ganhavam força. A biografia que começara a escrever ainda na Alemanha, em 1929, para sua *Habilitationschrift* – uma segunda tese requerida daqueles que pretendiam seguir carreira acadêmica –, terminou-a apenas no exílio, na França, nos anos que antecederam o início da Segunda Grande Guerra do século XX. Concordara com a publicação da biografia, entretanto, apenas em 1957 – a primeira edição em inglês é de 1974 – em parte em função das críticas de seu antigo professor e amigo, Karl Jaspers, que a criticara por projetar na vida de Rahel sua luta pessoal com a questão judaica (Bernstein, 1996, p. 18-24). Embora Arendt tenha se defendido, permaneceu crítica à sua obra, destacando especialmente sua ingenuidade de outrora: "a política quase não desempenhou nenhum papel [consciente] na sua análise"[27]

26 Do original: "The lecture did not convert Hannah Arendt to Zionism".

27 Do original: "Politics scarcely played any role in her analysis".

(Bernstein, 1996, p. 21). Em que pese o amadurecimento intelectual da autora, a qual se consolidará como teórica política com a publicação do *The Human Condition*, seus "escritos judaicos" já antecipam as categorias que aparecerão futuramente.

Embora ocorra desapercebidamente a Arendt, estes escritos lidam como uma variação do conflito entre o passado e o futuro, no qual o presente indeterminado se coloca. Assim sendo, da consideração da posição do nacional que não deixa de ser estrangeiro, como era o caso do judeu alemão, partiremos em busca de uma apropriação introdutória do conflito postulado por Arendt.

Inclusão e Exclusão II: O Nacional Estrangeiro

A ciência do conflito entre passado e futuro ilumina a condição de existência na qual o passado não determina o futuro, tanto quanto o futuro não anula o passado. Arendt reflete sobre o limite do futuro quando afirma: "*E*u sempre considerei minha Judaicidade como um dos fatos indisputáveis da minha vida[;] (...) o que foi dado e não era, não poderia ser feito"[28] (trecho de carta citado por Bernstein, 1996, p. 1). Em sua biografia de Rahel Varnahagen (1974, p. 218) elabora: "O Judaísmo não poderia ser descartado ao a pessoa separar-se dos demais judeus; apenas converter-se-ia (...) de uma condição social compartilhada (...) em (...) um defeito pessoal de carácter."[29] Incisivamente, ela confirma: "Judaísmo era inato a Rahel como é a perna curta ao homem manco."[30] É irônico que Richard Bernstein, representante da tradição pragmática estadunidense, cujo livro dedicado

28 Do original: "I have always regarded my Jewishness as one of the indisputable factual data of my life[;] (...) what has been given and was not, could not be made".

29 Do original: "Judaism could not be cast off by separating oneself from the other Jews; it merely became converted from (...) a shared social condition (...) into (...) a character trait, a personal defect in character".

30 Do original: "Judaism was as innate in Rahel as the lame man's too-short leg".

a Arendt cita-se aqui com frequência, critique a autora por tomar "a existência do povo judeu como um fato *histórico*"[31] sem, supostamente, propor-se um enfrentamento das difíceis questões pertinentes à identidade judaica (Bernstein, 1996, p. 28). Afinal, não lidamos com uma negligência política da parte de Arendt, mas sim com uma consciência ontológica que, ao reconhecer o limite do futuro, também reflete sobre o limite do passado. Independentemente do resultado do conflito entre um e outro, o presente não pode ocorrer sem o passado que o precedeu. É uma questão de fato, da ocorrência dada que não se controla. E que, igualmente, não controla, pois seria uma farsa buscar a identidade, a qual ocorre no presente, no passado que não é mais; inevitavelmente o escapa ao manifestar-se no conflito.

Embora Bernstein tenha falhado em perceber no silêncio de Arendt a rejeição ao sobrecarregamento do passado, ele estaria correto em notar que nossa autora não poderia evitar de praticar política no presente. Assim ela o fará, justamente ao abdicar de fixar uma identidade judaica e optar por desenvolver uma identidade que convida a uma certa possibilidade do particular encontrar o significado do belo – ou, em outras palavras, seu valor – ao congregar, contribuir e cuidar, de um mundo maior. Esse encontro específico de identidades é contingente e parcial: é uma possibilidade, entre outras, de manifestação do presente em sua fugacidade, do presente que se manifesta porque o futuro é limitado, ainda não é, tanto quanto o passado, não mais.

O presente que passou ao passado não compõe uma essência, uma referência absoluta. O passado ao não ser mais, posto que o futuro assegura a efemeridade do presente, é obrigado a admitir-se limitado: não pode determinar o futuro porque não é uma coisa só, porém muitas, descartes de outrora. Em outras palavras, o tempo

---

31 Do original: "She takes the existence of the Jewish people as a 'historical fact'".

tensionado entre passado e futuro implica a existência espacial da pluralidade, tanto quanto a pluralidade implica a existência temporal. O argumento alude a uma circularidade, como não poderia evitar de fazê-lo ao não existir mirada desde fora: somos cativos da existência. É outra, entretanto, a imagem que se está a desenhar. E ela se justifica na factualidade dos limites das coisas que existem porque são finitas. Sigamos, pois, com a posição do judeu alemão, com o fato de que nesse caso específico obtemos os passados dos "povos judeus" chocando-se com os passados dos "povos alemães". Neste contexto, a consciência da experiência de um conflito pessoal tende a colocar em primeiro plano o conflito entre estes "dois passados" que me pertencem e que me flagelam. Neste encontro, nenhum dos dois poderá permanecer como era. Qualquer decisão – seja enriquecimento mútuo, rejeição, violência, indiferença – implicará a redescrição do passado que é obrigado a enfrentar a si mesmo e falar com a voz do presente. As particularidades de um passado ao encontrarem as particularidades do outro, em outras palavras, ao encontrarem-se particularmente em meu limite, encontram-se a si mesmo nele. Isto é, encontra-se o não-mais que se propaga ao estranhar a si mesmo e postular o que ainda não é, resultando na vibração do que é atual, tão inevitável como é diferente: a diferença do passado frente a si mesmo, ou do passado frente ao seu futuro, experimentada e expressada no conflito com outros passados e futuros. O que não é mais porque não nulificou o tempo é, por conseguinte, o não-ainda, é a tensão dos limites se contorcendo sobre si mesmo, "virando em ambas as direções"[32] (Arendt, 1981, p. 1:204). Assim, os passados se transmitem, importam, ao fazerem de todo nacional um estrangeiro obrigado a trilhar o limite dos conflitos que o fazem.

---

32 Do original: "Turning in both directions".

Como afirma Bernstein (1996, p. 10), ao escrever a biografia de Rahel – ou de maneira geral, ao problematizar a posição do judaísmo na Europa – Arendt "*t*orna-se consciente de importante distinção"[33] que reaparecerá em suas obras mais conhecidas, justamente porque ontologicamente ela não refletia apenas sobre a situação do judeu da diáspora, porém considerava uma condição que, embora acionada diferentemente nas especificidades de cada caso, é compartilhada entre todos as pessoas: a condição de existência do presente, da finitude, da identidade infixável a ocorrer apenas no conflito.

Sinfonias de Contingência

Considerando-se esta breve descrição da condição do nacional estrangeiro, convém destacar ou antecipar dez características ontológicas do conflito entre passado e futuro – na discussão da última retornaremos às categorias do pária e do parvenu com o intuito de oferecer uma exploração introdutória dessa ontologia.

Em primeiro lugar, observamos que o embate pode ser traduzido na tensão da passividade e atividade. O passado, o ato originalmente presente que fundou no tempo um começo a demandar preservação ou "cuidado em conservar"[34] (Arendt, 2006c, p. 202), nos é imposto como nos é imposta a necessidade a demandar existência em nós: sinta-me, alimente-me, pois tenho fome. Trata-se de uma restauração, de um retorno à quando não havia fome, e, ao mesmo tempo, trata-se de uma mudança, de um despertamento do eu que invoca uma modificação na situação da realidade: sinto, alimento-me, pois quero comer. A passividade é o corpo frente a outros corpos em estranhamento a si mesmo, é a atividade que se desperta para mudar de

33 Do original: "When writing this book, Arendt became aware of the important distinction (...)".

34 Do original: "Conservative care".

forma a manter algo que lhe é dado e não é mais, justamente porque ao ser dado em existência experimenta um presente e uma presença com o outro que lhe escapa e que o faz escapar para poder reencontrar e devolver o que presenciou, para falar, fugazmente. Obtemos, em suma, a conservação que postula a mudança, e a mudança que postula a conservação; a fraqueza que postula a força, e a força que postula a fraqueza; a passividade que postula a atividade e atividade que postula a passividade; a necessidade que postula a vontade e a vontade que postula a necessidade; o corpo que postula o espírito, e o espírito que postula o corpo. Ou, alternativamente, poderíamos dizer que "o feito merecedor de fama,"[35] embora traga consigo a força da vontade, ao confrontar-se com sua inata debilidade, demanda porque necessita "um remédio para a futilidade da ação"[36] (Arendt, 1998, p. 197), a fundação de um corpo político capaz de memória[37] que invoca continuidade, porém, como um começo, pode somente continuar ao recomeçar, ao reafirmar em conflito com outras possibilidades e em tensão consigo mesmo.

Em segundo lugar, observamos a reversibilidade que como farsa aponta no pensamento dualista ao absoluto e como condição de existência compreende a ontologia do conflito e aponta para a contingência. Arendt colocaria dessa forma: enquanto "o peso-morto do passado"[38] (1981, p. 1:205) "não puxa para trás porém empurra para frente"[39] (2006a, p. 10), "*com esperança*"[40] (1981, p. 1:205), "é o

---

35 Do original: "A deed deserving fame".

36 Do original: "A remedy for the futility of action".

37 Mesmo a pessoa que opta por viver isoladamente constitui nela o "corpo político capaz de memória".

38 Do original: "The dead weight of the past".

39 Do original: "Does not pull back but presses forward".

40 Do original: "With hope".

futuro que, contrariamente ao que alguém esperaria, nos conduz de volta"[41] (2006a, p. 10-11), da certeza da morte "em direção à 'quietude do passado', com nostalgia e em memória"[42] (1981, p. 1:205). O mesmo passado que segura com seu peso é o que empurra para a frente. O mesmo futuro que nos conduz de volta, luta contra o passado.[43] Obtemos que seria vão a tentativa de isolar as propriedades do passado como dualisticamente opostas ao do futuro, da conservação como opostas a mudança, da fraqueza como opostas da força, da necessidade como opostas da vontade, do corpo como opostas ao espírito, pois o que fundamentalmente existe é o conflito e a tensão. Quem sente a dor? Seria o corpo ou seria o espírito? O corpo sente ao estranhar e desejar a si mesmo. Ou, o espirito sente ao sentir o que lhe é dado. Nenhum sente, nenhum é, nenhum ocorre isoladamente. Quem é passivo, quem é ativo? Podemos brincar com os nomes, mas somente a tensão é passiva e ativa. O conflito entre passado e futuro equivale à tensão do passado frente a ele mesmo, ou do futuro frente a ele mesmo, em conflito com os demais.

Em terceiro lugar, observamos a vibração da contingência. Considere como a imagem de uma corda ilustra a reversibilidade: segure uma ponta e diga-me o que enxerga. Não seria a outra ponta? Tente segurar a vontade e você enxergará a necessidade, ou, como colocaria Arendt: "historicamente, os homens descobriram a vontade quando experimentaram sua impotência e não seu poder"[44] (2006a, p. 161). De fato, enquanto me alimento, noto a for-

41 Do original: "And it is, contrary to what one would expect, the future which drives us back into the past".

42 Do original: "Toward 'the quiet of the past' with nostalgia for and remembrance".

43 "O passado, o qual ele [uma pessoa qualquer] pode enfrentar com a ajuda do futuro", do original: "the past, which he can fight with the help of the future" (Arendt, 1981, p. 1:208).

44 Do original: "Historically, men first discovered the will when they experienced its impotence and not its power".

ça da afirmação do meu gosto por comida dissipar-se na angústia que leva a necessidade que se impõe em mim como negação: eu como para calar a dor, para calar o comer. Justamente nesse momento, porém, eu descubro que ainda preciso porque ainda quero, ainda manifesto um gostar que leva à vontade, sem nela se firmar – isto é, sem se provar uma referência arquimediana. Importa aqui prestar atenção ao movimento. Não obtemos a farsa da causalidade ou instrumentalidade, mas sim a vibração ou oscilação do presente no processo, a transcendência não transcendente – a diferença – de passado e futuro. Na prática do alimentar-me vibra em mim tanto a particular satisfação que não satisfaz do meu estômago enchendo-se com "espuma", como a particular não-satisfação que satisfaz da experimentação gustativa daqueles elementos que tomei da natureza naquele momento. Ambas as quais não anulam, nem se resumem à necessidade ou à vontade: existem, sentem e dizem somente em sua atualidade oscilante. A tensão de um limite sobra em sua oscilação à contingência que em sua atualidade basta a si mesmo: "exaure [seu][45] pleno significado na própria performance"[46] (1998, p. 207). O conflito entre passado e futuro vibra e tem voz, mas não fala a submissão da necessidade, nem a posse da soberania. Nessa tensão da inversão entre causa e efeito, fala o acaso do presente que, ao irromper no precipício, mantém uma "afinidade interna com a arbitrariedade inerente em todos os inícios"[47] (Arendt, 2006c, p. 209), sem se converter em um absoluto, sem abolir o limite que o permite. Aprecia o prazer, fala a beleza ou o valor, lamenta a angústia.

Em quarto lugar, observamos a pluralidade. Se há vibrações, se há oscilação do presente que passará tão logo manifeste sua diferen-

45 No original: "seus".

46 Do original: "Exhaust their full meaning in the performance itself".

47 Do original: "(...) the inner affinity between the arbitrariness inherent in all beginnings".

ça no limite do passado e futuro, há terceiros. Ou, colocado de outra forma, obtemos um limite se contorcendo porque existem uma pluralidade de limites: minha fome não existiria sem a presença do outro, a qual estranho e desejo. O que se apresenta finitamente pode vibrar sua diferença apenas porque simultaneamente sua distinção confronta-se com a distinta semelhança de outros presentes. Pluralidade descreve, nas palavras de Arendt (1998, p. 7-8), "o fato que homens, e não o Homem, vivem na terra:"[48] "somos todos o mesmo, (...) de tal maneira que ninguém é igual a alguém."[49] Houvesse apenas dois, apenas um passado e um futuro, formando um único limite, nada haveria. Se o buraco do abismo fosse mais profundo que suas paredes, elas desmoronariam no vazio, ou, mais precisamente, não teriam sido erguidas. Se fossem tão profundas quanto o buraco, seriam igualmente ilimitadas para todas as demais direções, de tal maneira que se encontrariam o tempo todo no infinito indistinguível e o plano infinitamente vazio do buraco do abismo se mostraria a outra face, absolutamente oposta ao plano infinitamente cheio, de uma moeda sem espessura. Alternativamente diríamos que "como forças [passado e futuro[50]], são claramente igualmente poderosas"[51] e "teriam há muito tempo atrás neutralizado e destruído um ao outro"[52] (Arendt, 1981, p. 1:203). Afinal, perfeitamente planos e indestrutíveis, nenhuma lasca sobraria do embate; cada novo choque geraria um menor afastamento, até que o vazio da lacuna correspondente ao tudo corresponderia a nada. O futuro apagaria o passado porque

48 Do original: "The fact that men, not Man, live on the earth".

49 Do original: "We are all the same, (...) in such a way that nobody is ever the same as anyone".

50 No original: "Eles".

51 Do original: "Since as forces they clearly are equally powerful".

52 Do original: "*They would have long ago neutralized and destroyed each other*".

dele seria indistinguível, porque não haveria distinção alguma.

Em quinto lugar, revemos na reversibilidade sem vibração e pluralidade a farsa do fundacionalismo e da liberdade negativa, isto é, da expectativa religiosa, filosófica e científica em busca de uma fundação absoluta capaz de determinar ou resumir a ordem, bem como, "do ideal intransigente de autossuficiência e controle"[53] da soberania. Arendt referia-se ao último, mas de ambos poderia ser dito que são "contraditórios à condição da pluralidade,"[54] da existência. Não é propriamente que na prática soberania significa "*d*ominação arbitrária de (...) outros:"[55] no politeísmo, por exemplo, nenhum deus, "não importa quão poderoso, pode ser soberano"[56] (Arendt, 1998, p. 234-235). E isto porque o limite que ocorre entre causa e efeito abre uma fenda no espaço e no tempo que limita a realização imediata da soberania. Ou, como diria Hobbes (1998, p. 139), "liberdade significa (...) a ausência de oposição,"[57] logo, o próprio chão que me resiste, que ao impedir meu movimento o permite, teria que ser abolido, fosse eu livre. Perfeito poder, ao contrário do poder impor-se, é poder nenhum: distância alguma se toleraria, de maneira que nada poderia existir, nem mesmo o poder, que em sua gravidade infinita engoliria a si mesmo. Apenas os limites, ao descontinuarem o tempo e o espaço, permitem a continuidade; ao distinguirem permitem a repetição. Sem pluralidades e sem sobras, o que temos é a dualidade reversível do tudo e do nada como faces do absoluto que inexiste: "o único ponto arquimediano verdadeiro se-

---

53 Do original: "The ideal of uncompromising self-sufficiency and mastership".

54 Do original: "(...) contradictory to the very condition of plurality".

55 Do original: "(...) arbitrary domination of all others".

56 Do original: "(...) no matter how powerful, cannot be sovereign".

57 Do original: "freedom signifies properly the absence of opposition".

ria o vazio absoluto (...)"[58] (Arendt, 2006a, p. 278). O que obtemos na existência são projeções dualisticamente estéreis que postulam uma verdade total, a qual, ao mascarar ou disfarçar a contingência oscilante nas tensões dos conflitos – nos processos ou causalidades –, simula praticar sua falsidade e opressão. Enquanto a lei hobbesiana infundada reverte-se na revelação hobbesiana, na prática manifesta-se nos processos a possibilidade que é presente.

Em sexto lugar, observamos o limite como portador da diferença ou do novo. A imagem do abismo como topografia do pensamento pós-fundacionalista mostra-se inadequada não apenas na medida em que realça o buraco em detrimento do limiar: ao delinear o feitio de placas tectônicas, preservando-se o senso de direção que experimentamos na Terra, em cujas camadas mais inferiores as placas se apoiam, a imagem falha em ilustrar a convivência conflitiva da pluralidade em uma existência sem chão transcendental, sem fundamento último. Isso não significa que o erro se limite a escolha da ilustração, oriunda de Heidegger, em sua versão moderna. Arendt (1981, p. 2:172-194) seria a primeira a problematizar as maneiras em que a obra do seu professor reencontra o absoluto no buraco do abismo, reeditando-se "o artifício, típico da tradição ocidental"[59] que encobre a espontaneidade ao "entender o novo como (...) reafirmação do velho"[60] (1981, p. 2:216). Se a experimentação filosófica com o buraco do abismo não evita o dualismo do absoluto inexistente, porém prova-se apenas uma variação deste, obtemos, com a exploração introdutória do conflito entre passado e futuro, o sentido em que a imagem do abismo se justifica: a ocorrência de precipícios que existem

58 Do original: "(...) the only true Archimedean point would be the absolute void behind the universe".

59 Do original: "(...) the device, typical of the Occidental tradition (...)".

60 Do original: "(...) understanding the new as an improved re-statement of the old".

apenas no seu limiar, em conflito com outros e em tensão consigo mesmo – uma verdadeira sinfonia de cordas. A lacuna que permite a manifestação da contingência não ocorre após o fim do precipício, no vazio que inexiste e a tudo devora; ocorre na atualidade do seu próprio limite, o qual, justamente por ser limitado, mantém um espaço inacessível – menor que o alcance do menor, maior que a nulidade do tudo – no qual a tensão se descontrola, e manifesta não propriamente aleatoriedade, porém espontaneidade capaz de consciência.

Em sétimo lugar, antecipamos o paralelismo e a continuidade da agência. Em referência às quais podemos nos apropriar da seguinte frase de Arendt (1981, p. 1:208): "a vantagem desta imagem é que a região do pensamento não mais teria que ser situada além e acima do mundo e do tempo humano; o lutador não mais teria que pular para fora da linha de batalha."[61] Obtemos, portanto, que os pensamentos, como experiência humana da contingência –, afinal "*os* pensamentos de (...) uma pessoa não podem, claro, ser preditos"[62] (Arendt, 1981, p. 1:42), – ocorrem como vibrações do limite dos conflitos, ao invés de serem isolados e inseridos transcendentalmente como a posse do sujeito, soberano da subjetividade esterilmente oposta ao objeto. Escapar, pois, da dualidade implica compreender que as práticas humanas de consciência – a ciência e a filosofia, a política e a estética, o dever que a ética tenta capturar, o prazer e a angústia – são continuidades das vibrações físicas que acometem uma materialidade que só pode existir no limite de si mesmo, na tensão dos conflitos. Igualmente, implica compreender que a contingência, a qual ocorre sem dono, ocorre paralela: a pes-

61 Do original: "The advantage of this image is that the region of thought would no longer have to be situated beyond and above the world and human time; the fighter would no longer have to jump out of the fighting line".

62 Do original: "For thoughts of course are never anything like properties that can be predicated of a self or a person".

soa é um espaço tensionado pelos conflitos em que a contingência vibra – Arendt (1981, p. 1:31) fala inadequadamente de um diálogo sem som –, tanto quanto compõe os limites, aparece no espaço tensionado de outros conflitos a sobrarem simultaneamente contingências. O limite, como notamos, não pode ser isolado, não é senhor de si mesmo, ocorre apenas em conflito com uma pluralidade de limites. Seria um equívoco tentar isolar a tensão "interna" do conflito "externo", como fez Arendt ao confundir as práticas da política e da filosofia – as quais ocorrem como dimensões das vibrações – com o "corpo" e com o "espírito" falsamente dualizados.

Em oitavo lugar, sumarizamos as cinco dimensões que continuam o conflito da matéria. O Prazer que é incomunicável e a Beleza que é comunicação e vibra entre a cognição e a sensibilidade. Não se opõem, não caracterizam uma dualidade: são dimensões que ocorrem juntas na oscilação da tensão nos conflitos. O prazer e a beleza, ao serem desconvertidos pela Angústia desde a vontade em direção à necessidade, ao esvaziarem-se, encontram-se vulneráveis a outras possibilidades de prazeres e belezas. Nesse conflito com a pluralidade de possibilidades, o presente se atualiza na tensão. O Dogma refere-se ao conhecimento da condição da existência, aos fatos e metafatos. Nomeamo-lo assim porque lhe é próprio considerar-se definitivo, inclusive no reconhecimento da humildade que lhe é apropriado, muito embora, ao compartilhar com a beleza a linguagem que oscila na tensão da necessidade e vontade, não pode evitar equivocar-se, nem sua provisoriedade. O fato, quando bem compreendido, desmascara a pretensão da beleza contingente firmar-se absolutamente; bem como, a apuração presente dos fatos ocasiona também o conflito de valores. À beleza podemos chamar também de Política ou Ética Estética; ao dogma, de Filosofia e Ciência. Por fim, o Dever refere-se ao ato instrumental que é imposto pelo prazer e pela beleza no contexto de uma determinada configuração material. Por exemplo, toca o pianista por prazer e pela beleza, porém, as vezes cansado, pratica as técnicas como meio para tocar melhor. É notável como a ética moderna tenta frequentemente fixar o dever naquele ponto prometido por Arquimedes, e, assim, contornar a beleza ou valor. Ademais, nesta dimensão, também se encontra o papel da estratégia, inclusive da violência estratégica, organizada em prol de outro fim – o que muitos também chamariam de política. Seu uso pode ser estético ou não estético, isto é, manifestação direta de um valor ou assentamento de um dever frente à imperfeição da realidade, em todo caso, almejaria modificar a realidade sem precisar modificar os valores das pessoas que a constituem.[63]

Em nono lugar, listamos – em subsídio à discussão subsequente – os seis impulsos que tensionados entre a vontade e a necessidade, ao implicaram-se mutuamente, organizam-se e oscilam a beleza presente. Trata-se das maneiras nas quais nos portamos frente aos outros: o afastar-se que quando hegemônico torna-se "produtivismo", o aproximar-se que quando hegemônico torna-se "comunitarismo", o consumir que quando hegemônico torna-se hedonismo ou consumismo, o "possuir sexualmente" que quando hegemônico torna-se a ética da imposição, o unir-se em equipes – por exemplo, para brincar – que quando hegemônico torna-se fascismo, e o dialogar que quando hegemônico torna-se democracia.

Em décimo lugar, ao retornarmos na próxima seção à distinção entre o pária e o parvenu, e considerarmos como ela expressa vários aspectos do conflito entre passado e futuro, observaremos como já somos responsáveis, ou como a responsabilidade nos é.

63 Considere, como exemplo, a comunidade que não manifesta valor no uso da violência, mas utiliza-a para interromper um crime de ódio racial.

Responsabilidade: História e Ontologia

Parvenu: Marcas da Carne

Como vimos, tanto o pária quanto o parvenu são nacionais estrangeiros, isto é, pessoas tensionadas ou contorcidas entre o seu passado e o seu futuro na mesma medida em que experimentam o choque do conflito entre diferentes passados ou futuros, entre diferentes pessoas. O parvenu é aquele diferente que, confrontado com a realidade da particular maneira em que sua diferença é excluída, deseja e luta - Arendt (1974, p. 209) usa as expressões *want* e *strive* (desejar e lutar) - em favor de sua aceitação na "boa sociedade", na forma de uma assimilação que se pretende capaz de nulificar a diferença. É importante destacarmos os verbos *desejar* e *lutar*, porque eles testificam a inversão do realismo do parvenu (Arendt, 2007, p. 296), a falar a linguagem da necessidade, e, portanto, da passividade, no idealismo a falar a linguagem da vontade, e, portanto, da atividade, frequentemente confusa em suas pretensões. Como coloca Bernstein (1996, p. 20), em referência ao caso de Rahel Varnahagen: a "assimilação [- frequentemente associada com a passividade do sujeito perante a sociedade -] fora agressivamente ativa."[1]

1 Do original: "Assimilation was aggressively active".

Contraditoriamente, entretanto, Bernstein prossegue e afirma que a assimilação requer "o sacrifício de 'todo impulso natural' [(Arendt, 1974, p. 208)] e a supressão da paixão.2 O preço, como Rahel veio a contemplar, fora mentir para si mesma". Como parvenu, ela "estava mascarada, e consequentemente tudo que tocava sentia-se mascarado; ocultava sua natureza verdadeira aonde fosse"[3] (Arendt, 1974, p. 225). Seguindo a deixa da Arendt, Bernstein perde de vista o compreensível paradoxo em que a mesma ocorrência é tanto passiva como é ativa, e nos coloca outro sem solução, por se tratar de uma falsidade rasa. Afinal, como poderiam falar de sacrifício de todo impulso e da paixão, se momentos antes reconheciam a afirmação de uma prática desejosa? Apenas um impulso – tensionado entre a vontade e a necessidade e validado momentaneamente em sua beleza – pode combater outro impulso. E se minha máscara é também ativa, e não apenas passiva, não seria, portanto, parte autêntica da minha face? Meu rosto ou minha natureza não se coloca como uma referência absoluta arquimediana. A artificialidade da máscara não lhe é externa, é lhe própria; a máscara não é vestida, é parte da face contorcida e desconfigurada a la Picasso. O ser – Bernstein e Arendt estariam corretos em perceber – jamais se totaliza, jamais supera as referências relativas que são seus próprios limites a permiti-lo e a permitir alternativas. Oscila dos conflitos e nas tensões do natural: na medida em que resplandece sua beleza (seu valor) presente, experimenta na vibração a angústia do retorno da vontade à negação da dor, ao esvaziamento que acomete a necessidade; descon-

---

2 Do original: "(...) requiring the sacrifice of "every natural impulse" and the suppression of passion. Its price as Rahel came to realize was lying to oneself".

3 Do original: "He was masked, and consequently everything that he touched appeared to be masked; he concealed his true nature wherever he went".

vertendo-se ou desconstruindo-se enfrenta a oscilação de outras possibilidades, o desafio de se renovar ao se modificar.

Embora Arendt nunca supere as contradições aqui enunciadas mesmo ao problematizar e requalificar a ideia de natureza e máscara, sua grande preocupação é a natureza contingente, espontânea, diferente, porém não transcendente do possível. Foi no contexto dos "escritos judaicos" que ela (Arendt, 2007, p. 285) disse positivamente: "o homem é mais que uma mera criatura da natureza, mais que o mero produto da criatividade divina". Frase que em sua posterioridade poderia ser tomada como um corretivo a sua afirmação anterior, sobre como o sacrifício de todo impulso natural por parte do parvenu seria total e negativo, mas que no desenvolvimento do pensamento de nossa autora não deixa de compor o falso paradoxo que ela constrói para si mesma; no qual a emancipação e a opressão ao pretenderem-se totais simulam aquela moeda sem espessura cujas faces adjetivam-se pelo absolutamente natural e pelo absolutamente artificial. Por hora, entretanto, interessa-nos notar como mesmo na contradição Arendt nos facilita a visualização da tensão da natureza frente a si mesmo (impulsos que são simultaneamente negados e afirmados), a qual, antes e após pretender nulificar a diferença, oscila justamente o diferente (o além, o novo). Nem o natural, nem o artificial atuam como o ponto descrito por Arquimedes; o que se configura é a contingência na tensão do próprio impulso em conflito com outros impulsos.

O sentido do acerto mesmo no ou apesar do equívoco torna-se mais claro quando, ao se referir às máscaras, Arendt (1974, p. 225) prossegue e diz, em relação ao parvenu, que "através de todos os buracos de sua fantasia, sua antiga existência como pária podia ser detectada:"[4] por mais que tentasse negá-la, a diferença mostrava-

4 Do original: "And through every hole in his costume his old pariah existence could be detected".

-se irredutível. Historicamente, a autora (Arendt, 2007, p. 295-296) afirma que "se os judeus ocidentais do século XIX (...) realmente tivessem tentado resolver a anomalia do povo judeu e o problema do indivíduo judeu ao tornarem-se indistinguíveis dos seus vizinhos, se eles tivessem feito a igualdade com outros seu objetivo último, eles se deparariam ao final com a desigualdade."[5] A questão, entretanto, não se resume a um problema histórico: em que pese a unicidade desta tragédia, a recordação participa de uma reflexão ontológica. Argumenta-se não que a sociedade alemã da época não estava preparada para a nulificação social da diferença, mas que o projeto de assimilação era em si uma farsa. Arendt (Arendt, 2007, p. 283-284) está interessada em demonstrar que a diferença, mesmo se quiséssemos e tentássemos "abandonar todas [nossas] características, tanto individuais como morais, e desistir[mos] de [nos[6]] distinguirmos,"[7] nos acompanha inevitavelmente como "a extrínseca marca da carne."[8]

A carne, a materialidade e realidade do corpo que não pode ser isolada e dualizada com o espírito, referencia não apenas a diversidade de aparências, cuja semelhança na distinção ofereceu e oferece um dos principais canais em que a ocupação antissemítica pode se dar; antes, é mais interessante compreendê-la como a marca inescapável do passado. O fato da herança – no caso judaica – ocor-

5 Do original: "If Western Jewry of the nineteenth century had (...) really tried to resolve the anomaly of the Jewish people and the problem of the Jewish individual by becoming indistinguishable from their neighbors, if they had made equality with others their ultimate objective, they would only have found in the end that they were faced with inequality".

6 No original o sujeito está na terceira pessoa do plural, em referências aos judeus.

7 Do original: "(...) abandon all their characteristics, individual and moral alike, and give up distinguishing themselves".

8 Do original: "(...) an outward mark of the flesh".

re como "uma circunstância política e social"[9] *(1974, p. 221)* que é dada, ou, como diria Heidegger, na qual somos jogados. Embora a autora (1998, p. 175) não coloque dessa maneira, a condição política que experimentamos é continuidade da propriedade de semelhança e distinção visível na aparência corporal: "nós somos todos o mesmo, isto é, humanos, de tal maneira que ninguém é igual a alguém que já viveu, vive ou viverá"[10] (p. 8). A herança do judeu alemão não é uma totalidade absolutamente comum a todos que compartilham deste passado: a semelhança que se manifesta ocorre apenas pela ocorrência de cada um em posições distintas no tempo e no espaço. Na linguagem do raciocínio introduzido anteriormente, poderíamos dizer que assim como o corpo está em conflito consigo mesmo, postula o espírito, a repetição da tradição está em conflito consigo mesmo, postula a distinção de um semelhante que não pode ocupar o mesmo local, tanto quanto o distinto, ao debater-se em seu próprio limite, postula a semelhança. É essa diferença que, vibrando entre a semelhança e a distinção – simultaneamente das pessoas e das tradições –, pode encontrar-se motivada a buscar a assimilação, mas é ela também que impede a completude deste ou de qualquer outro projeto. A diferença ou o presente que se apresenta impede que o futuro seja determinado tanto quando o passado, negado.

Como coloca Arendt (1974, p. 221), a tentativa de negar o passado, "totalmente e sem ambiguidade[,] teria o mesmo efeito de uma afirmação inequívoca,"[11] a qual disfarça a natureza política do herdado ao falsamente fixá-lo como uma essência coletiva que aparece

9 Do original: "(...) a political and social circumstance".

10 Do original: "we are all the same, that is, human, in such a way that nobody is ever the same as anyone else who ever lived, lives, or will live".

11 Do original: "(...) fully and without ambiguity would have the same effect as an unequivocal affirmation".

na prática como um "problema pessoal e individual,"[12] como – nas palavras de Rahel – uma "desgraça ou nascimento infame", uma maldição que ao ser percebida como tal transcendentaliza a pessoa, isola o indivíduo. Em que pese a farsa do disfarce, na prática o social como a totalidade do coletivo e o individual como a totalidade da pessoa não se equivalem e se anulam; efetiva-se a tensão da pessoa frente a si mesma e em conflito com os demais. Concomitantemente, ao amaldiçoar sua herança judaica, Rahel não a nulifica, porém orienta sua diferença para ser hostil a ela, de maneira a poder demandar inclusão na alta sociedade da época – da qual os judeus em geral, embora muitas vezes ricos, estavam excluídos – ao oferecer sua judaicidade como uma especiaria exótica a acompanhar sua excepcional adequabilidade aos salões e ao convívio societário, ou, inversamente, ao oferecer sua adequabilidade social a acompanhar seu exotismo, em suma, ao oferecer a si mesmo como um extrato comestível digno dos banquetes da glutonaria (Arendt, 2004, p. 56-68). Como a satisfação momentânea, entretanto, não levou ao coma e à morte, mesmo a redução de Rahel a elementos passíveis de consumo não será capaz de salvá-la do tormento de ter que lidar como uma inclusão irreparavelmente parcial: aquilo que a torna apta a tomar parte na alta sociedade, aquela diferença coisificada que oferece, é aquilo que a distingue e exclui, que não a permite ser simplesmente alemã e a mantém vulnerável (Arendt, 1974, p. 209-215).

O parvenu precisa e quer extirpar as marcas da carne, cujas moléculas carregam um passado que lhe antecede e que não escolheu, e, ao mesmo tempo, sem estas manchas sua epopeia em busca da assimilação, e a realidade da inclusão parcial, não fariam sentido. Ainda que o alvo do projeto não seja uma sociedade com utilidade para o exótico, a empreitada pela assimilação é sempre individual,

12 Do original: "(...) a personal, individual problem".

porque depende da hostilidade contra certo passado compartilhado com outros. Mesmo que a sociedade em questão desconsidere as inadequadas origens, a aceitação ocorreria apenas ao custo da subjugação de um fato, de algo que pertence à pessoa e precisa ser sacrificado no altar no qual se transmutaria em um indivíduo apto a pertencer. Sua adequabilidade exige sua maldição; e seu pertencimento, que se manifesta sempre no presente, traz consigo o passado hostilizado, o qual precisa ser novamente sacrificado, ainda que caladamente. Como sumariza H. E. G. Paulus, citado por Arendt (1974, p. 221), o parvenu, no exemplo em questão, quer e precisa "ser judeu e, ao mesmo tempo, não sê-lo."[13] Essa ambivalência implica que por mais que tente, por mais que hostilize parte de sua herança, por mais que deseje assimilar-se, ele nunca poderá se sentir absolutamente em casa, ou, em outras palavras, a casa lhe permanecerá parcialmente estranha, estrangeira.

A inclusão, em suma, não se consumará; coloca-se como uma prática constante de exclusão por parte tanto da pessoa como do grupo, estando ela fadada a repetidamente reencontrar o particular jeito de ele excluir. Na exclusão que a inclusão opera, o presente não é abolido, assegurando-se a certo passado a nulificação dos demais e o controle sobre o futuro; é, ao contrário, chamado na tensão dos conflitos a novamente responder, a novamente se responsabilizar ao novamente dispor de energia para oscilar.

Lidamos não com dois reinos isolados, dualisticamente opostos, mas com a linha de uma tensão que se manifesta agora e paradoxalmente inclui ao excluir e exclui ao incluir: assim como o incluir, ao favorecer certo deslocamento da pessoa, bem como, ao mobilizar a tensão do grupo em favor de uma nova configuração, exclui outras possibilidades tensionadas, outras práticas de inclusão, a exclusão

13 Do original: "To be Jews and at the same time to not be Jews".

inclui certa prática do excluir. A inclusão disfarçada de assimilação não pode evitar acionar a diferença que ocorre na tensão, pois mesmo que o estrangeiro assimile-se, sua habilidade em hostilizar parte do seu passado internaliza no grupo uma prática que é própria à referida pessoa, internaliza seu adequar-se, o qual, não obstante, é e continua ser energizado pela diferença, pelo querer e necessitar tomar parte por querer e necessitar ser distinto – poderia se dizer que a inclusão total exigiria a nulificação desta tensão, exigiria a exclusão total. O grupo não seria mais o mesmo, não apenas porque aceitou um novo integrante, mesmo se não o tivesse, a exclusão não poderia abolir o novo conflito que se manifesta e que exige uma nova resposta, a qual fatalmente alterará o sentido original do agrupamento, os valores, os significados, as identidades. Não é mais o mesmo porque, ao reincluir seus integrantes na particular maneira em que exclui, internaliza a maneira em que experimentam a tensão dos conflitos, em que reincluem e reexcluem a si mesmos, em que manifestam entre passados um presente.

É a repetição que exige a mudança enquanto somos – como pessoas ou grupos – forçados a existir no presente. Em sendo nós mesmos, podemos apenas ser diferentes: mudamos algo para manter algo que não é mais porque o momento se consumiu, algo que não é ainda porque chega adiantado, chega espontaneamente. Assim, historicamente, podemos observar diversos e distintos regimes democráticos alimentando-se das tensões e conflitos de regimes não democráticos para nascer ou renascer, tanto quanto diversos e distintos regimes autoritários alimentando-se das tensões e conflitos da democracia. Na sequência, isto será ilustrado ao considerarmos a farsa moderna equivalente da mudança como projeto total de inclusão e da conservação como projeto total de exclusão. Ambos pretendem fundamentalmente abolir o presente que é chamado a responder à tensão dos conflitos que ocorrem apenas em sua atualidade, isto é, pretendem abdicar da responsabilidade inata ao existir agora e antecipar, com intuito de domesticá-lo, um futuro que escapa ao controle, uma vez que passado nenhum pode ser nulificado ou usado como alavanca para colapsar o tempo. Na assimilação ou na exclusão pretendem eliminar a diferença que, claro, não podem evitar de praticar; levando, muitas vezes e especialmente no caso em questão, a resultados desastrosos.

Transição I: História e Necessidade

O fato é que o "antigo ódio religioso contra judeus"[14] (2004, p. 7) existiu por mais de milênio na Europa. Não obstante, por mais lamentável que fora, em que pese a óbvia continuidade do destinatário, sua apresentação reconhece-se distinta do secular antissemitismo que aflorou nos últimos séculos. Este, igualmente, por sua vez, não foi sempre o mesmo, mas diferente no tempo e no espaço, no efetuar das circunstâncias, até que, ao se apresentar na linha de tensão da experiência nazista alemã, mostrou-se um dos episódios mais horrendos da história conhecida.

Que o ocorrer da existência, especialmente a humana, não permite o absolutamente igual ou o absolutamente diferente deveria ser reconhecido em sua obviedade. É essa nossa condição, entretanto, que, ao localizar o contingente na linha oscilante da tensão que continua e descontinua, custa o pensamento – seja ele adjetivado de místico, religioso, metafísico ou científico – aceitar. Como coloca Arendt (1981, p. 2:30,140): "o intelecto, em tentar prover uma explicação causal e quietar o ressentimento sentido pelo seu desamparo, irá fabricar uma estória para fazer os dados se encaixarem."[15] Ou,

14 Do original: "the old religious Jew-hatred".

15 Do original: "The intellect, trying to provide the will with an explicatory cause to quiet its resentment at its own helplessness, will fabricate a story to make the data fall into place".

dito de outra forma, "o impacto da realidade é insuportável ao ponto de não podermos pensar além: o ato aparece para nós disfarçado de necessidade."[16] Esta que, pretensiosa, cobra de si a capacidade de apagar a distinção que energiza a repetição, e, portanto, roubar desta tensão – da distinção e repetição – a diferença oscilante e contingente; enquanto falha em compreender que a soberania por ela invocada, ao requisitar a destruição de qualquer lacuna ou lapso, só poderia realizar-se na não-existência.

Por se tratar de uma farsa, a necessidade sufocadora da contingência precisa distinguir entre o aparente e o estrutural: enquanto a diferença visível seria mera aparência, a estrutura determinaria "por detrás das costas dos homens-atores"[17] (Arendt, 1981, p. 2:179). A atenção fenomenológica implode esta distinção, afinal reconhece como cabe à vontade receber a necessidade (e vice-versa), tensionando-se o limite que, ao movimentar a História, oscila a contingência ou a diferença: História e pessoa não possuem soberania, emancipação e opressão não se ancoram no absoluto fundamento.

Tendo sido os modernos convidados por suas contradições, em especial pela Segunda Grande Guerra do Século XX, a encarar seus pressupostos de uma emancipação necessária, Arendt aceitou o desafio que hoje ainda nos alcança. Dado que as causas (totais) destruiriam o presente ao exigir que o futuro seja determinado pelo passado – isto é, destruiriam a si mesmos ao destruir o tempo e o espaço –, no livro *The Origins of Totalitarianism* a atenção histórica da autora ao surgimento do totalitarismo desenvolve um entendimento do processo como a prática da tensão entre passado e futuro na qual a contingência se coloca.[18]

16 Do original: "The impact of reality is overwhelming to the point that we are unable to think it away: the act appears to us now in the guise of necessity".

17 Do original: "(...) behind the back of acting men".

18 Na linguagem de Arendt o processo é sempre causal.

"O evento, diz ela (Arendt & Kohn, 2005, p. 319), ilumina [o[19]] passado; não pode ser deduzido dele."[20] Ao acolhê-lo, Arendt nos permite uma leitura, a qual ela mesma irá contradizer, que não o transcendentaliza, como é comum no pensamento pós-fundacionalista.

Nosso interesse nesta sua obra, entretanto, será limitado. Queremos apenas brevemente ilustrar a tensão entre conservação e mudança, e o presente como manifestação da responsabilidade.

Estado-Nação: Formas e Conteúdos

O processo histórico que delimita o início da narrativa de Arendt é a formação do Estado-Nação (2004, p. 229-231), sendo o Estado anterior à nação, proveniente da desestruturação das camadas de organização do feudalismo e da estruturação de uma monarquia centralizada a governar diretamente sobre os habitantes de um território determinado. Mais especificamente, como podemos extrapolar também dos "filósofos políticos ingleses clássicos"[21] (Berlin & Hardy, 2002, p. 170), o Estado seria a organização das pessoas que ordenavam politicamente sua igualdade ou semelhança e desigualdade ou distinção na base do isolamento do indivíduo produtivo econômico. Nas palavras de nossa autora (p. 231): "a sociedade estava permeada pelo individualismo (...) que (...) acreditava que o Estado governava sobre meros indivíduos", (...) e via a si mesmo como um indivíduo supremo diante do qual todos teriam que se curvar"[22] em nome dessa individualidade produtiva econômica.

---

19 No original: "seus próprios".

20 Do original: "The event illuminates its own past; it can never be deduced from it".

21 Do original: "classical English political philosophers".

22 Do original: "Society was pervaded by (...) individualism which (...) believed that the state ruled over mere individuals, (...) and which saw in the state a kind of supreme individual before which all others had to bow".

Sobre a distribuição das semelhanças e distinções que caracterizariam este indivíduo e este Estado moderno, estaríamos tentados a dizer que a igualdade se afirmaria pública e formal e a desigualdade, privada. Esses conceitos, assim utilizados, entretanto, portam-se como atalhos que conduzem a uma compreensão equivocada, por três razões. Em primeiro lugar, nosso raciocínio entende que o formal é também substancial e vice-versa. Em termos ontológicos, diríamos que a forma é o conflito do conteúdo consigo mesmo, ou que o conteúdo é o conflito da forma consigo mesmo. Forma e conteúdo não devem ser dualizados esterilmente, porém compreendidos como a tensão que se estabelece no conflito da pluralidade. Quando a algo se acusa de mero formalismo, tem-se em mente outra organização possível da matéria – de fato, uma forma – que forneça uma referência desde onde podemos criticar a realidade institucional atual. Quando algo se defende em sua formalidade – por exemplo, o argumento da liberdade negativa de Berlin – trata-se de uma farsa que almeja transcendentalizar o arbitrário ou espontâneo manifestado (substancializado).

Em segundo lugar, reconhecemos que todo espaço privado é, no que diz respeito às pessoas que a ele têm acesso, público. Qualquer espaço se coloca como certa configuração oscilante de semelhanças e distinções. O limite entre o público e o privado é o limite da inclusão e exclusão: não divide dois lados a se encontrarem no absoluto, porém tensiona em existência grupos em sua pluralidade e precariedade. Estes formam-se com naturezas flexíveis e parcialmente distintas, isto é, com maneiras parcialmente distintas de acolher a exposição e contenção da pessoa, seja o eu na exclusiva companhia dos seus diálogos platônicos com outros, ou o casal, a família nuclear, a família expandida, os amigos próximos, os colegas, os conhecidos, o trabalho, a escola, o clube, o evento cultural, a banda, a associação, o movimento, o grupo de interesse, o mercado, a empresa, a burocracia, o tribunal e assim por diante. Sua natureza é negociada simultaneamente interna e externamente: a tensão interna é também o limite externo. O que chamamos de espaço público é um recorte destes diversos menores e sobrepostos espaços, o qual ocorre porque cada um destes representa em momentos diferentes espaços diferentes.

Em terceiro lugar, consideramos que o isolamento da semelhança e da distinção ocorre apenas como falsidade. O mais apropriado seria dizer que cada ordenamento canaliza à sua maneira a energia que estala na diferença na tensão. O padrão da repetição que observamos num desfile militar, por exemplo, depende da distinção tanto quanto o padrão de distinção que observamos no carnaval depende da semelhança. Há, evidentemente, diferenças em como trabalham a semelhança e a distinção, em como incentivam e coíbem a manifestação da contingência. Esta diferença implica que escolhas temporárias são feitas quando a sociedade se organiza. Elas, entretanto, não podem se firmar no absoluto, apenas oscilarem – sendo que a crítica se fundamenta na manifestação de outra possibilidade contingente.

Assim, diríamos que os indivíduos são aqueles que gozam, equitativamente, de um reino formalmente delimitado, cuja substância se conferiria tanto na personalidade jurídica, a permitir o vender e comprar no mercado, bem como, na delimitação institucional de uma área íntima, distante das ruas e dos debates públicos, na qual a diferença – embora poderia, talvez, extravasar-se – certamente deveria ser canalizada para fins econômicos. De forma que, ao ascender o indivíduo ao espaço interindividual, interessado apenas na convivência no ou para a produtividade econômica e na manutenção desse status quo, ele se provaria um vencedor, distinguido verticalmente por sua capacidade de empenhar sua energia favoravelmente à acumulação. Sobre e para esse padrão institucional governaria o monarca.

Por mercado subentende-se certa configuração possível do mesmo, uma na qual, entre outros aspectos, o trabalhador se vende e a firma não apenas confere controle sobre os meios produtivos a quem a iniciou, também recompensa com direito de herança e de compra e venda de ações.[23] Em que pese a relevância do assunto, queremos aqui apenas registrar que embora o valor (o belo), como aqueles que permitem confiança difusa, e a estratégia (o dever), como a troca útil para outro fim, sejam naturais à experiência humana, suas manifestações particulares, ao vibrar e coagir em existência os espaços institucionais do existir humano, são arbitrárias ou espontâneas em sua contingência situada na tensão dos conflitos. O mercado é um espaço comunitário entre outros, e sua configuração específica encontra-se em constante mutação.

Este raciocínio nos leva de volta ao Estado. Por um lado, poderíamos sugerir que em um estado de convulsão social e guerra generalizada haveria valores e estratégias, e, portanto, organização política, assim como na estatização da economia haveria pessoas agindo estrategicamente e valorativamente, e, portanto, trocando legalmente e clandestinamente. Em outras palavras, se por Estado nos referimos à existência de organizações políticas sustentadas tanto pela ação valorativa das pessoas, o Estado como sociedade civil, tanto pela força coercitiva e coativa desta ação coordenada, o Estado como polícia, referimo-nos a uma condição compartilhada da existência humana. Por outro lado, próprio do Estado moderno é não apenas a distribuição das diferenças e semelhanças sobre a base do indivíduo isolado em sua produtividade econômica, mas também seu escopo. Diferentemente de outros isolamentos produtivos, a produtividade econômica gradativamente exige a transformação total das populações em fatores de produção – seja como assalariados, escravos ou renegados que não encontram utilidade. O resultado é que a grande massa de pessoas passa a ser diretamente incluída e excluída como indivíduos produtivos econômicos.

---

23 A firma pode também cobrar juros por atraso no pagamento, enquanto o consumidor não possui recurso similar à sua disposição quando é lesado.

Como veremos, esta centralização cotidiana de indivíduos apontando para o Estado moderno mantém imbricamentos, semelhança e diferenças como outros regimes políticos: a aristocracia ou tirania poderia, por exemplo, recriar-se sobre bases econômicas, ou o fascismo expandir uma experiência que antes era mais restrita a unidades militares, ou, ainda, a democracia se firmar e reafirmar. Por hora, importa considerar que o arranjo em questão não ocorre como verdade ontológica, ocorre como prática arbitrária de uma condição ontológica compartilhada. Na linguagem da ontologia introduzida diríamos: visto que meu corpo tensionado é um espaço configurado pelos conflitos da pluralidade, tanto quanto participa da configuração da tensão de outros corpos, configura-se também o espaço em que aparecem e demandam um ao outro. Também o indivíduo do mercado moderno e o Estado moderno são arranjos parciais dos conflitos plurais. Certamente, eles se disfarçam com o traje da soberania. Simulam, portanto, em sua pretensão, uma dualidade estéril, cada lado portando a sua verdade absoluta: o Estado, a sua supremacia, e o indivíduo, a sua liberdade. Entretanto, enquanto na abstração o dualismo se anularia na totalidade do nada, na prática ambos se mostram vulneráveis à passagem do tempo. O presente inevitavelmente lhes traz o desafio de atualizar o princípio organizativo que afirmam, os valores, significados ou identidades que (re)ordenam os conflitos entre as pessoas e (re)configuram tanto o Estado moderno como o indivíduo.

A liberdade do indivíduo para competir com os demais no mercado enfrentará, então, a realidade das oportunidades reais que se colocam. Ela irá se atualizar de maneira a incluir parâmetros referentes a uma equalização de oportunidades necessárias à meritocracia ou irá se transformar na mentira favorita da nova aristocracia? A atratividade do indivíduo produtivo conseguirá se renovar frente à angústia que acompanha a oscilação do valor ou novas possibilidades serão encontradas e novas paixões manifestadas? A monarquia – que não pode existir como mera burocracia, descomplicada e neutra, do Estado, pois representa em si um ordenamento conflitivo de pessoas respondendo a conflitos entre pessoas – conseguirá inspirar confiança em sua autoridade e lealdade ou será desafiada e eventualmente substituída pela promessa do autogoverno e por um novo senso de comunidade, a nação?

A nação, por sua vez, como qualquer espaço, forma-se no conflito e não em oposição a ele. O conflito faz oscilar no presente um encontro de identidades que organizam as relações. Se não houvesse conflito, não haveria relações para serem organizadas. Mesmo dois Estados inimigos configuram um grupo e um encontro identitário. Seria, ademais, um erro, cometido por Arendt (2004, p. 230), comprar a pretensão da nação ser ela manifestação do vínculo de uma origem comum. Na atualidade, manifesta-se um ordenamento possível das relações contemporâneas. O passado, que não é mais, era diferente, um emaranhado de semelhanças e distinções, uma desordem que no agora ganha uma ordem possível, porém permanece desordenada ao desafiar o novo agora. Como diz nossa autora (Arendt & Kohn, 2005, p. 319) em outra ocasião, apenas na manifestação do evento "o labirinto caótico dos acontecimentos passados emerge como uma história que pode ser contada,"[24] sendo que ao sê-la já é recontada por quem a ouve.

Por ordem, vale ressaltar, entendemos os valores, significados, encontros identitários ou princípios organizativos, isto é, a estética a orientar certa distribuição das semelhanças e distinções, seja diretamente ou indiretamente, pelo assentamento do dever, com ou sem utilização da violência física organizada. A ordem, como vimos, ca-

24 Do original: "(...) the chaotic maze of the past happenings emerge as a story which can be told".

naliza a energia da diferença; ao ocorrer apenas na tensão do atualizar-se constante, coloca-se vulnerável às diferenças que se repetem e organizam as outras ordens que recortam a predominante. O que incluirá e excluirá? Historicamente, a relação entre Estado e nação é variável: ocorrem nações que desafiam o Estado monárquico e tomam seu lugar, nações fascistas, nações que simbolizam uma experiência democrática ou participam de um ordenamento democrático maior. O mudar que conserva não conserva exatamente a mesma coisa; e a nação enfrentará os seus próprios desafios de se atualizar.

A ordem que a nação invocara era, segundo Arendt (2004, p. 231), "a liberdade do povo,"[25] a autodeterminação. O problema não será exatamente o abandono dessas palavras de ordem, como sugere a autora, mas a inevitabilidade das circunstâncias efetivarem um significado que não é definitivo. A pergunta que então se coloca é: como a nação, que existe apenas no presente, atualizará ou atualiza as suas práticas de inclusão e exclusão? Para permanecer, teria que mudar porque as circunstâncias já mudaram. O que se repete pela segunda vez é diferente da primeira. Mesmo que não se queira, mudaria. É isso que a narrativa de Arendt ilustra brilhantemente, ainda que nem sempre a ofereça acompanhada do entendimento ontológico adequado.

Conservação I: Verdade e Exclusão

No contexto de formação do Estado-nação surge o antissemitismo em sua modernidade. Os judeus europeus, que até então por motivos culturais e históricos haviam preservado sua identificação como grupo, não foram, em nome da autodeterminação, acolhidos por uma república na qual as partes se apreciam mutuamente. Encontraram, porém, no "interesse do Estado-nação em [preservá-

---

25 Do original: "freedom of the people".

-los[26]] como um grupo especial"[27] uma maneira de protegerem seu próprio "interesse na autopreservação e sobrevivência do grupo"[28] (Arendt, 2004, p. 13). A exclusão, em outras palavras, equivaleu a uma inclusão e a inclusão equivaleu a uma exclusão. Importa qual.

"Sobre a tutelagem dos monarcas absolutistas,"[29] "indivíduos judeus em toda parte superaram sua profunda obscuridade e ocuparam a posição, às vezes glamorosa, sempre influencial, de judeu-da-corte, responsável por financiar os negócios do Estado e lidar com as transações financeiras do seu príncipe"[30] (p. 14). Favorecidos por pertencerem a um agrupamento cuja clivagem destoava do processo de formatação das classes capitalistas, prestavam-se a desempenhar o papel de burocracia financeira para o Estado em formação. Essa relação apenas se aprofundou quando no século XVIII nenhuma classe "gostaria ou conseguira tornar-se dominante, isto é, identificar-se com o governo como ocorrera por séculos com a nobreza,"[31] ao mesmo tempo em que a consolidação administrativa do Estado ampliava os interesses comerciais do mesmo. A burguesia por hora "recusara-se da participação ativa e financeira no que lhe parecia um empreendimento não-produtivo,"[32] deixando os ju-

---

26 No original: "preservar os judeus".

27 Do original: "(...) the nation-state's interest in preserving the Jews as a special group".

28 Do original: (...) the Jewish interest in self-preservation and group survival".

29 Do original: "(...) under the tutelage of the absolute monarchs".

30 Do original: "Individual Jews everywhere rose out of deep obscurity into the sometimes glamorous, and always influential, position of court Jews who financed state affairs and handled the financial transactions of their princes. This development affected the masses who continued to live in a more or less feudal order as little as it affected the Jewish people as a whole".

31 Do original: "(...) was willing or able to become the new ruling class, that is to identify itself with the government as the nobility had done for centuries".

32 Do original: "(...) refused active financial participation in what appeared to

deus como "a única parte da sociedade disposta a financiar o início do Estado"[33] e se vincular a ele (p. 17). Mesmo com o gradual esgotamento desta sua utilidade econômica para o Estado, a relevância dos judeus ganhou sobrevida na Europa do Concerto de Poder por naturalmente se prestarem a desempenhar importante papel intereuropeu em um cenário marcado pelos conflitos nacionais e guerras que permeavam a então corrente organização de Estados e nações (p. 19).

Neste período, enquanto tornava-se claro que os judeus úteis ao Estado não estavam interessados em compartilhar uma igualdade democrática, porém almejavam manter seus privilégios e direitos especiais na base desta utilidade, em detrimento dos judeus desfavorecidos, "cada classe da sociedade que entrava em conflito com [a administração do] Estado tornava-se antissemítica [, em um contexto no qual[34]] o único grupo social que parecia representar o Estado eram os judeus."[35] De acordo com a autora, os operários se mostraram inicialmente menos vulneráveis ao antissemitismo por experimentarem como seu principal antagonista direto a burguesia e não o Estado (p. 25). Estado e sociedade não compunham uma dualidade; antes, o ordenamento do Estado-nação em formação, em sendo uma ordem que por definição organiza conflitos na mesma medida em que é desafiado ou tensionado por eles, gerava

be an unproductive enterprise".

33 Do original: "(...) the only part of the population willing to finance the state's beginnings".

34 No original: "porque". O termo empregado por Arendt denota um determinismo que é incompatível com a própria narrativa da autora, o que não deixa de representar a tensão em sua obra.

35 Do original: "Each class of society which came into a conflict with the state as such became antisemitic because the only social group which seemed to represent the state were the Jews".

experiência distintas dos mesmos. De forma tal que os operários miravam os burgueses, porém, a posição dos últimos dependia de uma estrutura institucional que assegurava a específica configuração tanto do direito de posse e do mercado como da administração estatal e do governo; o qual para efetivar-se dependia dos valores recompartilhados no presente pela sociedade ao mesmo tempo em que antagoniza e é desafiado pelo agrupamento tensionado.

Importa notar que durante a formação do Estado-nação, "na primeira vez" que um grupo entrou em contato e conflito com os judeus-do-estado surge o antissemitismo moderno representando desaprovação a uma elite privilegiada e irresponsiva às demandas. Na "segunda vez", entretanto, na medida em que essa desaprovação é chamada a responder novamente, forçada a se atualizar pela simples passagem do tempo, a conservação, qualquer que seja, implicará uma mudança. Os privilégios que os judeus favorecidos queriam manter tornam-se mais escandalosos e a maneira em que os grupos manifestam seu descontentamento alteram o caráter da manifestação e da nação, ou melhor, de certa apresentação dela.

Uma mudança notável ocorre, segundo Arendt, quando os pequenos burgueses conflitam não apenas com o Estado parcialmente ocupado pelos judeus, mas com banqueiros, em grande parte judeus. Frente a esta realidade, frente também à realidade em que uma minoria de judeus enriquecidos pretendia dominar uma maioria empobrecida (p. 64), a crítica representada pela ideia da nação, o clamor pela autodeterminação, atualizou-se; porém, não em um convite ao compartilhamento de um governo democrático capaz de abrigar distintas comunidades, as quais rejeitariam privilégios incompatíveis, jamais os judeus, inegavelmente parte de um presente e de um passado compartilhado. Ao passo que os operários na experiência dos seus conflitos e diálogo com o marxismo conservaram diferente, os pequenos burgueses antissemitas, em associação com a nobreza enfraquecida,[36] autorizavam-se a falar em nome da integridade da nação, acima da partes, a demandar poder exclusivo sobre o Estado (p. 37-40).

Embora a totalidade ou pureza da nação fosse uma farsa, isto é, embora a nação não pudesse se organizar por uma origem comum, o presente se abria para ser ocupado por sua verdade corrente, por sua organização atual, isto é, abria-se à prática de uma inclusão e exclusão específica, a qual, despida de seu disfarce, não representava um equívoco factual, mas o estetizar momentâneo de uma possibilidade.

Não era ainda propriamente a realização do nazismo, seja em alcance ou conteúdo, mas a cada momento em que a tensão do espaço e do tempo recolocava o presente, a cada momento em que a diferença batia à porta, ganhava a nação uma nova chance de manifestar seu caráter. "Na terceira vez", se a pretensão era a preservação de alguma identidade, a específica exclusão dos judeus alterou não o passado da nação que nunca existiu, mas as identidades que, tendo sido presentes antes da e na nação, modificarem-se ao ter que responder aos conflitos do tempo. Porque e como excluíam? Mentir para si mesmo de nada adianta, pois quem age é a verdade da exclusão e inclusão, não seu disfarce. Atrás da pretensão de uma farsa há sempre um valor incluído que é responsável por si mesmo.

Conservação II: Valor e Externalidade

O risco ou desafio da oportunidade era da nação – bem como, das pessoas e do sistema internacional. Arendt (2004, p. 269-270), entretanto, comete temporariamente a falácia da externalização. Diz ela: "a ascensão do imperialismo e dos movimentos pan-nacionalistas minaram a estabilidade do sistema europeu do Estado-na-

36 Consideraremos a nobreza depois.

ção desde fora:"[37] "nenhum desses fatores (...) adveio da tradição e das instituições próprias aos Estados nacionais."[38] Algumas páginas depois, ela mesmo se corrige: "certamente, o perigo representado por estes desdobramentos era inerente a estrutura do Estado-nação desde o início"[39] (p. 275). Trata-se não apenas de desatenção ou de isolado equívoco, mas de uma inconsistência que recorta toda a sua obra, vacilante entre aceitar o presente em seu inevitável risco, incurável fragilidade e inescapável responsabilidade a cantar a beleza do seu próprio valor, e a tentação de protegê-lo da exposição ao tempo e ao espaço – de protegê-lo de si mesmo e de proteger-se a si mesmo – ao isolá-lo como a encarnação do bem, da liberdade ou do correto e opô-lo ao mal, à opressão, ao injusto.

Arendt soubera, embora não tenha colocado nesses termos, que o valor é a possibilidade que se manifesta em meios aos conflitos nas tensões: é atual ou é nada. Filosoficamente ou normativamente, sabemos, a tentativa de agarrá-lo transforma-o na norma que, sem a referência do valor, é tão absolutamente puro como é impotente; confundido com o dever carece da energia que o move. É de tal maneira fixado em um passado primordial que a compreensão da conservação na mudança é perdida. Sociologicamente ou "realisticamente", sabemos, a tentativa de agarrá-lo transforma-o na norma que, sem a referência do valor, é tão absolutamente "imundo" como é onipotente; confundido com o dever carece da energia que o move. É de tal maneira fixado ao passado observado que a compreensão da mudança na conservação é perdida. Colocam-se

37 Do original: "(...) the rise of imperialism and the pan-movements undermined the stability of Europe's nation-state system from the outside".

38 Do original: "None of these factors (...) had sprung directly from the tradition and the institutions of nation-states themselves".

39 Do original: "Certainly the danger of this development had been inherent in the structure of the nation-state since the beginning".

como as duas faces do absoluto: a filosofia possuidora da liberdade impotente, a sociologia, da opressão onipotente. Entretanto, se, como vimos, inclusão e exclusão não caracterizam a dualidade do absoluto inexistente, mas a oscilação das tensões dos conflitos, isto é, se não podemos externalizar aquilo que consideramos ruim e internalizarmos aquilo que consideramos bom, ou vice-versa, se não podemos obedecer sem afirmar, então, somos obrigados a executar a responsabilidade de um atualizar-se constante.

Assim, as mesmas nações europeias que conservaram e mudaram o Estado absolutista dos indivíduos, que se refizeram na base do cidadão e invocaram a autodeterminação, falharam em convidar outras partes do mundo para uma convivência respeitosa, para juntos organizarem uma economia internacional regulada em comum acordo. Ao contrário, ofereceram cobertura ao imperialismo burguês que tomou forma no final do século XIX quando a "classe dominante da produção capitalista deparou-se com os limites nacionais de sua expansão econômica"[40] (p. 126). Arendt sugere na sequência que a burguesia se impôs, reconhece também que "as instituições nacionais resistiram à brutalidade e megalomania das aspirações imperialistas"[41] (p. 124). E isso atesta em favor do fato dos grupos de pessoas que compunham Estados-nações específicos, ao existirem tensionados, organizarem-se também em ordenamentos paralelos conflitivos. Certamente, a sorte dos Estado-nações não estava determinada desde o início, o que eles conservariam e modificariam dependeriam do acúmulo de espontaneidades que se manifestaria na tensão dos conflitos. Isto, entretanto, não permite

40 Do original: "(...) the ruling class in capitalist production came up against national limitations to its economic expansion".

41 Do original: "National institutions resisted throughout the brutality and megalomania of imperialist aspirations".

a asseveração que a vitória da burguesia veio de fora. Nem tudo era interno ao Estado-nação, de maneira que o futuro não poderia ser previsto do passado; nem tudo era externo, de maneira que o passado não era impermeável à passagem do tempo. Justamente no encontro do passado e do futuro a nação era chamada a responder, ao mesmo tempo em que os cidadãos manifestavam seu caráter.

O sucesso do imperialismo da burguesia representava igualmente o fracasso da nação como projeto democrático – em maior ou menor grau dependendo do caso. Em um contexto marcado não apenas pela superfluidade do dinheiro que se prestava à especulação (p. 136), mas também pela profunda desigualdade entre as classes frente à igualdade da cidadania (p. 152), e o malogro do valor que é prática do indivíduo produtivo em inspirar lealdade de parcelas considerável da população, em suma, na oportunidade gerada pelo momento da tensão e do conflito, a nação composta de pessoas falhou em rejeitar o imperialismo que tentava se firmar. Ao adotá-lo como prática própria, modificou-se.

Ao se expor à diferença mundo afora, multiplicavam-se os riscos. A nação, aprendendo com o indivíduo, incorporava a prática do apreciar-se a si mesmo como superior aos demais; encontrara unidade e inspiração em ocupar-se com o domínio para extrair ganhos econômicos contínuos. A nação definia o significado do seu clamor por autodeterminação no presente e o que ecoava era a autoestima e a unidade da opressão imperialista.[42] Os danos, claro, eram específicos a cada manifestação particular: enquanto os britânicos "traçaram uma linha clara entre métodos coloniais e política doméstica normal, assim evitando parte considerável do

42 Arendt (2004, p. 125) distingue a pilhagem capitalista da pilhagem temporária e da conquista que integrava povos heterogêneos sobre o mesmo império e as mesmas leis.

temido efeito bumerangue do imperialismo sobre a terra pátria,"[43] *também* preservando uma certa racionalidade econômica e alguma moderação na invasão (p. 221), na Alemanha e na Áustria, especialmente, ganhou energia o movimento pan-nacionalista, cujo objetivo era "imperializar toda a nação,"[44] organizá-la para a depredação do estrangeiro (p. 155).

Seria, igualmente, um equívoco considerar os riscos da exposição à diferença uma externalidade, como sugere Arendt ao também notar o problema das minorias e dos refugiados após o fim da Primeira Grande Guerra do século XX (p. 270). Acertadamente, ela reforça sua demonstração de como, uma vez que o encontro com a diferença seja presente, não é permitido ao passado imitar a ema e enfiar a cabeça na terra na esperança de que o futuro não traga mudanças. Na medida em que a identidade nacional se atualiza e se remanifesta na rejeição e hostilização desta diferença - da minoria e do refugiado - que é presente, na medida em que a nação não confere dignidade e não estende sua troca democrática de igualdade a estes outros que são presentes, ela manifesta, nas palavras de nossa autora (p. 290), os germes de uma doença que pode provar-se fatal, ela corrompe outras possibilidades democráticas que também eram manifestas - e portadoras de mudanças na conservação.

As minorias e os refugiados, especialmente os judeus, pagaram o preço mais alto desta atualização "doentia" da nação na Alemanha. A presença dos mesmos se mostraria certamente um desafio, mas o risco não foi trazido de fora, tanto quanto não estava danada a nação a priori. Mesmo no isolamento, um agrupamento qualquer teria

---

43 Do original: "(...) drew a sharp line between colonial methods and normal domestic policies, thereby avoiding with considerable success the feared boomerang effect of imperialism upon the homeland".

44 Do original: "(...) to imperialize the whole nation".

que constantemente redistribuir as distinções e as semelhanças, nas tensões conflitivas das quais as diferenças novamente se colocam e o expõem irremediavelmente, para o bem e para o mal. Mesmo no isolamento, a prática do incluir e excluir é problemática: a diferença que no estranhamento reenergiza as identidades e coloca o caráter do agrupamento em jogo é intrínseco a sua prática – ao se incluir, se excluirá, extraditaria um estrangeiro. A pergunta repete-se incansavelmente: Qual será sua resposta hoje? Por que me excluí? O que inclui?

Ressalta-se: isto não significa que os valores ocorram puros, que eles sejam puros. Ao contrário, significa que eles surgem na sujeira e são obrigados a se sujarem, se reajustarem e diferirem. Significa que eles se modificam para permanecerem presentes numa realidade que os desafia, o que gera oportunidades e riscos. Não significa, ademais, que a democracia ocorreria perfeita ou seria nada, mas que imperfeitamente ela tem que responder novamente e a resposta dada imperfeitamente importa.

Valor I: Arquiteturas

Desde que começamos a considerar, sobre o pano de fundo do contexto histórico, a farsa e a verdade da conservação, impuseram-se à escrita referências à democracia, ainda que sem o devido detalhamento. Isto ocorreu não exatamente porque toda crítica fundamenta-se na manifestação de outra possibilidade e não no absoluto, mas fundamentalmente porque a compreensão de um valor, que oscila em sua atualidade na tensão dos conflitos, requer e convida a referência de outras possibilidades. Não se trata da normatividade frente à realidade, daquilo que deveria ser frente ao que é. Trata-se de um embate de espontaneidades que oscilam nas especificidades de cada novo encontro, levando ao desencontro.

Capitalismo, Fascismo e Totalitarismo, Democracia e República são noções que acompanham a experiência moderna em sua especificidade e, ao mesmo tempo, dialogam com experiências de outros tempos. E isto porque, como consideramos, nada é absolutamente diferente, nada é absolutamente igual. A história ocorre na conservação que postula a mudança e na mudança que postula a conservação. A história da democracia, parcialmente compartilhada com as alternativas, narra a conservação na mudança, e vice-versa. O encontrar democrático é, como qualquer outro, conflito do desencontrar; é o rejeitar ou mudar com movimentos corporais e linguísticos o que estava dado de maneira a retribuí-lo, de conservar diferente aquilo que nos tocou e por isso se pôs em movimento, passou a passar ao nos pôr em movimento. Não narra, portanto, a reconciliação iminente das pessoas com a pluralidade da existência, como se a inclusão pudesse completar-se, totalizar-se, e nada mais ser excluído. Em último caso, não poderia incluir a violência que se levanta contra ela; se o fizesse, isto é, se a recebesse de braços abertos, excluiria a si mesma, excluiria os que haviam sido incluídos. Cotidianamente, não pode desarmar as tensões dos conflitos que energizam aquilo que oscila hoje. Aquilo que nos toca, igualmente nos afasta: o novo encontro exige nova oscilação, cuja potência depende daquilo que não se deixou incluir, que se desencontrou. Obviamente, o conteúdo e a forma do incluir e excluir democrático são diferentes do capitalista ou do fascista, mas não absolutamente. Além de compartilharem a mesma condição ontológica, a história moderna da democracia também se beneficiou da configuração do indivíduo em um contexto no qual a distribuição feudal da desigualdade foi questionada: sobre o tapete das igualdades trocadas manifestou-se a beleza de encontrar horizontalmente o outro e praticar uma distinção que se enriquece e enriquece em sua habilidade de recongregar em um mundo maior, que já é conectado. Embora a democracia não possa incluir tudo, utilizando inclusive a violência para parar a violência, ela não foca a energia do conflito na geração da unidade que se experimentaria na exclusão, porém expande os espaços de diálogo – incluindo-se o protesto – e iniciativa na expectativa de provocar atualizações orientadas à beleza da diferença congregar no mundo maior. Se uma narrativa detalhada esmiuçaria como esta república conserva e muda o indivíduo, conserva e muda a nação, conserva e muda o romantismo, o qual é em si um emaranhado de conservações e mudanças, enfim, como trabalha a pessoa e sua inserção comunitária, queremos aqui apenas começar a situar o a democracia nesta conversa que destaca a posição e orientação do valor.

O que sustenta e registra a diferença da democracia – sempre imperfeita, sempre parcial – não é a razão, porém, a paixão, se por ela entendermos o valor ou a possibilidade que é seu próprio fundamento a oscilar na tensão da sensibilidade e cognição, da passividade e atividade. O valor, claro, assenta deveres institucionais e desenvolve estratégias para lidar com os conflitos de valores que hão de se manifestar, porém, em última instância, quem rege é a beleza, as lealdades cotidianas, inclusive à lei, e não a lei em si. E, se queremos compreender a mudança da conservação que levou ao totalitarismo na Alemanha, precisamos continuar a olhar para a oscilação do valor que frequentemente se disfarça em um discurso que pretende ter acesso ao absoluto.

Observamos um caminho histórico no qual manifestações antissemíticas menores modificaram-se na conservação, e foram sucedidas pelo imperialismo e pelo pan-nacionalismo, atualizações da nação cada vez mais extremas em sua maneira de excluir. Em que pesem importantes diferenças, estas manifestações compartilham alguns traços similares, progredindo em direção ao fascismo. Desdobram-se no contexto mais amplo da formação do Estado-nação sobre a base do indivíduo produtivo econômico. A organização era real, muito embora a pretensão da descoberta da verdade absoluta da liberdade e da neutralidade do mercado fosse falsa, apresentando-se na prática a luta de classes "como característica tão marcante da vida política moderna que a coesão da nação estava comprometida"[45] (Arendt, 2004, p. 152). Reflete-se, nesta citação, para além da exposição da desigualdade de resultados, e independentemente da problematização específica de determinantes estruturais, o fracasso do sistema interindividual incluir espiritualmente grande parte da população. É evidente que a privação material pressiona os valores que justificam a desigualdade, mas não retira a autonomia destes, como facilmente podemos observar na história. É a mesma tensão que ao desafiá-los os energiza – cada caso é particular, mas de maneira geral podemos afirmar que a estabilidade de relações explica-se em parte pelas dificuldades, perigos e dilemas da ação coletiva, em parte pelos valores que orientam as lealdades. Mais especificamente, nota-se que a desigualdade de resultados é plenamente compatível com o regime em questão: a meritocracia, se deixarmos de lado o fato de que o mérito não pode ser possuído pela pessoa, apenas manifestado pela contingência e o acaso, poderia mostrar-se uma possibilidade coerente e não uma mera farsa se a igualdade de oportunidades fosse perseguida – à qual se poderia acoplar a caridade com intuito de suavizar as privações mais escandalosas. Não foi esse, entretanto, o caminho que a obviedade da farsa da igualdade para competir no mercado destinou à Alemanha – a lealdade à meritocracia, e a disposição de lutar por ela esvaneceu. Não foi também qualquer alternativa proposta pela esquerda.

O caminho passava por uma apropriação específica da nação. A manifestação dessa representava tanto um questionamento da adequabilidade da monarquia à regência do espaço interindividual como uma insatisfação com a inclusão espiritual e material oferecida pela comunidade de indivíduos servindo, para si mesmos e medindo a

45 Do original: "Class struggle was so universal a characteristic of modern political life, that the very cohesion of the nation was jeopardized".

si mesmos por este serviço, ao deus da produtividade. Recaía sobre essa nova comunidade, a nação, o desafio de ressignificar as antigas identidades dos grupos feudais e urbanos. Seu fracasso em orientar as lealdades e prover significado ocasionava a experiência na qual pessoas "involucradas pela desintegração e atomização social queriam pertencer a qualquer preço"[46](p. 225). Neste contexto, uma certa manifestação da nação aparecia como uma alternativa que, por um lado, resgatava elementos culturais que a redução produtiva do indivíduo deixara de lado, por outro lado, preservava, ainda que de maneira diferente, o orgulho da pessoa em se colocar individualmente. A pessoa chegava à nação diretamente, como indivíduo.

O regime interindividual dos produtores distribuía as semelhanças e diferenças em uma arquitetura similar. Pessoas orgulhavam-se em se portarem como entidades produtivamente isoladas, as quais – uma vez que a energia das diferenças fora canalizada para o desempenho econômico – experienciavam umas às outras como um bloco de cimento, por elas mesmas endurecido na irredutível prática interpessoal, sobre o qual marchavam produtivamente como indivíduos, e cuja face, a mirar o próprio corpo, o chão refletia desfiguradamente. Essa arquitetura representa, de maneira geral, o etos existencial do competidor, o qual, respeitando sempre os parâmetros do nivelamento que conferiria dignidade à competição, dedica-se solitariamente à sua produtividade: sem inserir-se em um contexto maior no qual ele apresentaria seu talento ao encontrar democrático orientado ao enriquecimento na pluralidade, vive e morre no chão de sua produtividade. Na modernidade, enquanto observamos a inédita expansão do regime dos competidores por si – ou, neste caso, dos produtores econômicos por si – falhar em renovar a paixão, o regime interindi-

46 Do original: "(...) the midst of communal disintegration and social atomization wanted to belong at any price".

vidual dos produtores pelo time mostrava-se apaixonante. Nesta conservação, claro, operava uma mudança de orientação, de significado. A nação tornara-se mais do que o governo do espaço interindividual. No time que não se conhece como uma aliança de indivíduos produtivos por si, nem como uma brincadeira no contexto maior do encontrar democrático, porém, como um dos grandes - progressivamente o maior - significado da existência, o orgulho individual coloca-se na utilidade prestada ao bloco de cimento, isto é, a dignidade individual coloca-se na utilidade prestada à unidade que, ao assim se promover, é capaz de apreciar a si mesmo apenas na exclusão dos outros, apenas ao praticar-se exclusivo e superior. A nação conservara e modificara a distinção do indivíduo produtivo econômico.

Note que o valor ocorre na mesma posição ontológica, na tensão do conflito entre pessoas, muito embora ele oriente - institucionalmente e "experiencialmente" - uma distribuição diferente das semelhanças e distinções. Enquanto, na experiência democrática, o encontro ocorre solenemente no estender ao outro o tapete da igualdade de dignidade, sobre irregular terreno, e em apreciação da ocorrência na qual minha beleza pessoal fundamenta-se na beleza do outro, o que inspira cuidados apropriados, na experiência do time, o encontro ocorre na santidade do imprimir da bandeira no cimento - nos Estados Unidos literalmente jura-se lealdade à bandeira -, em apreciação à igualdade e à utilidade perante a ela, o que inspira o cuidado da exclusão.

Arendt (p. 231) coloca assim: "parecia ser a vontade da nação que o Estado a proteja das consequências da atomização social, e, ao mesmo tempo, assegure a possibilidade dela permanecer nesse estado de atomização;"[47] "para ser páreo a esta tarefa, o Estado teve que

47 Do original: "It seemed to be the will of the nation that then state protect it from the consequences of its social atomization and, at the same time, guarantee its possibility of remaining in a state of atomization".

acentuar todas as tendências anteriores em direção à centralização."[48] O que, seguindo nosso raciocínio, seria o mesmo que dizer que a comunidade nacional provava-se capaz de mobilizar a lealdade de indivíduos – enquanto falhava a comunidade interindividual – e, assim, estruturava o Estado, como o órgão central de um time dedicado à sua própria unidade disciplinar individualizada e à exclusão. Ao mesmo tempo em que se colocava a ênfase do prazer no empoderamento pela exclusão – isto é, pela hostilização da diferença, por dizer-me melhor e incluído com os melhores na medida em que eu renego o outro –, a energia da tensão dos conflitos canalizava-se para mover o time: a máquina estatal, o movimento nacionalista e a economia em geral. A aparência era de um desfile militar pisoteando todos aqueles que, por qualquer motivo, não pertenciam.

O time me permite permanecer como indivíduo e incluir-me com aqueles indivíduos que eu quero admirar e reverenciar, de tal maneira que, enquanto somos iguais perante o time, cada um conhece sua devida posição e papel. Seria como um técnico de futebol dizer: ainda que o atacante centralize o louvor e as recompensas, o importante é que todos jogamos pelo mesmo time, perante ele somos todos iguais e devemos nossa lealdade e respeito à organização que nos leva à vitória. Todos merecemos porque trabalhamos pelo time. Pouco importa se alguns nasceram em situação privilegiada, afinal são descendentes de indivíduos que se destacaram na história do time, e agora todos assumimos posições pelo bem dele. Canalizamos nossa energia para isto. Juntos vamos assegurar que a superioridade de todos – do time, dos expoentes e dos demais jogadores – prove-se verdadeira. Claro, esperamos que, ao antagonizarmos outros países, todos serão materialmente recompensados; a recompensa, porém, não se resume a benefícios materiais. Temos um propósito.

---

48 Do original: "To be equal to this task, the state had to enforce all earlier tendencies toward centralization".

Trata-se, em suma, de uma mudança na conservação, a qual resgata elementos culturais seletivamente para formar arbitrariamente um time e, assim, conservar diferentemente a pessoa como indivíduo. Pessoas que compõem a elite econômica podem rejeitar essa configuração do grupo por carregarem outras orientações valorativas, inclusive por uma preocupação com a sustentabilidade da economia ou de sua posição privilegiada. Podem apoiá-la estrategicamente, na expectativa de conseguirem controlar o grupo no sentido de se evitar os comportamentos mais destrutivos à economia e, assim, poderem fazer bom proveito da maneira pela qual grandes parcelas da população experimentavam a inclusão, permitindo-lhes resguardar a posição de aristocracia econômica. Seria, claro, uma grande ironia se, para essa estratégia funcionar, fizessem de toda maneira concessões materiais. Podem, finalmente, assumir para si a orientação do grupo, entenderem-se como indivíduos que, em posição superior, servem a um time de superiores.

Na Alemanha de Hitler, a segunda opção parece ter sido inicialmente predominante (p. 257). Caso tivesse triunfado, a arquitetura do time ofereceria cobertura a uma arquitetura minoritária que se orientaria ao consumismo – o qual, antes de tornar-se "pop" e complementar ao sistema econômico do indivíduo produtivo, manifestou-se, como vimos, nos salões aristocráticos – e/ou ao poder impor-se. Este último distingue-se tanto do time dedicado a sua unidade e superioridade experimentada na exclusão (p. 458) como do individualismo meritocrático, o qual se dedica ao isolamento produtivo e exige um ponto de partido equalizado. Encontra e experimenta seu valor na medida em que hostiliza os seus próprios impulsos de respeito e preocupação com os outros. O poder impor-se pode afirmar alianças estratégicas, mas não realmente times, a não ser numa mistura de traço arquitetônicos, como consideraremos na sequência. De fato, o poder impor-se depende de outras orientações para inspirar submissão.

Valor II: Danças

Na subseção anterior, consideramos, ainda que brevemente, quatro orientações arquitetônicas: a democracia, o "produtivismo", o fascismo e a "imposição". Não consideramos o consumismo, introduzido na discussão sobre o parvenu, ao qual retornaremos oportunamente, e o "comunitarismo", com o qual já lidamos, sem nomeá-lo. Com esta palavra, queremos indicar uma orientação do grupo para dentro, isto é, direcionada não para o congregar no mundo maior, mas sim para o evitamento do mesmo. A preocupação em proteger-se da exposição irrestrita é plenamente compatível com a democracia, cujo um dos fundamentais desafios é justamente intermediar diferentemente a organização da proteção, do afastamento e da aproximação entre pessoas e os vários grupos que compõem. Enquanto na democracia, entretanto, a experiência estética renova-se na beleza plural da dignidade comum, no comunitarismo ela renova-se na beleza da simplificação da realidade. Não se trata da opção por uma "vida simples", em meio às complexidades da existência, oferecida à diversidade da república, mas de uma preferência por evitar conhecer, evitar questionar, evitar descobrir como sua especificidade pode enriquecer e enriquecer-se no mundo maior. Com o nacionalismo, este "manter-se puro do mundo" – o que poderíamos chamar de puritanismo – compartilha um senso de superioridade; porém, distintamente dele, não se orienta para a unidade interindividual experimentada na exclusão do inferior, e sim para a simplificação que executa. Seu desafio não é provar a capacidade do time, é assegurar que a certeza da inferioridade, que acompanha a suposta superioridade que teme se expor sob qualquer condição, não seja obrigada a se delongar no enfrentamento de si mesmo e da existência.

A conservação, sobre a qual tanto conversamos, não é específica ao comunitarismo. Qualquer arquitetura propõe a conservação da mudança, a distinção da repetição. Qualquer arquitetura oscila no seu presente um valor que quer se firmar e que, para tanto, precisa reatualizar seu caráter, no enfrentamento das especificidades que ocorrem no tempo e no espaço, para continuar sendo. Arriscam, assim, mudar sua orientação valorativa. Mais corretamente, não deveríamos falar de arquiteturas que remetem a estruturas fixas, porém de danças que remetem a movimentos variáveis. Na prática, obtemos passos misturados que constantemente alteram sua direção, num caos que impede qualquer classificação definitiva. Ocorre que cada uma dessas orientações das quais extraímos uma arquitetura implicam-se mutuamente – observamos, por exemplo, a presença da proteção na república. A questão pertinente é sempre como elas se intercalam imperfeitamente entre as pessoas e os grupos: o que está a validar a si mesmo ao oscilar na tensão da necessidade e vontade?

A democracia, por exemplo, ao não incluir tudo, nem incluir automaticamente, é sempre momentaneamente imperfeita; no enfrentamento dos particulares – pertinentes ou impertinentes, pois é, afinal, recortada por outras organizações que apenas parcialmente entendem-se ou portam-se democraticamente – atualiza-se. É próprio da sua natureza estar equivocado; suas resoluções ficam sempre para trás, jamais à frente da negociação da inclusão e exclusão da diferença. Na medida em que manifestou o seu caráter e, em sua imperfeição, errou, ainda que simplesmente porque o tempo passou, precisa manifestá-lo novamente; inevitavelmente se arrisca. Da mesma maneira ocorre com o time nacional, o qual, no enfrentamento dos particulares, precisa atualizar sua prática de unidade e exclusão, e, assim, arrisca-se alterar a organização de suas orientações, em última instância, porque a inclusão da exclusão inclui o fantasma da diferença que desde dentro energiza ao assombrar a orientação valorativa hegemônica.

O imperialismo, por sua vez, que se executava no exterior, negociava, como vimos, sua orientação com outras orientações internas e mostrava-se diferente na Inglaterra e na Alemanha. Mantinha nos dois casos um elemento de esnobismo – característico de configurações aristocráticas antigas mais segmentadas, orientadas ao poder impor-se e/ou ao consumismo permitido pelo privilégio, justificadas e recortadas pela proteção comunitária,[49] possivelmente temperadas por especiarias democráticas – que serão descartadas na atualização pan-nacionalista.

Afirmar, pois, conservação ou afirmar mudança é sempre falacioso: um não existe sem o outro. A pergunta correta lê-se: qual o caráter do mudar e do conservar que está a oscilar? Se, como podemos extrapolar do pensamento de Arendt, a invocação da conservação de algo que é específico, particular, representa uma oferta ao mundo maior, manifesta a energia de algo que acredita merecer ser lembrado, repetido, supõe outro digno de memória, isto é, se a orientação democrática é implicada pelas demais, a pergunta correta lê-se: qual o caráter daquilo que se oferece? Até que ponto se oferece a particularidade para enriquecer e enriquecer o mundo maior; até que ponto se oferece produtividade; até que ponto se oferece a unidade e superioridade experimentada na exclusão; até que ponto se oferece medo como virtude? Indagamos, em outras palavras, sobre como as particularidades se portam na dança existencial. Todos dialogamos, todos experimentamos medo e precisamos de proteção, todos nos afastamos e precisamos de espaço particulares, todos saboreamos e precisamos de alimentos, todo experimentamos a unidade da exclusão – na sátira política, por exemplo –, porém, na medida em que precisamos mudar para conservar, na medida em que não podemos escapar do presente, na medida em que as circunstâncias nos permitem ao nos limitarem, onde deposita-se em nós a ênfase? Qual o caráter daquilo que oscila?

---

49 Sobre a relação entre comunitarismo e poder aristocrático considerar também a subseção xxii.

No caso alemão, quando as pessoas obrigadas a responder ao tempo que passava, responderam com nacionalismo, com "tribalismo", não se conservou o indivíduo produtivo econômico para si, nem a identidade alemã - que nunca existiu exceto como diversas oscilações momentâneas das tensões dos conflitos -, porém, modificou-se o que fora presente e estabeleceu-se um dos regimes mais horrendos da História. O impulso comunitarista certamente participou dessa dança horrorosa; selecionou elementos culturais que se prestaram a costurar a bandeira da nação - antes que o time estabelecesse linhas biológicas para o pertencimento - e desempenhará posteriormente um importante papel em distinguir o fascismo do totalitarismo.

Arendt oferece pelo menos três explicações para essa distinção. A primeira delas já vem mencionada (2004, p. 226): trata-se da substituição da arbitrariedade da nação traçada culturalmente pela arbitrariedade da raça traçada biologicamente. Em ambas, por detrás da farsa, cuja pretensão acreditava que a unidade da nação ou da raça fosse fundamentalmente verdadeira, manifestava-se a oscilação do valor do participar da unidade e superioridade de um time que se experimenta na prática do excluir. A autora sugere que este "nacionalismo tribal" (racial) provou-se um "excelente motor para mobilizar as massas,"[50] possivelmente porque ele elimina mais radicalmente a porosidade da fronteira identitária, uma vez que ela tenha sido artificialmente estabelecida, além de se desapegar de um território específico (p. 231).

Seja em função disso ou não, Arendt (p. 257-262) observa o fascismo italiano mais moderado. Seu argumento, entretanto, que há uma diferença fundamental entre os italianos fascistas quererem "um Estado fascista e um exército fascista, mas ainda sim um exérci-

50 Do original: "(...) proved an excellent motor to set mob masses in motion".

to e um Estado"[51] (p. 259) e os alemães nazistas quererem destruir ou subordinar o Estado ao movimento nazista não é convincente, nem coerente. Não é convincente, porque é facilmente observável que, por detrás da farsa de discursos eventuais, o movimento nazista ao se opor ao Estado, ao criar instituições paralelas, radicaliza justamente os aspectos do Estado os quais o fascismo se levantou para radicalizar: a centralização que deve prevalecer numa unidade orgânica que, para se manifestar, precisa enfatizar o excluir. Não é coerente porque após indicar que o fascismo preserva algo da legalidade do Estado (p. 231), a autora sugere que mesmo que se perca a legalidade, isto é, que se reduza ainda mais a presença de passos democráticos, como no caso da tirania aristocrática, o que distinguiria o totalitarismo, deste regime e de todo o resto, seria sua orientação para o terror (p. 464-465). O terror, porém, define-se como a manifestação mais estremecida de indivíduos atomizados que validam a si mesmos e encontram unidade e superioridade ao excluírem (p. 474-479). Sendo que a turba *(mob)* – subproduto das coerências e incoerências do sistema capitalista do indivíduo produtivo, a qual primeiro exemplificou esta orientação valorativa quando seus membros, ao experimentarem a unidade da exclusão, assumirem-na como orientação estética de sua prática – acompanha toda a narrativa do *The Origins of Totalitarism*: aparece no antissemitismo do século XVIII, no imperialismo e no fascismo, antes de se apresentar no nazismo.

Na dança, a simultaneamente incluir e excluir, a simultaneamente aproximar e afastar, poderíamos dizer que a exclusão ocasiona individualização, no sentido de representar o afastamento, o rompimento de laços comunitários. Em si mesma, a exclusão não é ruim ou boa: é parte da dança que repete ao modificar, que reenergiza o presente e que permite novas possibilidades – sejam elas julgadas me-

51 Do original: "(...) a fascist state and a fascist army, but still an army and a state".

lhores ou piores. A turba se forma quando pessoas individualizadas experimentam conjuntamente a hostilidade da – ou contra a – sociedade como uma parede de concreto e se inspiram a transformá-la no chão no qual pintarão a bandeira de sua unidade enquanto indivíduos, sobre o qual marcharão para excluir e aterrorizar. Ao invés de na comunidade da exclusão experimentarem uns aos outros democraticamente e rejeitarem a exclusão que está posta, eles assumem o excluir para si, como etos. Resulta que na modernidade – especialmente favorável à expansão e valorização desta experiência, embora esta não seja, de forma alguma, exclusiva a ela, ocorrendo, por exemplo, na guerra – o valor da criminalidade como fim em si mesmo da turba antecipa-se ou confunde-se com o valor da disciplina da nação como a unidade e superioridade de indivíduos na exclusão. Embora as maneiras particulares em que esta orientação valorativa se manifesta, em que os impulsos são organizados e limitam-se mutuamente, são variáveis, não há como compreender o fascismo ou o totalitarismo sem compreender a centralidade desta orientação.

A terceira e mais interessante explicação concebida por Arendt para explicar a distinção entre fascismo e totalitarismo destaca, embora ela não coloque nesses termos, a importância do impulso comunitarista. Ela oferece essa explicação no momento em que seu livro se concentra em explorar as tensões conflitivas internas ao nazismo. Enquanto Goebbels aparece, então, como representante da turba, particularmente interessado em assegurar acesso à História e validar a individualidade ao confirmar-se um gênio ou a servir a um (p. 332), Himmler aparece como representantes das massas, compostas "principalmente de trabalhadores e bons homens de família,"[52] e organizadas para a "dominação total". Nesta mudança de público, "nada provou-se mais fácil do que destruir a privacidade

52 Do original: "(...) foremost jobholders and good family men".

e moralidade das pessoas que pensavam em nada a não ser proteger suas vidas privadas"[53] (p. 338). "Para as impiedosas máquinas de dominação e extermínio, as massas (...) proverem material muito melhor e foram capazes de crimes ainda maiores do que os cometidos pelos chamados criminosos profissionais, desde que estes crimes (...) assumam a aparência de um trabalho rotineiro."[54] Quando, pois, a autora diz que "no ápice do seu poder [,Bolchevismo e Nazismo] superaram o mero nacionalismo tribal [(racial)] e tinham pouco uso para aqueles que ainda estavam por ele convencido em princípio,"[55] podemos entender que não apenas à turba era fundamental não a crença na farsa da raça e sim a prática de exclusão do time, mas também que o nazismo e o bolchevismo reproduziam-se em primeiro lugar não pela paixão do time e sim pela paixão em proteger-se, em preservar a simplificação que era manifesta.

O chamado totalitarismo se colocaria, finalmente, como a enfatização do comunitarismo após o individualismo produtivo econômico favorecer o nacionalismo ou "tribalismo" e esta combinação e progressão – distinta de processos mais antigos – reduzir os grupos e as orientações democráticas e maximizar o trabalho. Nas tensões dos conflitos do tempo e do espaço, o presente foi chamado a responder, obrigado a se responsabilizar: a prática do incluir e excluir atualizou seu caráter. Isto não significa que a progressão

---

53 Do original: "Nothing proved easier to destroy than the privacy and morality of people who thought of nothing but safeguarding their privates lives".

54 Do original: "For the ruthless machines of domination and extermination, the masses (...) provided much better material and were capable of even greater crimes than so-called professional criminals, provided only that these crimes (...) and assumed the appearance of routine jobs".

55 Do original: "At the height of their power[, Bolshevism and Nazism] outgrew mere tribal nationalism and had little use for those who were still actually convinced of it in principle".

manifestada na Alemanha seja natural ou necessária, mas sim que, ao contrário, o presente – para o bem ou para o mal – fatalmente se desgastará e enfrentará o desafio de se renovar numa dança confusa. E, assim, entre as várias histórias da modernidade, observamos a crise identitária das camadas mais desfavorecidas, em sua ênfase comunitarista, frente às realidades da sociedade individualistas a originar turba, levar ao nacionalismo "tribal", tanto como o indivíduo burguês, ao encarar a si mesmo em seu desgaste e gangsterismo, optar não propriamente pela ética do poder impor-se, ou pelo reestabelecimento da meritocracia que nunca foi, mas pelas possibilidades do time validar a mobilização individual (p. 335). Quando, porém, o nacionalismo enfrenta a si mesmo, manifesta-se uma mudança de ênfase: demonstra-se o impulso comunitarista em toda a sua força, oscila a estimada covardia de trabalhadores e provedores, cuja aparente apatia corresponde à paixão em obedecer, em proteger-se na obediência, desinteressada na experiência da unidade e superioridade na exclusão. Não mais um time, porém um "culto[56]", isto é, o extremo de uma comunidade fechada em si e inimiga da convivência democrática.

Verdade I: Opressão e Instrumentalidade

Nó século XX, após a modernidade por longa data pretender a si mesma capaz de perfurar a realidade com o empenho produtivo do conhecimento causal até encontrar o absoluto inexistente, a oscilação do valor comunitarista, como submissão do trabalhador às cadeias de extermínio de seres humanos, apareceu aos críticos contemporâneos, mesmo àqueles que poderíamos considerar pós-fundacionalistas, como a vitória do processo falsamente compreendido e negativamente valorado, isto é, como a consolidação de

56 No sentido do termo inglês cult. Um culto pode, claro, se comportar como um time.

relação de causa e efeito dualisticamente estéril, sem sobra ou resto: o absoluto da opressão.

Hannah Arendt, a pensadora política da espontaneidade, ilustra exemplarmente este equívoco. Ao deparar-se com o culto à obediência do trabalhador, falha em reconhecer a tensão dos conflitos que o energizam como prática valorativa: ignora como a descrença ou angústia catalisa a crença ou o valor, e vice-versa. O valor – o proteger-se da exposição ao obedecer – tanto se confunde com o dever que assenta – a obediência –, tanto se aproxima da falaciosa pretensão segunda a qual a causalidade não concederia lacuna à contingência, que os olhos de nossa autora sugerem-na a observação de um processo automático sem espontaneidade, assim como Horkheimer e Adorno (1989, p. 204-253) haviam enxergado uma pessoa sem ego. O conhecimento que deveria ser óbvio, que apenas uma espontaneidade pode preterir outra, apenas um valor pode depor outro, aparece no pensamento de Arendt (2004, p. 438) como um adendo tardio, reduzido à formulação: "a espontaneidade não poderia nunca ser totalmente eliminada pois está conectada à vida."[57] Como um adendo, embora coerente com as melhores reflexões da autora, representa um adereço que, ao não poder se incorporar ao pensamento da autora nos momentos em que retorna à redução dualista que criticara, testifica a incoerência do mesmo.

Há uma falha no desmascaramento da pretensão de acesso ao absoluto, e a concomitante pretensão de prática total que reaparece na modernidade de maneira geral, e no nazismo da maneira específica. Ao invés da farsa ser reconhecida como o disfarce da espontaneidade que oscila seu valor na tensão dos conflitos, ela é considerada a verdade, lógica ou sujeito da opressão, o ponto fixo

57 Do original: "(...) spontaneity can never be entirely eliminated insofar as it is connected (...) with life itself".

arquimediano que, como vimos no capítulo anterior, ao sustentar a opressão, projetaria inversamente, naquilo que lhe escapa, uma emancipação absolutamente verdadeira e não meramente valorativa. A farsa, enfim, não seria realmente uma farsa: como pretendera, obtera acesso ao absoluto, ainda que não da liberdade e sim da opressão, não do controle e sim do ser controlado. Provaria ser verdadeira na negação da política, da contingência, da espontaneidade, do valor ou mesmo do ego, os quais se reservariam exclusivos às manifestações valoradas como boas, à verdade da emancipação.

Em outras palavras, Arendt culpa as pretensiosas ideologias modernas, não porque elas seriam falsas - em sendo falsa a falsidade seria em grande medida irrelevante para os conflitos que originam a realidade –, porém porque, ao pretenderem-se absolutas, elas não apenas se descobririam totais, mas seriam determinadas por sua própria pretensão a tornarem-se, opressivamente, totais. Acontece que na história é extremamente comum o valor estético buscar a fundamentação da qual não precisa e a qual sobrecarrega, com expectativas irrealizáveis, o conhecimento da condição da existência. Desde antes da Antiguidade, acompanhando a linguagem, discursos pretendem-se fundamentar no absoluto, "pretendem conhecer os mistérios [- a rebeldia da contingência -] de todo processo histórico"[58] (p. 469), ou simplesmente dos processos - em outras palavras, dualisticamente revelariam o dono da contingência e suas ordens dela negadora. Inclusive a declaração dos direitos humanos, à qual Arendt (p. 230, 301) critica por este mesmo motivo, além do próprio pensamento da autora, comete este equívoco.

Ao a falsidade ser falsa, ela não nos deixa instantaneamente com a verdade da opressão, porém com a pergunta que aprendêramos com Arendt: qual é o caráter da diferença que, frente à diferença

58 Do original: "(...) pretend to know the mysteries of the whole historical process".

que é presente, oscila, conservando e mudando, por detrás da farsa? Por detrás da farsa da nação, da raça, do dogmatismo marxista, oscila o valor da unidade e superioridade na exclusão, do proteger-se e despreocupar-se na obediência. Por detrás da farsa da liberdade do indivíduo como conceito absoluto, oscila, entre outras coisas, serviço à produtividade econômica. Isto não incrimina a pretensão, apenas compreende que ela disfarça desnecessariamente a oscilação do valor sem fundamento último. Os direitos humanos pretendem-se tão verdadeiros como o nazismo, e eles podem de fato serem usados como disfarce para a execução de valores não democráticos, porém, em muitos dos casos, por detrás de sua farsa, por detrás de várias expectativas irrealizáveis da filosofia, oscila a orientação valorativa democrática, ainda que não apenas.

Ao tentar fixar a verdade da opressão, como se a ideologia pudesse ser anterior à prática assim como o sujeito seria anterior ao predicado, isto é, ao não se contentar em combater valor com valor e tentar firmar o que só pode oscilar, Arendt opõe dualisticamente o mal que chama em *The Origins of Totalitarianism* de radical e em *Eichmann in Jerusalem* de banal, com quais termos conota o mesmo automatismo absolutamente purificado de espontaneidade, absolutamente separado da emancipação que a possui. Ao assim proceder, nossa autora contradiz sua própria contação de processos históricos no qual a contingência se coloca. As diferenças desaparecem e com elas a tensão dos conflitos que oferecem lacuna à espontaneidade e energia à existência.

No que tange à diferença, ela diz: "a filosofia política da burguesia foi sempre totalitária"[59] (p. 336). Além de sugerir que a orientação valorativa burguesa seria sempre opressiva para aqueles que descobrem em si uma orientação democrática, esta frase sugere que

59 Do original: "the bourgeoisie's political philosophy was always totalitarian".

na modernidade ocorre não a atualização do valor obrigado a existir frente a si mesmo, mas sim a progressão lógica que estava dada pela verdade da opressão. O totalitarismo representaria a evolução da produtividade burguesa, e não a renovação diferente de um valor que falhou - ao encarar sua própria angústia, seu próprio esvaziamento, a própria realidade do seu desgaste - em seduzir e, assim, para o bem e para o mal, deu trela a outras possibilidades. Mais profundamente, representaria o retorno à suposta "selvageria" da pessoa "não-civilizada", oprimida e determinada pela natureza (p. 192), de maneira que as particularidades das pessoas modernas e muitas das pessoas por elas "descobertas" seriam perdidas.

Arendt, a filosofa política sem paciência para a dialética hegeliana,[60] novamente relembra a Horkheimer e Adorno (1989). Os quais, ao questionarem a falsa pretensão do iluminismo, do sujeito que se acredita capaz de absolutamente dispor do objeto, e notarem a semelhança do mesmo com a falsa pretensão dos mitos, pelo menos partem de uma apreciação cultural e tentam, ainda que inadequadamente, considerar a prática e riqueza valorativa que as pessoas "antigas" - por mais que a natureza lhes deixasse menos espaço de afastamento - exibiam para além de uma preocupação, não menos valorativa, com a produtividade econômica e com o consumo, característica particular de pessoas modernas. Assim como Arendt, não obstante, falham em experimentar e conceber a natureza não como uma totalidade, mas como desarranjos de conflitos tensionados, com o qual não formamos uma dualidade. De tal maneira que lhes parece correto considerar que a modernidade concluída no totalitarismo representaria um retorno

60 Em todas as suas principais obras, Arendt refere-se a Hegel com grande respeito, o mesmo que estendia a Marx, porém sem demonstrar interesse em resgatar a dialética daquilo que considerava seu erro fatal: o determinismo e a busca de conclusão da História. Entre outras referências, considerar: Arendt (1998, p. 289-294; 2004, p. 249).

ao determinismo ou causalidade natural, quando, em realidade, a produtividade apenas em sua farsa apresentava-se assim, como o progresso que continua a evolução; em sua prática, oscilava a orientação valorativa que, ao invés de se contentar com o estabelecimento de espaços pessoais como parte de uma organização democrática, distribuía as semelhanças e diferenças em favor da solidão específica do servir-se a si mesmo no serviço à produtividade.

Nossa autora (1981, p. 1:191) rejeita as consequências, tentar resgatar seus melhores insights com adendos, mas esta falsa narrativa inevitavelmente projeta um determinismo, cuja qualidade absoluta impediria não apenas a emancipação, mas a própria história que se contou. Mais precisamente, não haveria qualquer história, uma vez que a dualidade isolaria de um lado um ser absolutamente carente de espontaneidade e plenamente incomensurável com a emancipação, e, de outro, um ser absolutamente espontâneo, cuja comensurabilidade plena de raciocínio é plenamente impotente frente à diferença que, ao desafiá-lo na prática, é dita irracional, não-humana. Nenhuma interação seria possível, movimento dialético algum poderia uni-los ou mediar uma união; de fato, ocorrem apenas unidos como as duas faces de um absoluto que inexiste. Na prática, enquanto a espontaneidade total simula espontaneidade nenhuma, a própria tensão dos conflitos que energiza o que consideramos opressivo mantém a referência que permitiu a pessoas de "*t*odas as caminhadas da vida, mais especificamente, com graus variados de educação e não-educação formal"[61] – "entre os pobres e totalmente não-educados assim como entre os membros da alta ou boa sociedade"[62] (Arendt & Kohn, 2003, p. 153, 278) – resistissem. Tanto

61 Do original: "(...) all walks of life and, more specifically, with all degrees of education and noneducation".

62 Do original: "(...) among poor and entirely uneducated people as among members of good and high society".

quanto a tentativa de convencimento valorativo contribuiu para a vibração da tensão na qual a espontaneidade oscilou e oscilará.

Do aqui dito, convém derivar três breves implicações. Em primeiro lugar, sugere-se que a tese weberiana (1988, p. 536-573), que postula o desencantamento do mundo, posterga a farsa – a qual iludiu também os críticos da racionalidade instrumental – do indivíduo produtivo econômico. Este que em seu encantamento produtivo falha em reconhecer o seu encantamento, isto é, em reconhecer a natureza estética da sua orientação à produtividade individual. Os mesmos críticos, por sua vez, que se iludiram e apenas inverteram a verdade do desencantamento, agora considerado opressivo em absoluto, deparam-se com a realidade deste encantamento: percebem os encantados de tal maneira enfeitiçados que os mesmos parecem inacessíveis. Enquanto, em realidade, eles se encontram enfeitiçados por um feitiço que não é total – e, portanto, equivalente a feitiço algum –, porém particular e fadado a experimentar seu esvaziamento ou desencantamento na vibração da mesma tensão do passado e futuro em conflito com demais passados e futuros, na qual se manifesta o encantamento em sua responsabilidade e espontaneidade. Todos vivemos em realidades enfeitiçadas pelas nossas estéticas, pelos nossos valores ou significados, e, embora possamos nos esforçar para conhecer as condições nas quais existimos, não podemos nos colocar além delas, além da existência. Feitiço algum pode destruir a possibilidade de outros feitiços, fixar-se a si mesmo para além da fugacidade do seu expelimento, para além do momento em que se atualiza.

Em segundo lugar, sugere-se que o pensamento não pode se antecipar ao valor, não pode possuí-lo, nem ser possuído e desativado por ele; correto seria compreender que o valor ocorre no pensamento tanto quanto o mobiliza. Quando rogamos a uma pessoa que pense por contra própria, esperamos que na inevitável tensão dos conflitos ela se disponha a acolher a exposição e encontrar a possibilidade de afirmar democraticamente sua diferença. Pessoa alguma, entretanto, para de pensar ou não pensa por conta própria, mesmo o "comunitarista" novamente oscila o valor do proteger-se atrás de uma autoridade apenas na tensão dos seus conflitos ou pensamentos: é a espontaneidade que nele se manifesta; é a contingência que abre e fecha os caminhos que irá ou não percorrer. Pensamento não é método, não é uma ferramenta que o sujeito pode possuir e utilizar para organizar a existência à sua semelhança; é um processo que acontece e manifesta um presente indeterminado, de prática e de conhecimento, da pessoa e dos grupos que ela forma. Nada garante; assim como a exposição inevitável não garante que o comunitarista deixará de sê-lo, ou que caso deixe, se tornará democrático.

Isto deveria ser tão óbvio quanto cada orientação valorativa gerar seus próprios intelectuais. Os quais podem, inclusive, expandir o engajamento com outras orientações, reconhecer a condição de contingência e retornar a orientações valorativas que não a democrática. Em suma, ainda que somente a democracia possa apreciar conhecer a condição existencial sob a perspectiva da beleza do congregar em um mundo maior e isto a beneficie nesse reconhecer, não há uma relação de causalidade: também a democracia pode se confundir; e a não-democracia, na mesma medida em que pratica a estética, também conhece ou intui sua condição, ainda que a maneira como o reconhecimento do fato importe ou não importe seja distinta e dada pela espontaneidade e não pelo fato. A prática e intuição do conhecer – o que a ciência desenvolve como método – não determina a prática estética, embora ao fazer vibrar o pensamento, lhe dê oportunidade.

Em terceiro lugar, sugere-se que a falsidade é frequentemente mais do que um equívoco oriundo da pretensão desnecessária do valor; ocorre também como uma forma de apresentação do valor, um recurso da linguagem poética, por exemplo, nos direitos humanos, mas também em discursos que valoramos negativamente. Na subseção seguinte iremos ilustrar este e outros pontos ao considerarmos um caso recente.

Verdade II: Disfarces e Propósito

Temos em mente a eleição de Donald Trump para a presidência dos Estados Unidos em 2016, da qual nos aproximamos sabendo que a História nunca é absolutamente igual ou diferente; o que não nos impede de reconhecer notáveis paralelos com os processos que observamos culminar no século XX na experiência fascista e "totalitária". Em ambos os casos, em um cenário no qual podemos identificar a força de vários impulsos ambivalentes – democrático, comunitário, consumista, produtivista, entre outros – observamos o desgaste da forte orientação valorativa individual-produtiva-econômica, que ocorre acompanhado da substituição da meritocracia pela aristocracia econômica, colocando à sociedade o particular desafio de sua atualização.

O caso estadunidense é particularmente interessante, por destacar a fundamental incoerência da moral puritana burguesa, ou, como é mais conhecida contemporaneamente, do a*merican dream*. Nesta passagem – do puritanismo para o sonho americano – há uma mudança, o impulso consumista ganha em importância, ao mesmo tempo incentivando e perturbando a orientação produtiva. O que nos interessa considerar aqui, entretanto, é o conflito anterior e ainda crucial entre o *hard-work* e a hierarquização de *winners* e *losers*. Dois pilares do sonho americano que na prática não o sustentam; ao contrário, expõem sua farsa. Afinal, enquanto a associação de ambos quer nos levar a crer que os vencedores são aqueles que se dispõem a trabalhar arduamente e o perdedores são os preguiçosos, numa sociedade realmente meritocrática, com igualdade de oportunidades, teríamos clareza que a relação entre *hard-work* e *winning* é tênue: vence a sorte do talento com a sorte do se encontrar no lugar certo, na hora certa. Na prática, por detrás da farsa, o a*me-*

rican dream precisa dizer a que veio: perderá o *hard-work* o *hard*, sem-sentido numa sociedade orientada à qualidade de vida, e se descobrirá como o direito ao trabalho e ao compartilhamento das riquezas, desinteressado na linguagem de *winners and losers*? Embora houve e haja aqueles que respondam assim, uma importante resposta histórica coloca o *hard-work* como a definição de um time de *winners*, mais especificamente, do time de homens brancos que, ao derivarem sua dignidade de sua capacidade de proverem para suas famílias, não apenas experimentam a unidade e individualidade de sua superioridade frente às mulheres, negros e estrangeiros, mas encontram também uma forma de se ocuparem corporal e mentalmente e de se protegerem da exposição ao mundo maior. O *hard-work* se mostraria, pois, desinteressado na meritocracia e isto facilitaria o avanço da aristocracia econômica, composta por aqueles que, uma vez poderosos, frequentemente perdem o interesse em se validarem numa competição igualitária, preferindo justificar, a si mesmos, seu poder no acolhimento do poder: sou forte porque aceito ser forte, porque reprimo outros impulsos ou considerações.[63]

A realidade, sabemos, é uma dança caótica e no caso em questão estas orientações – do time de homens brancos – eram fortemente mescladas e contidas por outras, tanto a nível da sociedade como dos vários pequenos grupos no quais a vida cotidiana se dá. O presente, entretanto, será implacável e demandará atualização. O que foi ontem, para continuar sendo, precisará ser diferente, se apenas porque o neoliberalismo traiu o "sonho americano". E aqui encontramos outro paralelo: enquanto na Alemanha pré-nazista

63 Nota-se que embora a aristocracia possa se orientar estrategicamente para a manutenção de privilégios, os quais têm como valor o poder consumir, parece cada vez mais prevalecer na elite econômica uma orientação para o poder se impor, pouco temperado por outros passos valorativos, o qual verdadeiramente enxerga como uma questão de justiça o que muitos chamariam de crueldade

os primeiros antissemitas não foram os operários e sim a pequena burguesia, nos Estados Unidos de Trump os traídos não são os mais pobres, são aqueles que estavam inseridos e acostumados a esperar mais e, portanto, os primeiros a sofrer, ressentir e demandar a posição e o status que perderam no grupo. Determinar o grau exato de prejuízo econômico (R. F. Inglehart & Norris, 2016) não nos interessa. Embora haja certamente um aumento da concentração de riquezas e oportunidades e uma perda de perspectiva de futuro, não apenas o significado que oscilará no futuro permanece indeterminado para além do isolamento do econômico, já a inclusão que fracassa é espiritual e material. Neste sentido, observamos que o neoliberalismo, seja como farsa ou não, ao não estimar a diferença como a democracia, tampouco protege o *hard-worker* da exposição ao mundo maior, assim como, ao não cuidar da diferença, tampouco exclui ancorado em traços biológicos ou se preocupa em oferecer a experiência da unidade e superioridade na exclusão. Exposto economicamente e culturalmente, o *hard-worker* encontra-se num deserto de significado: enquanto o neoliberalismo descuidava/descuida da meritocracia e falhava/falha em mobilizar as lealdades, as instituições grandes ou pequenas da América de Tocqueville – todas as quais configuram espaços políticos – falhavam em interferir, assim como falham agora em inspirar democraticamente. Como resultado, a farsa do voltar ao passado continua um nacionalismo que, em sua apresentação presente, nunca existiu; isto é, exacerba o a*merican exceptionalism*, o terceiro pilar do sonho de uma "América" que, ao ser chamada a responder aos conflitos do tempo e do espaço, deve novamente manifestar seu caráter.

Embora a dupla farsa, da falsa meritocracia que não equaliza o início da competição e do sonho americano que não pode realmente ser meritocrático, esteja exposta, os *hard-workers* não estão dispostos a deixar para trás os muros que os *winners* certamente construirão para separarem-se dos *losers*. Mais do que nunca, os muros precisam ser fortalecidos, de maneira que a experiência da unidade e individualidade da exclusão possa reocupar o deserto de significado aberto pelo neoliberalismo. Assim como antes na Alemanha, o fortalecimento do time nacional oferece uma nova casa ao individualismo produtivo e ao mérito. A linguagem de Trump é clara; propõe-se um movimento que encontra significado na prática do construir muros. A ênfase está em permanecer ocupado e/ou protegido trabalhando pelo time, o qual tem *order* porque é ordenado por um indivíduo que encarna a força do time e/ou a simplificação comunitarista.[64] Cujos membros encontram dignidade ao constantemente encontrar pessoas para excluir, de maneira que eles possam se sentir superiores e incluídos, e/ou simplesmente ao obedecer.

A exclusão é flexível, pode mirar um judeu de olhos verdes, um negro, um latino, um muçulmano, uma pessoa acusada de um crime, um liberal, um estrangeiro qualquer, alguém que me faça sentir bem comigo mesmo ao sua diferença permitir-me apreciar a prática da exclusão. É uma maneira de se juntar ao *one percent*, de praticar a autoestima da superioridade e de ser incluído com outros que são superiores. O time América dá significado a *winning* tanto quanto *winning* dá significado à América. A crítica ao *establishment* lê-se como crítica não à aristocracia econômica e sim ao governo dos *losers*, afinal, se o significado é provido pelo *american dream*, o uso do Estado pelos partidários democratas, para timidamente atenuarem as desigualdades geradas pelo neoliberalismo, pode efetivamente ser visto como nada mais que a corrupção da mentalidade vitoriosa do time. "Devolva" o governo àqueles que não têm medo da vitória e eles "novamente" colocarão a América em primeiro lugar: *America first* impõe-se sobre o mundo em nome do sonho. Não

---

64 Referir-se também à subseção XXII.

importa que apenas alguns podem ser *stars* ou que muitas dessas "estrelas" começaram à frente dos demais, ao juntos provarem a superioridade do time que aceita sua superioridade, dá-se chance aos superindivíduos ou super-homens, os quais os demais apreciavam consumir, provarem seu valor ao colocarem sua força que aceita a força – isto é, que não precisa se provar na igualdade de oportunidades – a serviço do time que dá significado a ela.

O trumpismo poderá provar-se um fracasso econômico e poderá falhar em manter e ampliar sua capacidade de inspirar – o primeiro não determina o segundo. Trump poderá mostrar-se incompetente, dedicar-se apenas à venda de sua personalidade, ou superestimar suas cartas e oferecer muito pouco da prosperidade econômica do país à população. Mas ele poderia também oferecer à aristocracia dos *winners* uma melhor chance de manter seu status, não apenas porque ele propõe transformar o governo em um "negócio" para "homens de negócios", mas, ainda mais importante, porque, em comparação com o neoliberalismo, ele pode melhor explorar o desejo das pessoas se sentirem vitoriosas, melhor incluir espiritualmente. Ao se colocar como *star* do time, mesmo sem acreditar nele, ele encontra mais legitimidade para dizer: fique quieto e trabalhe, ganhe ao ser parte do time.

A aristocracia dos *winners* arrisca, entretanto, perder o controle, assim como ocorreu com os burgueses alemães. De fato, se o século XX, o qual os Estados Unidos mostram-se incapazes ou relutantes em deixar para trás, está para se vingar do seu grande expoente, apenas poderia fazê-lo ao invocar alguém como Trump, que encarna o pior da América. Ao continuar e exacerbar o nacionalismo, ele sacrifica melhores e alternativas versões do que o país era e poderia ser. Muito do que se manifesta no trumpismo, claro, não é exclusivo aos Estados Unidos. Além de aparecer na Europa e outras partes do mundo em diferentes combinações, também no Brasil o que oscila por detrás da farsa da meritocracia, ou que nela transparece, é, além do trabalhar como orientação do se esconder, a unidade e individualidade da exclusão, particularmente combinada com a proteção caridosa tradicional, porém agora de uma elite econômica.

Em suma, independentemente do que venha a oscilar no futuro que será presente, o trumpismo, frente aos conflitos da realidade, configura uma distribuição coerente de semelhanças e distinções, capaz de oferecer significado e mobilizar lealdade. O *loser*, o qual deve ser desprezado, é sempre o outro preguiçoso. Se o fracasso não pode ser atribuído a si mesmo ou ao *american way of life*, o que pode salvar a ordem das coisas? Um *super-winner* pode salvar o *hard-work* da corrupção pelos *losers*. E como poderia fazê-lo? Ao tornar o *american exceptionalism* verdadeiro novamente: *make America great again*.

O problema é que a mentalidade vitoriosa foi perdida; há muito intercâmbio com outros, muita abertura. Não é uma questão de compartilhar internamente a incrível riqueza do país, é uma questão de se manter ocupado e no topo como um time. Não importa que as pessoas da China e do México são muito mais pobres que a população estadunidense. Não importa que o neoliberalismo não foi inventado ou dirigido pelo "terceiro mundo". Não importa limites estruturais. Por que deveria? Importar-se com o outro pode ser experimentado como uma forma de exploração e justiça, um jogo para os *winners*. Se a luta for levada ao mundo talvez os pilares do *American Dream* possam ser salvos e a superioridade do espírito americano novamente provada – muitos, provavelmente, estarão numa situação econômica pior, mas estarão incluídos. Quando Trump fala, portanto, de comércio *free* porém *fair*, mais do que uma farsa, ele está poeticamente propondo que as pessoas experimentem com a justiça do time mais forte: livre e justo entende-se do ponto de vista do time mais forte que afirma seu direito de assim manter-se e colher as recompensas. Quando o time se diz excepcional, a farsa é daqueles que adotam uma perspectiva democrática e continuam cinicamente sujando o tapete da dignidade comum das pessoas da Terra com essa linguagem hierarquizante, e não daqueles que estão dispostos a provar a conclamada superioridade com guerras, torturas e opressão econômica.

Outros exemplos desta linguagem alusiva – ou do valor que se esconde na falsidade – foram: o *hard-work* como o trabalho que protege da exposição e é recompensado, ao menos simbolicamente, ao ser pelo time; a ordem como chamada a uma ordem autoritária pelo time; e a crítica ao *establishment* como crítica ao governo dos *losers*.

Como coloca Arendt, o que aparece falsamente como fato é na verdade uma declaração de propósito (2004, p. 385). "Os nazistas [, por exemplo,] não pensavam que os alemães eram a raça mestre, a quem o mundo pertencia, mas que (...) esta raça estava prestes a nascer"[65] (p. 412) ao se impor ao mundo como uma unidade arbitrária. Ou, se pensavam; na prática, por detrás da farsa, era esta possibilidade de imposição que oscilava e que poderia se justificar ou se experimentar válida independentemente da inexistência biológica de raças. De maneira similar, "a declaração, todos os judeus são inferiores, significa [em sua versão mais violenta], todos os judeus devem ser mortos"[66] (p. 385).[67] Com isso podemos comparar a

---

65 Do original: "The Nazis did not think that the Germans were a master race, to whom the world belonged, but that (...) this race was only on the point of being born. Em outras palavras, a raça se fazia na prática. A superioridade se prova na prática".

66 Do original: "The statement, all Jews are inferior, means, all Jews should be killed".

67 Arendt distingue entre a liderança que sabe disso e a massa a quem a inferioridade do judeu precisa ser provada. Não seguimos essa distinção porque ela é, nesse caso, supérflua – provar a inferioridade já é ter a capacidade de excluir e agredir – e desautorizada pelo próprio texto de Arendt que demonstra como a massa adere ao propósito.

declaração de Trump por ocasião do anúncio da sua candidatura à presidência dos Estados Unidos: "Eles[, os imigrantes mexicanos,] estão trazendo drogas; eles estão trazendo crime; eles são estupradores." Seu propósito é dizer que eles não são parte do time, que nós, os americanos, somos melhores precisamente porque os excluímos. Ou, minimamente, que nosso medo deve ser reafirmado não porque eles sejam realmente maus, mas porque nos orienta o valor do evitamento do enfrentamento de nós mesmos no outro bem como da existência plural. Quando Trump conclui seu raciocínio dizendo "e alguns, eu assumo, são boas pessoas", seu cinismo deixa transparecer o reconhecimento de que não está estabelecendo um fato e sim declarando um propósito: "*eles*[, os mexicanos,] *não estão enviando você*"[68], isto é, eles devem ser rejeitados.

Em outro exemplo, Arendt propõe: "a afirmação que o metrô de Moscou é o único no mundo é uma mentira apenas enquanto os bolcheviques não tiverem o poder para destruir todos os demais"[69] (p. 350). Ainda que isto não se torne verdade e seja exposto como mentira, os seguidores "iriam protestar dizendo que elas sabiam durante todo esse tempo que a declaração era mentirosa e que eles admiram os líderes por sua superior inteligência tática"[70] (p. 382). Aos líderes, afinal, é dado a chance de autoritariamente provarem sua superioridade com a do time (p. 388). Comedidamente, é isso que Trump está

68 Do original: "They're not sending you. (...) They're bringing drugs. They're bringing crime. They're rapists. And some, I assume, are good people". O discurso completo pode ser encontrado em: https://www.washingtonpost.com/news/post-politics/wp/2015/06/16/full-text-donald-trump-announces-a-presidential-bid.

69 Do original: "The assertion that the Moscow subway is the only one in the world is a lie only so long as the Bolsheviks have not the power to destroy all the others".

70 Do original: "They would protest that they had known all along that the statement was a lie and would admire the leaders for their superior tactical cleverness".

pedindo de seus apoiadores quando, desprovido de razões factuais, chama a mídia de *fake news*: trata-se de uma demanda pela chance de liderar, autoritariamente, membros leais do time, os quais não excederiam a prerrogativa de suas funções e se encontrariam unidos no intuito de imporem sua unidade excludente ao mundo maior – ou, minimamente, de se protegerem. Resulta que, de um jeito ou de outro, as pessoas – previamente abandonadas a um atomismo no qual prevalecia a desconfiança (p. 382) – estariam dispostas a acreditar em qualquer coisa como servindo ao propósito, missão ou valor do time. Essa prática, claro, possibilita a manipulação por parte de líderes que não estariam realmente interessados no time. Ainda assim, a preocupação com o time não deixa de representar uma forma de fiscalização que limita o escopo de ação das lideranças. Como vimos, é a eventual preponderância do impulso comunitarista que, ao colocar nas massas em primeiro plano a preocupação em proteger-se da exposição ao mundo maior, em conhecer seu lugar na ordem das coisas e obedecer, oferece aos líderes menores restrições.

Também na prática democrática, declarações de propósito se confundem com fatos; um ótimo exemplo seria a dos direitos humanos. Diferentes de outros regimes, entretanto, para a vida democrática é particularmente importante a delimitação pública de fatos (Arendt, 1972, p. 192-233), ainda que isto seja possível apenas imperfeitamente, uma vez que a linguagem dos fatos é também a linguagem dos valores. Ocorre que o reconhecimento do valor do conhecimento público de fatos para a república é frequentemente tomado como um fato, isto é, como algo que poderia ser ensinado racionalmente, assim como é ensinada a matemática; como consequência, o fracasso em aprender seria culpa da idiotice do receptor ou idiotice da ideologia. Correto seria compreender como as maneiras em que os fatos importam dependem dos valores que oscilam no pensamento. O grande desafio democrático não é colocar mentiras frente a fatos, mas manifestar novas possibilidades particulares, novas estéticas, e, assim, enfeitiçar outros com seus significados, com sua dignidade, de maneira que os fatos venham a importar democraticamente. O que não significa que desmascarar farsas, ou, em outras palavras, destituir os valores de suas falsas pretensões, tanto delimitando fatos como expondo manipulações, seja irrelevante. Importa muitíssimo, assim como importa o esvaziamento ocasionado pela angústia. Embora não assegurem ou controlem o sentido da próxima oscilação valorativa: ao oscilarem na mesma vibração, obrigam e fornecem energia para que o presente se atualize; ao ocasionarem a tensão do pensamento, oferecem chance para a manifestação de melhores possibilidades.

Transição II: Inocentes e Idiotas

Do que foi dito, deve estar claro que pessoas que aderem ao trumpismo em um contexto econômico neoliberal desfavorável não são inocentes. Elas aprenderam a criticar ao inevitavelmente encontrarem-se expostas às realidades, ao existirem apenas como tensões particulares dos conflitos entre pessoas. Elas experimentam e reconhecem as crises de significados no esvaziar-se dos valores – o que inevitavelmente lhes aflige, como aflige a outros, trazendo mudanças nem sempre compatíveis –, bem como, no desmascaramento de falsas promessas. Quando oscilam uma possibilidade – possivelmente confusa, em sua apresentação totalizada, quanto à sua natureza –, ela permanece indeterminada, uma possibilidade entre outras. Possibilidades as quais não apenas poderiam ser novamente e diferentemente descobertas, mas poderiam também se beneficiar de orientações valorativas alternativas previamente desenvolvidas nos Estados Unidos, como a democracia. Quem aderiu ao trumpismo falhou em ser diferente ao tornar-se diferente, falhou juntamente de suas instituições: não apenas rejeitou a farsa neoliberal de Clinton, optou por Trump e abdicou de efetivar uma resistência democrática capaz de reconhecer que, nas especificidades do contexto em questão, seria melhor elegê-la, reservando-se o direito de se opor a ela no que for necessário. Dito de outra maneira, as instituições que organizam as relações entre pessoas e coisas fornecem o contexto conflitivo, de inclusões e exclusões, no qual a responsabilidade se manifesta – não a nega.

Não se pode dizer dos "trumpistas" que suas paixões foram manipuladas, pois são espontâneas; embora possa se dizer das pessoas em geral que elas sofrem prejuízo ao desconhecerem outras possibilidades que falham em alcançá-las. Falharam-lhes. Uma vez que haja paixão e lealdade, pode haver manipulação, mas ela encontra-se em constante risco de ser exposta e dificilmente sustenta-se no longo prazo sem mobilizar os valores adequados. A meritocracia como farsa, por exemplo, parece depender menos da manipulação dos fatos e mais dos valores que não demonstram interesse em torná-la verdadeira, porém sim em participar do time ou, como no Brasil, em contar com a proteção caridosa da elite econômica. Na prática, claro, manipulação de fatos e orientações valorativas se confundem, e não é possível determinar exatamente o que se passa, apenas se dispor ao combate munido de fatos e, crucialmente, da manifestação de melhores possibilidades.

O que não podemos esperar, como vimos, é a pluralidade como fato – isto é, como condição do existir particularmente – racionalmente impor a orientação valorativa democrática, que representa apenas uma possibilidade entre outras da atual oscilação distribuir as semelhanças e diferenças – isto é, institucionalizar o contexto, inclusive a economia, da nova oscilação. Ou, dito outra maneira, cultura não dualiza com economia, portando-se como a outra face do determinismo; antes, a continuidade da materialidade e linguagem se tensiona e oscila contingência nas tensões dos conflitos, nos processos, reconfigurando-se. Enquanto a tentativa de isolar alguma referência absoluta projeta a face dual da determinação que inexiste, nossas parcialidades, imperfeitas e inconclusivas, as quais conflitivamente sempre importam, mas nunca determinam ou resumem, oferecem oportunidade para o presente falar, agora e depois de novo. Não faria sentido lavar as mãos e expulsar da comunidade humana aqueles com quem falhamos e que falham conosco; colocá-los, como fez Clinton, numa cesta de deploráveis, ou, como fizeram contraditoriamente Arendt, Horkheimer e Adorno, numa cesta de "zumbis" – ao menos não em nome da democracia. Se não há inocentes, não há também idiotas ou monstros, e vice-versa. E é precisamente porque não são uma coisa ou outra que eles são e que podem, portanto, ser diferentes.

Pessoas são seres complexos que, ao experimentarem na tensão dos conflitos os impulsos que compartilhamos, desenvolvem orientações diferentes em grupos diferentes. Ainda que pessoas venham a ser dominadas pelo time, permanecem seres humanos confusos, energizados pela tensão dos conflitos, necessitando e querendo encontrar possibilidades e significado. Enquanto somos responsáveis, é desafio da república se redescobrir para alcançar: atualizar-se frente às realidades, particularidades e desgastes para permanecer diferente, oferecer espaços adequados para os afastamentos e os desencontros oriundos das diferenças, mas nunca deixar de promover um reencontro capaz de manter a maioria inspirada por ela e dela disposta a cuidar – e, se na minoria, saber resistir.

A democracia não se sustenta pela pureza de inocentes, pela racionalidade dos filósofos. Não abriga santos; abriga pessoas sujas e suadas nas práticas cotidianas, tensionadas em meio aos conflitos. A pergunta pelo caráter do valor não diz respeito à preservação de um princípio teórico, nem à preservação de um resultado isolado, mas àquilo que manifesta sua possibilidade no presente. Assim como o valor não poderia se esconder atrás da conservação, não pode igualmente se esconder atrás do idealismo, ou da mudança e do realismo. Na sequência, iremos salientar esses pontos. Antes de retornarmos e finalizarmos as observações sobre a farsa do parvenu, agora sob a ótica da mudança e do realismo, convém considerarmos a farsa, invertida, do pária em negar sua responsabilidade no idealismo. O que particularmente nos interessa por nos permitir refletir também sobre a farsa e o caráter do "dever ser" da filosofia normativa, com o qual o valor ou a possibilidade não se confunde ontologicamente.

Pária I: Ética e Idealismo

O pária é aquele diferente que, confrontado com a realidade da particular maneira em que sua diferença é excluída, busca se esconder na natureza e nas artes, na mendicância, na boêmia ou nas piadas (Arendt, 2007, p. 275-297). A princípio, contudo, o pária, em comparação com o parvenu, seria capaz "*de* preservar mais sentimento pelas 'realidades verdadeiras'"[71] – sendo que as aspas no original indicam que a autora reconhecera como o uso da expressão "realidades verdadeiras" dava-se poeticamente, comunicando o intuito de se referir àquilo considerado valioso por ela, àquilo que em sua experiência conferiria valor ao particular, isto é, à capacidade de congregar em um mundo maior. Assim sendo, poderíamos dizer que, a princípio, o pária não buscaria um esconderijo encerrado em si mesmo, mas um refúgio no qual ele poderia – especialmente frente a uma realidade hostil – repousar, nutrindo-se e inspirando-se, antes de retornar e enfrentar democraticamente a existência e as realidades adversas.

Nas palavras da autora: "a vida do pária, embora desprovida de significância política [provida pela democracia,] não era de for-

71 Do original: " (...) of preserving more feeling for the 'true realities'".

ma algum sem-sentido [democrático]"[72] (Arendt, 2007, p. 296). Das "músicas dos oprimidos e desprezados, os quais (...) sempre buscam refúgio na natureza,"[73] ouvimos não propriamente a esperança, mas sim a possibilidade que é agora em sua reivindicação do futuro, e que acompanha o reconhecimento de que o presente que lhe escapa é, com sua opressão, efêmero. Enquanto o discurso confuso em sua pretensão completaria dizendo que a verdade da natureza há de prevalecer, bastaria ao poeta reconhecer que "o desnudado fato do sol iluminar a todos, proporciona-lhe [inspiração][74] diária[:] (...) todos homens são (...) iguais"[75] (p. 279).

Foi assim que o poeta Heinrich Heine, "o único judeu alemão que poderia verdadeiramente descrever a si mesmo como Alemão e Judeu"[76] (p. 281), recusando-se a abdicar da lealdade ao seu passado judeu, lutou pela liberdade compartilhada da humanidade, ao estetizar palavras particulares da língua alemã. Não permaneceu escondido atrás de uma natureza que assumiria para si a responsabilidade em testificar, não falou como "ser humano puro"[77] e sim como uma pessoa situada (p. 282). Antes que pudéssemos identificar os perigos da mendicância e da boêmia, compartilhou com os judeus alemães empobrecidos sua "alegria de viver,"[78] "seus prazeres e tribulações."[79]

72 Do original: "The life of the pariah, though shorn of political significance, was by no means senseless".

73 Do original: "(...) songs of oppressed and despised peoples who (...) always seek refuge in nature (...)".

74 No original: "prova".

75 Do original: "The bare fact that the sun shines on all alike affords him daily proof that all men are (...) equal".

76 Do original "Heine is the only German Jew who could truthfully describe himself as both a German and a Jew".

77 Do original: "(...) pure human being (...)".

78 Do original: "(...) joie de vivre (...)".

79 Do original: "(...) their pleasures and tribulations".

Tanto quanto Charles Chaplin, nacional e judeu em outro época e local, antes das piadas tornarem-se estúpidas, satirizou o absurdo das injustiças cotidianas. Foi porque as pessoas apenas riram, apenas se aliviaram, que logo chegou o dia em que seu alerta contra o "caráter brutal do ideal do super-homem,"[80] do superindivíduo, quase não se entendeu (p. 288;286-288).

Se o esconderijo não se prova um refúgio temporário, se o distanciamento[81] não se reaproxima disposto a instigar, provando-se medroso e acomodado, se não se dispõe a recomeçar democraticamente, ainda que em outro lugar, ocorre uma mudança de sentido. É frente a essa realidade que o escritor Franz Kafka, também judeu e alemão, assevera, nas palavras de nossa autora, "as belezas da arte e da natureza quando usadas como mecanismo de escape, por aqueles aos quais seus direitos foram recusados, são meros produtos da sociedade"[82] (p. 290). Produtos não apenas da condição cultural humana em geral, mas da organização política da modernidade que, partindo do individualismo produtivo econômico, se afasta da democracia. Diríamos alternativamente que a exclusão à qual o pária se acomoda representa inversamente a sua inclusão.

Assim como o parvenu não poderia negar o seu passado, apenas hostilizá-lo de maneira a se oferecer individualmente nos banquetes dos salões e ao time, o pária não lograria experimentar a beleza da pluralidade igualmente digna da natureza, se: ela falhasse em inspirar nele, no regresso ao mundo maior, uma disposição para perturbar a realidade com o desenrolar, situado, do tapete da dignidade comum, como a mão que bate na porta; e ele falhasse em validar sua experiência dela como o conflitivo congregar da pluralidade que se

80 Do original: "(...) brutal character of the Superman ideal".

81 Arendt usa o termo aloofness.

82 Do original: "The beauties of art and nature when used as an escapee mechanism by those to whom its right had been refused were merely products of society".

enriquece e enriquece e que estabelece, em detrimento do medo, o triunfo momentâneo da paixão pelo ouvir e pelo falar numa realidade contingentemente imperfeita; se, ao invés disso, a natureza inspirasse o pária apenas a se esconder atrás de uma ordem simplificada, dita universal por mirar sua própria alienação.

Ressalta-se que parece ser distinto o caso daquela pessoa que, ao reconhecer seu cansaço ou indisposição em lidar com outros, decide por realmente viver isolado. Situação esta que não deixaria de exemplificar um refúgio se, nessa postura de afastamento, a pessoa, a qual inevitavelmente carrega com ela o mundo maior, mantivesse um encontrar democrático, seja com as coisas do cotidiano, seja com as pessoas com as quais eventualmente cruzasse, seja nos diálogos com as presenças de outrora em sua mente. Em relação a esta pessoa não poderia ser dito, ao menos não na mesma medida, que, assim como nada se provara mais fácil do que destruir a privacidade das pessoas privadas (Arendt, 2004, p. 338), nada se provaria mais fácil do que destruir a universalidade vazia de pessoas medrosas, sem coragem para praticar e estetizar o que não pode ser fixado no absoluto.

Ao considerar a inclusão na exclusão à qual o pária se prestava, Arendt diz de Bernard Lazare, escritor judeu francês, "ele demandou (...) que o pária de uma vez por todas (...) renunciasse a confortável proteção da natureza e lidasse com o mundo dos homens e das mulheres"[83] (Arendt, 2007, p. 284). A maneira, claro, daquele que permanece escondido lidar com a realidade é, precisamente, confortar-se com a "liberdade do proscrito (...) em desesperar-se [em silêncio] sobre não ser, 'seja uma irmã, uma namorada, uma

83 Do original: "He demanded (...) that the pariah relinquish once and for (...) the comfortable protection of nature, and come to grips with the world of men and women".

esposa, nem mesmo um cidadão'"[84] – isto é, sobre aquilo que não poderia ser (Arendt, 1974, p. 213). Silêncio que, se agora fosse quebrado, não daria lugar à festa celebrativa da alegria de viver, porém a risos que escondem o choro e bebidas que desfalecem. Do ponto de vista democrático, o qual vislumbra práticas mais saudáveis de inclusão e exclusão, este conforto no desespero calado é experimentado como feio. O pária, entretanto, experimenta-o belo. A especificidade da experiência não muda a factualidade da diferença de orientação, entre o se regozijar com os sons da pluralidade, dispondo-se a identificar na diferença a dignidade comum, e o tragar a natureza como muitos tragam a religião, como um bloco de ferro inteiriço, um escudo que fornece valor na medida em que protege o covarde ao mantê-lo ocupado com o sobrepeso – assim como ocupam as bebidas e as piadas sem graça. Paralelamente, uma das inclusões que pode ser buscada pelo parvenu é o conforto comunitarista, tanto quanto uma das exclusões que é buscada pelo pária inverte o comunitarismo: a pessoa, ao invés de se esconder na inclusão, se esconde na exclusão e, assim, caladamente, inclui-se com o parvenu na reprodução de sua exclusão. No extremo, o pária seria capaz de praticar juntamente aos operários e os burocratas do nazismo.

Embora Arendt estava falando para e sobre os judeus europeus que antecederam e sofreram com o nazismo, não seria necessário muito criatividade para compreender como suas considerações se aplicam à filosofia normativa e sua substituição do valor pela norma. Não apenas no artigo citado com frequência nos últimos parágrafos sobram alfinetadas às pretensões universalistas racionalistas – as quais, como vimos, desde muito cedo ela pretendeu rejeitar –, mesmo quando, mais ao fim de sua vida, busca reivindicar Kant, a

84 Do original: "(...) freedom of the outcast (...) to feel despair over being 'nothing (...), not a sister, not a sweetheart, not a wife, not even a citizen'".

autora se interessa apenas pelo juízo estético, cujo mérito estaria em sua colocação como uma prática situada e não como a dedução de regras morais universais (Arendt & Beiner, 1982).

Ao indicar que Lazare queria que o pária "*p*arasse de buscar alívio em uma atitude de indiferença superior ou soberba e rarefeita cogitação sobre a natureza do homem per se"[85] (Arendt, 2007, p. 284), isto se demonstra muito claramente. O que a incomoda não é propriamente a linguagem dos direitos humanos, se esta, apesar de confusa em sua pretensão, se dispusesse a mergulhar e se engajar na lama com as pessoas, isto é, a localmente instigar encontros democráticos. Incomoda-lhe uma pretensão intelectual a qual, ao invés de se explicar confusa, revelaria, no sobrepeso de sua prepotência, uma orientação valorativa para o medo, em função da qual se dedicaria a evitar encarar as realidades e a existência em sua contingência, em nelas encarar a si mesmo. A filosofia pode ser empenhada como muitos empenham a religião, isto é, pode encontrar valor no manter-se ocupado com um escudo, ao invés de encarar o vento de peito aberto e, contra ele e com ele ensaiar outros passos valorativos. Se, enquanto farsa, a filosofia tentaria negar sua parte na contingência, enquanto prática valorativa permanece contingente e responsável pela realidade da qual lava as mãos.

Poderíamos dizer que, assim como o pária junta-se ao parvenu, na filosofia normativa – enamorada do regrar universal, tão interessante quanto impotente – o intelectualismo junta-se ao filistinismo. Termo o qual Arendt (2004, p. 337) usa para descrever a arquitetura comunitarista das massas que se ocupam em evitar a exposição. Encostados costa contra costa, o intelectual e o filisteu protegem-se mutuamente. Sabemos que a filosofia normati-

85 Do original: "(...) to stop seeking release in an attitude of superior indifference or in lofty and rarefied cogitation about the nature of man per se".

va, especificamente, ao não compreender a prática valorativa sem fundamento no absoluto, fala de normas universais, as quais, ao serem agarradas, nos deixam com fatos totais, os quais, ao serem agarrados, confessam-se revelações transcendentais, as quais, ao serem agarradas, reduzem-se às regras iniciais: enquanto a filosofia mantém-se ocupada e inacessível em sua orientação para o medo, é conivente com a orientação para o medo do filisteu e com os rumos que oscilam na tensão dos conflitos. Rumos os quais correspondem às manifestações particulares de espontaneidade, às oscilações das possibilidades nas tensões dos conflitos, jamais a revelações de um passado capaz de controlar o futuro. Rumos os quais assentam deveres a posteriori, jamais normas a priori. Enquanto a filosofia normativa se sugere incomensurável com o filisteu, sucumbe ao medo e alimenta o medo, inclui-se com o filisteu na reprodução daquilo que um dia a amedrontava porque abominava e que a inspirava a praticar diferente; agora, o medo a inspira apenas a se esconder. Em suma, a farsa moderna de uma ética da pureza do indivíduo que vive em função da pureza abstrata das normas, sejam elas religiosas ou racionais-filosóficas, disfarça a orientação para o medo da pessoa moderna que inversamente se assimila.

Do que vem dito, não se deve concluir que a problematização corrente da experiência do pária aplica-se apenas à filosofia normativa per se: qualquer filosofia moderna que retorna ao absoluto e à dualidade precisa responder se seu engano filosófico disfarça uma orientação democrática ou uma orientação para o medo, escondendo-se – ou, alternativamente, para o time, produtividade, consumismo, poder. Essa questão, portanto, aplica-se também ao pensamento dialético, visto que o mesmo mantém projetado, a nível de teoria, a farsa da reversibilidade sem sobra: ao reconhecer a dual face da farsa do absoluto, não o desmascara, e sim o perpetua, ciente da dualidade, porém não da farsa. Aplica-se também ao romantismo, o qual mantém um absoluto interno e flerta com o consumismo, bem como ao comunitarismo – como o de Taylor – e ao pós-fundacionalismo, os quais, ao rejeitarem a existência do absoluto, reencontram-no em categorias como a comunidade, o abismo, entre outros.

Igualmente, não se deve concluir que apenas a filosofia moderna é alcançada pela análise. Ela também se aplica à filosofia antiga e medieval, cuja preocupação com a eternidade e contemplação, diferente do que sustentou Arendt (1998, p. 17-21), apenas como farsa se opõe à imortalidade da ação a demandar lembrança, à política. A análise da autora sobre o pária corrige o equívoco desta dualidade – contemplação e ação ou política e filosofia – que aparece no livro *The Human Condition*, enquanto corrobora a mensagem central do mesmo, de que a nós não é possível abdicar da responsabilidade pelo presente. A preocupação com a eternidade, embora reflexo de uma angústia que todos compartilhamos, em sua pretensão de acesso ao absoluto, disfarça orientações valorativas que demandam imortalidade – memória – e que são responsáveis pela reprodução política dos grupos e das pessoas. A grande diferença da filosofia antiga em comparação com a filosofia moderna – além, obviamente, das danças sempre particulares dos valores, e para além da questão do conhecimento dos (meta)fatos – dá-se na maneira como a primeira disfarça o absoluto inexistente: não na subjetividade do indivíduo e sim na ordem perfeita do cosmo, sendo que a filosofia medieval realiza a transição de um ao outro (Taylor, 1989). O indivíduo ou o cosmo como categorias ontológicas totais são falsos; enquanto categorias políticas, atualizadas na prática, manifestam progressões particulares de possibilidades. Em ambos contextos filosóficos, ocorre um afastamento, uma individualização que é parte do conflito e do pensamento, acompanhada de uma reaproximação, numa dança que reproduz as pessoas e os grupos aos quais pertencem.

Finalmente, não se deve concluir que apenas a filosofia é alcançada pela análise. Diretamente, como vimos, ela se aplicava aos judeus europeus, principalmente aos intelectuais; indiretamente, ela se mostra relevante tanto à filosofia, em sua inescapável dimensão política, como à prática política e partidária. Observamos que a obsessão com a pureza, seja ela justificada ideologicamente ou normativamente, mostra-se igualmente conivente com os encaminhamentos da ordem da qual discordaria. Por um lado, falharia em se dispor ao convencimento para que possa convencer; ou, mais precisamente, ao ouvir aquilo que não quer ouvir, devolveria medo intelectualizado, isto é, falaria com intuito de proteger a si mesmo da exposição e em apreço à prática do se alienar das realidades – ou, ainda, se ocuparia consumindo a si mesmo ou unindo-se a um time, entre outras possibilidades. Por outro lado, falharia em responder estrategicamente às circunstâncias, em acordo com os deveres que a orientação valorativa, a atualizar-se na prática, coloca. Ou, mais precisamente, disfarçaria a estratégia de conivência, posta pelo valor do se esconder, como o respeito a uma norma absoluta, inevitavelmente contradita pela prática: embora minhas mãos estejam igualmente sujas com a sujeira da realidade, cumpri com minha orientação, mantive-me escondido, reproduzi a realidade mas evitei me expor ao desafio de me importar com a imperfeição que não pode ser feita perfeita, apenas diferente hoje. Desmascarada, eis a farsa do idealismo – salvemos, por hora, a indagação sobre aquilo que nos cabe, caso nos importemos.

Pária II: Exposição

De acordo com Arendt, obtemos que "o fato do pária simplesmente recusar a se tornar um rebelde,"[86] democrático – a qualificação

86 Do original: "(...) the fact that the pariah simply refused to become a rebel".

da rebeldia é necessária, visto que somos sempre rebeldes das nossas causas de conservação e mudança –, leva-o a "assumir o papel de mendigo alimentando-se das migalhas da mesa do homem rico."[87] Para todos os efeitos, "ele hipotecou-se ao parvenu, protegendo-lhe a posição na sociedade e, em retorno, sendo protegido por ele."[88] Em outras palavras, converteu-se "em um dos acessórios que sustenta a ordem social da qual é excluído."[89] Nada vale, "não porque é pobre e mendiga, mas porque mendiga para aqueles contra os quais deveria lutar, e porque avalia sua pobreza segundo o padrão daqueles que a causaram."[90] Mendicância, portanto, é a prática a que se reduz o pária, que encontra valor em fugir, ao invés de encontrar valor no retornar ao mundo maior desarmado – sem escudo – e disposto a lutar, corpo a corpo, por ele – dele cuidar em nome da beleza plural da dignidade comum. Ao mendigar, o pária, que já era responsável embora jamais senhor das suas circunstâncias, torna-se conivente: "politicamente falando, todo pária que se recusara a se tornar um rebelde[, democrático,] era parcialmente responsável por sua própria posição e, com isso, pela mancha que a mesma representa para a humanidade,"[91] pois justamente "na medida em que o homem é mais do que a mera criatura da natureza, (...) ele será chamado a

87 Do original: "(...) to assume the role of schnorrer feeding on the crumbs from the rich man's table".

88 Do original: "He mortgaged himself to the parvenu, protecting the latter's position in society and in turn protected by him".

89 Do original: "(...) one of the props which hold up a social order from which he is himself excluded".

90 Do original: "(...) not because he is poor and begs, but because he begs from those whom he ought to fight, and because he appraises his poverty by the standards of those who have caused it".

91 Do original: "Politically speaking, every pariah who refused to be a rebel was partly responsible for his own position and therewith for the blot on mankind which it represented".

responder pelas coisas que os homens fazem aos homens, no mundo que eles mesmos condicionaram"[92] (Arendt, 2007, p. 285).

Arendt refletia sobre a situação dos judeus na Europa, especialmente na Alemanha, na qual a minoria assimilada, os parvenus, usavam da exclusão e da carência da maioria para justificar sua posição de privilégio perante ela e perante o país, como intermediadores, ao mesmo tempo em que habilitavam a maioria a permanecer escondida, párias transformados em mendigos. Por mais que se escondessem, o fato da diferença irredutível mantê-los expostos seria brutalmente demonstrado no nazismo. Em que pese a unicidade desta tragédia, a condição do permanecer exposto, bem como, a problemática que acompanha o posicionar-se do pária, aplica-se a todos, visto que somos todos nacionais estrangeiros, todos apresentamos semelhanças e diferenças. Assim sendo, quatro considerações estão em ordem.

Em primeiro lugar, observamos que o pária não permanece exposto apenas aos outros, mas também a si mesmo. Embora Arendt não tenha notado no contexto do artigo citado, são justamente os excluídos que, em experimentarem unidade ao sofrerem exclusão, podem se inspirar a retornar ao mundo maior com o intuito de experimentarem a beleza do excluir. Em outras palavras, o risco é que os excluídos, ao reafirmarem sua identidade, estetizem uma arquitetura similar à turba, caso apenas consigam afirmarem a si mesmos ao repetirem a postura daqueles que os excluíam, formando um time, dos incluídos, que prega unidade e hostilização da diferença, "interna" tanto quanto "externa". Em *The Origins of Totalitarianism*, Arendt (2004, p. 74) reconhece como muitos judeus europeus, em se encontrarem expostos a si mesmos ao experimentarem a exclusão, atualizam sua identidade judaica na direção do chauvinismo.

92 Do original: "For insofar as a man is more than a mere creature of nature, (...) he will be called to account for the things which men do to men in the world which they themselves condition".

Em segundo lugar, ao observarmos que "o fundo [da farsa do pária] caiu"[93] – isto é, que não há como nos isolarmos ou que o isolamento é uma forma de adesão, que não há como nos escondermos ou que viver escondido é uma forma de exposição, todos "remam desesperadamente no mesmo mar nervoso,"[94] todos "são marcados com a mesma marca"[95] da diferença –, resta-nos apenas reconhecer que a única coisa a qual podemos fazer, para combater a ação do tempo, é agir diferente. Em particular, como aderentes da democracia, cabe-nos sim buscar conhecer a condição que nos permite ser – conhecimento este que não é apenas um reflexo inevitável e, em si mesmo, justificado, mas também provoca e subsidia a tensão inerente da pessoa. Entretanto, cabe-nos, também – fundamentalmente – arquitetar ou estetizar palavras e coisas no presente, capazes de encantar e mobilizar lealdades, além de assentar deveres e estratégias pertinentes. Essas três dimensões – o conhecer, o praticar estético e o dever –, juntamente do prazer e da angústia, ocorrem nas mesmas vibrações das tensões dos conflitos: embora possamos dar ênfases diferentes, não podemos evitá-las. A filosofia política normatizada arrisca não ser conducente às boas práticas democráticas: não conhecer filosoficamente as condições ou fatos, pois evita a contingência; não estetizar e dispor institucionalmente ou convencer politicamente em prol da república, assentando deveres, pois se dedica às normas. Confundir a natureza do valor é particularmente danoso quando, mais do que um equívoco, predomina a dedicação a impotência do dever ser – da norma – como prática do esconder-se, aquilo que pode ser em meios aos conflitos porque já é e se atualiza.

---

93 Do original: "(...) the bottom has dropped out".

94 Do original: "(...) rowing desperately in the same angry sea".

95 Do original: "(...) are branded with the same mark".

Em quarto lugar, observamos que, mesmo que a postura de mendicância do pária fosse estratégica, mesmo que ele não tivesse se tornando um mendigo "no coração", não apenas como idealista, também como realista, ele permanece exposto, e não poderá justificar estrategicamente no longo prazo sua submissão, ainda que seu objetivo seja reduzido à permanência em vida. Com o passar do tempo, os judeus europeus perderam todo o espaço – ou quase todo – para a ação, e foram dizimados. O reconhecimento filosófico deste fato – estamos sempre expostos –, entretanto, não nos determina como agir na prática cotidiana, apenas nos conscientiza que a segurança proveniente do ligamento do passado ao futuro sem passar pelo presente não existe: somos responsáveis por agir esteticamente e estrategicamente e filosoficamente nos contextos em que nos encontramos, no limite dos conflitos que portam nossa espontaneidade. O fato da diferença que manifestamos ser minúscula face ao que nos rodeia não a torna mesmo real ou relevante.

Também a estética democrática é incapaz de predizer a ação, apenas orienta a tentativa de acertar na próxima vez no contexto específico em que se encontra. Chegaremos a isto ao considerarmos a farsa do realismo pretender praticar, inversamente ao idealismo, uma pureza estratégica que ignora o fato da exposição. Em todo caso, é porque permanecemos expostos que Arendt pode dizer que o pária "*era responsável por aquilo que a sociedade fez a ele*": no hoje, justamente porque não ele, nem ninguém, controla o amanhã, ele se responsabiliza, de um jeito ou de outro, esteticamente e estrategicamente, pela possibilidade que passa a ser na tensão dos conflitos, e que, ao se chocar com o futuro, dá chance a uma nova possibilidade. Se a ação do pária pudesse assegurar ou impedir em definitivo, ele não seria responsável, o determinismo das circunstâncias seria por ele.

No que se segue, arremataremos primeiro a farsa da mudança, com a qual inevitavelmente já lidamos ao considerarmos a farsa da conservação, e depois consideraremos a farsa do realismo, a qual se confunde, embora não necessariamente se reduza, a farsa da mudança, e cujo equívoco inevitavelmente já transpareceu na farsa do idealismo.

Mudança I: Círculos e Linhas

Enquanto a farsa da conservação disfarça a oscilação contingente do presente ao pretender-se total, isto é, ao indicar que o passado se colocaria como uma referência fixa, ela projeta o futuro como a outra face do mesmo absoluto. Embora o equívoco seja sempre o mesmo – a existência do determinismo ou a existência apreendida deterministicamente –, ele dá origem a duas falsas ilustrações dos movimentos que ocorrem na existência despedaçada.

A primeiro ilustração caracteriza o conceito de tempo da antiguidade, "a qual identificava temporalidade com os movimentos circulares dos corpos celestiais e com a natureza não menos cíclico da vida na terra: a mudança sempre repetida do dia e noite, verão e inverno, a constante renovação das espécies através do nascimento e morte"[96] (Arendt, 1981, p. 2:16). Observe que não se trata de compreender o passado em sua inescapabilidade, no sentido do particular existir apenas em conflito com os demais na tensão consigo mesmo, gerando-se padrões macroscópicos nos quais – não obstante – oscila o presente em sua contingência, mas sim de projetar um presente que representa sempre um retorno a algo primordial, como se a repetição repetisse

96 Do original: "the time concept of antiquity, which identified temporality with the circular movements of the heavenly bodies and with the no less cyclical nature of life on earth: the ever-repeated change of day and night, summer and winter, the constant renewal of animal species through birth and death".

necessariamente o mesmo significado, como se o dia e a noite circulassem em torno do absoluto. A histórica circular é a história deste ponto arquimediano, deste toque transcendental; é uma tentativa de compatibilizar o movimento que escapa da gravidade infinita do tudo e do nada com a totalidade ao fazê-lo girar em torno dela. Não é a única, entretanto; como o toque transcendental é por definição sempre o mesmo e se acumula, outra história ou ilustração do seu tracejar pode ser contada ou desenhada. Nela, transfere-se a ênfase do primordial, que é igualmente derradeiro, ao derradeiro que é igualmente primordial: se o toque transcendental é agora derradeiro, o que se observa é o futuro último assentar temporalmente na existência sua lógica e deixar como rastro a linha do seu toque repetido.

Esta tentativa de compatibilizar o movimento que observamos na prática com o absoluto fracassa porque ou o toque transcendental criaria os limites nos quais a contingência e a espontaneidade se manifestam, o que representaria o fim de sua soberania absoluta, o fim do tudo e do nada e o início da pluralidade, ou, então, o toque seria de fato total, desconhecendo limites ou lacunas em seu poder, absolutamente imediato e onipresente representaria a continuidade do tudo e do nada que não precisa continuar. Tanto o movimento do "tornando-se"[97] (Arendt, 1981, p. 2:50), a rodear o ponto fixo de Arquimedes, como do "progredindo" ao longo da linha por ele tracejada, careceria de energia, visto que conflito algum seria real, vontade alguma existiria em tensão com a necessidade: o absoluto que não conhece limites não se move, nem não se move. Caso implodisse, não embalaria uma história circular ou linear, porém sim oscilante, a qual se caracterizaria pela descontinuidade que é o presente, de maneira que aquilo que se torna, aquilo que assenta, é contingente e canta – justifica – sua própria beleza, a se manifestar

97 Em inglês: becoming.

no conflito das tensões. Mesmo a filosofia antiga, frente a dificuldade em postular a contingência no contexto de um conhecimento físico limitado que destacava a movimentação circular dos corpos celestes, poderia ou pudera, não obstante, reconhecer a experiência ou fenomenologia da contingência humana.

Em todo caso, o que nos interessa é observar como a contação de história, que parece exclusiva da modernidade, a farsa da progressão retilínea, representa o outro lado da moeda da farsa da repetição circular. Embora extrapolamos esse raciocínio do esforço de Arendt em compreender a manifestação da contingência, a autora mostra-se incoerente em seu tratamento dessas histórias: ao mesmo tempo que, no decorrer de toda a sua obra, desmascara o progresso como falsidade, reconhecendo na pretensão do mesmo a história linear (p. 2:48), ela sugere que a espontaneidade reside no linear em detrimento do circular (p. 2:166). Essa afirmação se provaria correta apenas se considerarmos que o linear é usado para identificar também a corda tensionada nos conflitos, ou, como colocaria a autora, o encontro que gera o abismo – Arendt não é clara neste sentido. Ela também falha em reconhecer que ainda que o absoluto de Hegel – a Humanidade que existiria como uma totalidade "atrás dos membros individuais da espécie humana"[98] – lhe fosse particular, não coubera a ele "transformar o círculo em uma linha progressiva"[99] (p. 2:48), porém, apenas identificar o que já estava previsto na farsa do toque transcendental.

Pelo que consideramos, podemos dizer que a razão para este segundo equívoco da autora não seria mera desatenção, mas estaria relacionada a sua tentativa de isolar a verdade da opressão moderna como absolutamente maligna ou banal. Isto é, ao invés de se contentar em desmascarar a pretensão de totalidade e lidar com as pos-

98 Do original: "(...) behind all the individual members of the human species".

99 Do original: "(...) transform the circles into a progressing line".

siblidades e valores que oscilam aonde hajam pessoas, ela prefere inverter a pretensão que ocorre na modernidade e considerá-la a origem do mal. Inversão a qual é inapropriada não apenas porque a pretensão é, afinal de contas, falsa, mas também frequente, aparecendo tanto na antiguidade como na modernidade, tanto naquelas práticas que consideraríamos ruins ou feias, como naquelas que consideraríamos boas ou belas.

Em suma, a história da progressão linear do derradeiro é, igualmente, a história circular do retorno ao primordial, e vice-versa. Ainda que os gregos tenham dado ênfase à segunda e desconsiderado a primeira, e os modernos procedido inversamente, isto não mudaria o fato de que ambas acompanham e se deduzem da falsidade dualística do absoluto, bem como, de que, em serem falsas, não acionam as práticas da realidade. Segue que, no caso da teleologia cristã, observamos não apenas a linha da salvação fazer uma curva no horizonte e retornar ao início que era perfeito e banhado pela presença do divino, mas também o cotidiano se dar circularmente entre o pecado e o arrependimento, a dúvida e a fé. No caso do progresso, observamos não apenas a linha da tecnologia fazer uma curva no horizonte e retornar ao início que era natural, mas também o cotidiano se dar circularmente entre o natural e o artificial. No caso da revolução, observamos não apenas o movimento fazer uma curva no horizonte e apresentar-se como uma ordem, mas também o cotidiano se dar circularmente entre o passado e o futuro. No caso do indivíduo, observamos não apenas a linha fazer uma curva no horizonte e retornar ao comum, mas também o cotidiano se dar circularmente entre a necessidade e vontade. A resposta sobre o que são – a salvação, progresso, revolução, indivíduo –, ou o que manifestam, não pode ser encontrada na natureza temporal das histórias contadas: estas, em sua falsidade, são tanto lineares como circulares.

Não são, entretanto, absolutamente mentirosas; apenas falham em perceber que natural e artificial, ou afirmação e negação, ou passado e futuro, ou necessidade e vontade, não se sucedem linearmente ou circulam em torno do absoluto, porém, representam a tensão dos conflitos da pluralidade, os processos no quais o presente oscila sua liberdade. A pergunta que lhes toca, portanto, já conhecemos: que presente seu se manifesta por detrás do disfarce circular e linear, do disfarce da conservação e da mudança? Seria não o progresso, que é farsa, mas sim a individualidade produtiva econômica, ou, talvez, o consumismo? Seria não a salvação, que é farsa, mas sim o esconder-se, o comunitarismo? Seria o poder impor-se, ou, talvez, a democracia? Qual o presente da pessoa?

O indivíduo, categoria que particularmente nos interessa, coloca-se como a encarnação da mudança apenas na mesma medida em que, em sua falácia, encarna a conservação total. É o veículo do progresso apenas na mesma medida em que for carregado pela natureza. Como falsa categoria ontológica, é todo poderoso para tudo mudar, e, ao mesmo tempo, absolutamente tudo foi imposto a ele. É completamente sozinho, e completamente unido. Possui a liberdade como Hobbes, ou possui a razão como Kant, somente ao mesmo tempo em que é possuído pela liberdade ou possuído pela razão. O indivíduo, ao colocar-se como absoluto, coloca-se como o lado oposto do cosmo. Não há aqui, entretanto, como vimos, uma grande verdade, a destruição da espontaneidade; há apenas o desmascaramento de uma farsa e a colocação de uma pergunta: o que a pessoa, irredutível por detrás da farsa do indivíduo, conserva ao modificar? Qual o seu propósito? Que comunidades, que grupos, está a criar ao incluir e se excluir e por eles ser incluído e excluído?

Neste sentido, a declaração "Dos Direitos do Homem e do Cidadão" é particularmente ilustrativa: "os mesmos direitos essenciais foram conclamados como a herança inalienável de todos os seres humanos e[, ao mesmo tempo,] como a herança específica de nações específicas"[100] (Arendt, 2004, p. 230), porque, enquanto são considerados derivações de um homem que possui a razão – capaz de acessar não a condição do existir particularmente e provisoriamente em meio às várias dimensões da espontaneidade, mas sim o determinismo moral universal –, ou se desenvolvem na tensão dos conflitos como a imperfeita organização de relações democráticas entre particulares ou nada valem.

Como farsa abstrata do Homem que existe em lugar nenhum, a Declaração empresta-se para disfarçar qualquer coisa. "Estes fatos e reflexões[, entretanto, ao contrário do que sugere Arendt, não] oferecem uma irônica, amarga e atrasada confirmação do famoso argumento com o qual Edmund Burke se opôs à"[101] ela. Embora ele estivesse correto em desmascarar a farsa do indivíduo racional que, com sua razão, rompe com o passado e simultaneamente não é nada além dele, isto é, a farsa do homem derradeiro que é igualmente o homem primordial, bem como, em compreender que os direitos que estabelecemos são sempre situados – de maneira que "*n*em direito natural, ou comando divino, ou conceito algum da humanidade como a 'raça humana' ou a 'soberania da terra' de Robespierre, são necessárias como a fonte da lei"[102] –, Burke (2015) equivocava-se ao sugerir que poderíamos depender da "'herança' de direitos que alguém transmite

100 Do original: "The same essential rights were at once claimed as the inalienable heritage of all human beings and as the specific heritage of specific nations".

101 Do original: "These facts and reflections offer what seems an ironical, bitter, and belated confirmation of the famous arguments with which Edmund Burke opposed (...)".

102 Do original: "(...) neither natural law, nor divine command, nor any concept of mankind such as Robespierre's 'human race', 'the sovereign of the earth', are needed as a source of law".

a seus filhos"[103] (Arendt, 2004, p. 299), pois o fato é que, como vimos, o passado, jamais unitário, apenas se conserva ao se modificar.

Desmascarar a farsa da razão linear não nos deixa com a farsa de uma essência comunitária a circular o absoluto, mas com o presente que é chamado a responder agora. Poderíamos dizer que nossa herança política ocorre apenas na tarefa, a qual nos cabe, de mudar para preservar, diferentemente, algo que estava presente desde o início e que não é mais, sem ser ainda, uma vez que nossa herança ontológica nos permita existir apenas como seres particulares, que, nas particularidades do existir, experimentam e organizam, como numa dança, os vários impulsos que nos acometem nos encontros e desencontros. Não é uma questão de encontrar o que é dado, mas de praticá-lo, de inventar o movimento particular que atualiza nossas orientações valorativas.

Mudança II: Indivíduos e Pessoas

O indivíduo, como categoria ontológica, é uma farsa – ainda que reflita a verdade ontológica do movimento de afastamento, intrínseco a qualquer pessoa. Como categoria política, ele pode representar a constituição política da pessoa no indivíduo econômico da arquitetura meritocrática, ou referir-se, ainda que inadequadamente, ao membro do time nacional, ao consumidor – seja ele aristocrático ou pop –, ao comunitarista, ao "poderoso" e, mesmo, ao democrático. Em nenhum destes casos ele existe como uma totalidade, compondo uma dualidade com o social. Permanece uma pessoa que na tensão dos conflitos oscila sua espontaneidade, sua diferença, que conserva ao modificar, juntamente à diferença do grupo, que inclui ao excluir. Não representa a verdade da emancipação, nem da opressão, como normalmente aparece, no sentido de não ser, arquimedianamente, o assegurador ou o destruidor da diferença, porém, certa manifestação

103 Do original: "'entailed inheritance' of rights which one transmits to one's children".

de uma prática que exclui ao incluir, que muda ao conservar. A qual, para ser criticada, exige a manifestação de outra possibilidade, exige a prática da política e não a derivação a priori de uma verdade determinística que, ao invés de permitir a existência, a aniquilaria.

Visto que na modernidade indivíduo é o nome genérico dado, apropriadamente ou inapropriadamente, às construções política da pessoa, são muitas as histórias que dele se pode contar, são muitas as suas "linhagens", imbricadas e caóticas. A primeira delas especularia sobre o afastamento e a aproximação primordial, o despedaçamento do que era absolutamente unido e separado. Não se iniciaria, portanto, como iniciaram Horkheimer e Adorno (1989, p. 62-99), com o poema ou mito grego da Odisseia, o qual os autores interpretam como uma alegoria do original afastamento da humanidade em relação à natureza, porém, passaria por este texto ao regressar ainda mais ao passado, com intuito de reconhecer os antecedentes de afastamento e aproximação presentes no animal, na planta e na rocha, em tudo que existe em sua particularidade.

Uma segunda linhagem, conectando a antiguidade à modernidade, seria a cristã-burguesa. Nela, se narraria a experiência filosófica de Agostinho com a vontade, a qual, preocupada com sua salvação, descobre sua incapacidade em ser senhor de si mesmo, em ser sujeito da sua espontaneidade (Arendt, 2006a, p. 143-172). Contraditoriamente, não obstante, se detalharia uma indisposição milenar em se reconhecer esta natureza indomável da contingência (Arendt, 1981, p. 2:1-217). Longa farsa na qual a ideia do Deus judaico será internalizada e a interioridade descoberta como o mais novo ponto fixo do cosmos – conforme narrou Taylor (1989) brilhantemente, sem realmente desmascará-la.

Ao distinguirmos o fato ontológico do disfarce total do particular, restaria visível a dança prática do presente, na qual poderíamos identificar, por detrás da religião e entre os mais diversos passos, muitos orientados ao se esconder, ao comunitarismo. Porém também, com o passar do tempo e a atualização do presente, notaríamos os passos de pessoas que, oscilando a beleza e a angústia do se esconder, descobrem, no afastamento particular do cristianismo, a possibilidade de se orientar para o afastamento no isolamento produtivo econômico. Pessoas estas que, ao se afastarem, simultaneamente se reaproximam para criar a economia do indivíduo produtivo econômico.

Não se trataria, ao contrário do que sugere Weber (1988), de um processo lógico de racionalização determinado pelo monoteísmo, e sim de uma prática ou oscilação de uma possibilidade que, no enfrentamento dos particulares, organiza impulsos distintos, e gera uma dedicação estética à produtividade, distinta da que se verificaria em comerciantes de outras épocas e lugares. O cristianismo como farsa não poderia condenar ninguém à produtividade econômica se apenas as pessoas pensassem logicamente a partir dos seus pressupostos; afinal, estes pressupostos, assim como a produtividade, não são fatos, porém valores efêmeros, disfarçados de absoluto. A história humana é confusa não por falta de consistência lógica das pessoas, mas por não seguir uma lógica, e porque seus processos, embora cumulativos e factuais, não determinam causalmente, porém situam a contingência. O correto, portanto, seria dizer que a possibilidade do indivíduo produtivo econômico venho a se manifestar no cristianismo não por sua lógica monoteísta, mas sim pelas tensões conflitivas que sua farsa escondia. Nos conflitos, como ensinou Weber, se estabelecia uma ética puritana que instigava a organização individual-produtiva-econômica da sociedade, tanto quanto a burguesia, ao se encontrar a si mesmo em sua posição e se deparar com a ordem compartilhada do feudalismo, optou por uma nova ordem compartilhada e parcialmente orientada ao individualismo produtivo econômico.

Esta ordem seria, então, mascarada pela absolutização do individual, ao comum oposto, conforme podemos observar na narrativa de Habermas (1990) sobre a esfera pública burguesa de indivíduos. A qual, a despeito do que pretendia o autor, nunca logrou encontrar a lógica do convencimento - que é encantamento. Porém, parcialmente mobilizou o impulso democrático, não apenas na inevitabilidade do diálogo ou na desconfiança da habilidade da monarquia gerir o espaço interindividual, mas em se deixar seduzir por ele - a ponto de não conseguir impedir o sufrágio universal, mas não de, numa era de incríveis excedentes produtivos econômicos, permitir a democracia prevalecer sobre a orientação individual produtiva ou sobre a aristocracia econômica disfarçada de meritocracia.

Uma terceira linhagem seria a do judeu. Historicamente, o povo se judeu se apresentou como o "povo escolhido por Deus". Essa farsa religiosa, certamente, escondeu ou refletiu diferentes orientações valorativas. No presente, ao ter que se atualizar na Europa que chegava à modernidade, Arendt indica que há uma ampliação da orientação para o medo e para o time, como consideramos na discussão sobre pária, bem como, para o consumismo, como contemplamos na discussão do Parvernu - sendo que "a delgada nuvem do universalismo"[104] (Arendt, 2004, p. 74) demonstrou-se, embora não exclusivamente, uma forma particular e "secularizada" de expressar a orientação comunitarista, e a "raça e o sangue", uma forma particularmente estrita, também utilizada por judeus europeus, de expressar a orientação para o time (p. 75). Quando a autora, portanto, ao observar a transformação da farsa do "povo escolhido" na do "'judeu excepcional,'" diz que "o mesmo era muito 'esclarecido' para acreditar em Deus e, em razão de sua posição excepcional, suficientemente supersticiosos para acreditar neles mesmos"[105] (p. 74),

104 Do original: "(...) the dim cloud of (...) universalism".

105 Do original: "(...) 'exception Jews', who were too 'enlightened' to believe in God and, on the grounds of their exceptional position everywhere, superstitious enough to believe in themselves".

podemos entender que, embora como ontologias ambas colocações fossem falsas, como propósito prevalecia um afastamento que, em sua aproximação, encantava distintas possibilidades, porém falhava em ser democrática, como ela gostaria. Na medida que sua observação é correta, Arendt (p. 241) valida o seu entendimento, segundo o qual os judeus europeus se colocavam como alvos fáceis dos movimentos nacionalistas e racistas, cujo propósito era justamente provar-se "povo escolhido", não porque a postura daqueles causaria o nacionalismo destes, mas porque, uma vez que não seja possível evitar a exposição da diferença que oscila em nós, a melhor e mais bonita chance que temos é se abrir democraticamente ao outro.

Observa-se como o termo indivíduo, especialmente associado à arquitetura individual-produtiva-econômica e à modernidade que a tem como central, empresta-se também à qualificação, e não meramente à descrição do inevitável afastamento, das outras arquiteturas citadas, no sentido de, do ponto de vista democrático, outras possibilidades de afastamento e aproximação serem consideradas alienantes, ou negativamente individualizantes e coisificantes, por não experimentarem ou minimizarem o apreço à beleza do congregar da pluralidade capaz de se enriquecer mutuamente. Mesmo a orientação comunitarista, que não se dedica à produção ou ao time ou ao consumo per se, e que pode se disfarçar tanto de identidade local, como de não-identidade universal, poderia ser negativamente qualificada de individualizante, uma vez que, ao invés de validar sua particularidade no mundo maior, a transforma num escudo que, pela pessoa empenhada, valida não o respeito, mas sim a obediência. Isto não significa que a democracia dualize com as demais orientações, mas sim que ela critica outras possibilidades a partir da possibilidade que manifesta – e delas requalifica os impulsos que também lhe integram, bem como, as particularidades e o impulso democrático que lhes eram presentes.

Uma quarta linhagem seria o "humanismo", "*o* amor redespertado pela Terra e pelo mundo."[106] O qual, não obstante, no enfrentamento das particularidades e constrangimentos do presente, nem sempre se atualizou democraticamente, seja na antiguidade, no renascimento ao qual a citação se refere, ou na modernidade.

A primeira atualização não-democrática que queremos destacar afluiu na direção de uma ciência e filosofia "cooptada" pela individualidade produtiva. Como coloca Arendt: "este amor pelo mundo (...) foi o primeiro a cair vítima da triunfal alienação do mundo da era moderna"[107](Arendt, 1998, p. 264). Isto é, ciência e filosofia, por um lado, vieram a participar da farsa que, ao localizar o ponto de Arquimedes na interioridade humana, duvidava com Descartes da existência do sujeito absoluto, dualizado ao objeto absoluto, (p. 274-289), os quais, de fato, inexistem, pois o que existe são pluralidades oscilantes, das quais não somos senhores, nem vassalos, porém participantes. Em outras palavras, enquanto ciência e filosofia apropriadamente reconheciam processos, relações, regularidades, inapropriadamente negavam a contingência e abdicavam do conhecimento ontológico.

Por outro lado, por mais que o interesse em conhecer a condição existencial seja, primordialmente, um fim em si mesmo, não o é isoladamente: a farsa transparecia o propósito de dedicação àquilo que o homem é capaz de fabricar ou produzir, inclusive cientificamente – seguindo o exemplo do artesão que, ao se afastar da madeira e dela se reaproximar com o serrote, impõe a ela uma nova forma (p. 289-294). Mais do que permanecer protegido, mais do que democraticamente reconhecer como a regularidade dos processos macroscópicos permite a intervenção humana nos processos naturais em favor do

---

106 Do original: "(...) new-awakened love for the earth and the world".

107 Do original: "(...) this love of the world (...) was the first to fall victim to the modern age's triumphal world alienation".

bem-estar humano, bem como, subsidia o entendimento da condição de existência que não se resume a estas regularidades, ocorria uma orientação à produtividade - a qual, ao se consolidar, representa também um novo esconderijo –, não apenas no sentido do prestar-se serviço ao resultado tecnológico, mas da própria prática acadêmica validar a si mesma em sua produtividade de correlações e ignorância.

Tragicamente, portanto, os eventos relacionados ao renascimento, no sentido de expandirem o alcance das experiências do mundo, os quais, de acordo com Arendt, se encontrariam no limiar da era moderna - as grandes navegações, o uso do telescópio por Galileu, e, mesmo, a Reforma protestante - atualizaram-se de maneira a reduzir o renascimento à produtividade, embora não exclusivamente (p. 248-273). A produtividade, por sua vez, como vimos, se atualizaria, na Europa do século XX, no nacionalismo e na conivência do comunitarismo.

A segunda atualização não-democrática desta linhagem que queremos destacar foi efetuada pela nobreza ou aristocracia, a qual, ao "emergir daquela sociedade renascentista"[108] e se encontrar institucionalmente situada no sistema estatal interindividual monárquico, "não mais tinha que representar o seu senhorio, (...), ou, ao menos, não mais primariamente"[109] (Habermas, 1990, p. 65). Liberada deste compromisso e privilégio, pôde se organizar em torno de um entusiasmo com a beleza das expressões culturais.

No que tange ao senhorio, seria interessante considerar como parte da farsa e da prática burguesa poderia ser compreendida como uma tentativa de emulá-lo no isolamento produtivo - uma reação que conserva diferentemente.

---

108 Do original: "(...) aus jener Renaissancegesellschaft hervorgeht".

109 Do original: "(...) hat nicht mehr, oder doch nicht mehr in erster Linie, eigene Herrschaft (...) zu repräsentieren".

No que tange às semelhanças entre o referido entusiasmo e a experiência da beleza do congregar em um mundo maior, notamos que: se, por um lado, este entusiasmo chegou a representar uma orientação democrática, ainda que contida – como na Grécia antiga, na qual a demanda por espaço do trabalho laboral não permitiria um compartilhamento "universal" da dignidade democrática (Arendt, 1998, p. 31); por outro lado, tratou-se da ampliação do consumismo hedonístico, a incluir também o consumo mútuo de pessoas transformadas em personalidades – como observamos ao considerar a posição e a postura do judeu europeu parvenu. Embora Arendt estivesse particularmente interessada no seu predicamento como judia, e embora ela tenha se mostrado particularmente vulnerável em sua diferença irredutível, obtemos que todos participantes da convivência dos salões da alta ou boa sociedade encontravam-se em uma situação similar quanto à experiência de reduzirem suas diferenças a elementos que poderiam ser consumidos nos salões, isto é, quanto a hostilizarem parte do seu passado e experimentarem, com a aceitação de sua personalidade, a rejeição de sua complexidade. Conectando um lado ao outro, podemos considerar como a experimentação democrática não progressista – isto é, que não antecipa e busca num futuro próximo, pela capacidade de compartilhar e expandir a produção, a equalização socioeconômica – ocasiona um sobrepeso da distinção classista, o qual a república precisa carregar e validar; oferecendo-se, assim, oportunidade e tentação à atualização consumista.

O consumismo, negativo em si mesmo sob a ótica democrática, se mostraria particularmente danoso ao se atualizar. Como sumariza Arendt (2004, p. 162): "o entusiasmo por países estranhos e estrangeiros culminou numa mensagem de fraternidade;"[110] "contudo, é

110 Do original: "This enthusiasm for strange and foreign countries culminated in the message of fraternity".

exatamente a este século criador de nações e a este país amante da humanidade [, a França revolucionária,] aos quais devemos rastrear os germes do que depois provar-se-ia o poder, destruidor de nações e aniquilador da humanidade, do racismo."[111] Colocação esta que interpretamos não no sentido de apontar para um processo determinístico, o qual a autora em seus melhores momentos rejeita, mas para indicar o dano ocasionado pelas atualizações aristocráticas do humanismo renascentista no contexto do Estado interindividual: o consumismo da "boa sociedade" tendo que enfrentar a si mesmo, bem como, a gradual perda dos seus privilégios, irá se deixar seduzir pela turba.

Diretamente, a aristocracia, dedicada ao consumo de especiarias cada vez mais exóticas e experimentando o aborrecimento que acompanha o consumir, encontrará na turba excitação adoçada por transgressão: a "sociedade, constantemente à procura do estranho, exótico e perigoso, finalmente identifica o refinado com o monstruoso"[112] (Arendt, 2004, p. 81). E isto progredirá de forma tal que, ao invés da aristocracia fornecer à turba uma alternativa – o que não poderia fazê-lo, pois tinha espaço apenas para o representante excepcionalmente rico ou temporariamente exótico –, encontraria na turba a alternativa do nacionalismo, a ser amadurecida.

Indiretamente, enquanto a aristocracia perdia "sua avidez cultural e sua curiosidade sobre 'novas espécimes de humanidade'", e preservava "seu antigo desdém pela sociedade burguesa"[113] (p. 85), ela tenta "recuperar incontestada primazia (...)" "ao negar uma ori-

111 Do original: "Yet it is this nation-creating century and humanity-loving country to which we must trace the germs of what later proved to become the nation-destroying and humanity-annihilating power of racism".

112 Do original: "(...) society, constantly on the lookout for the strange the exotic, the dangerous, finally identifies the refined with the monstrous".

113 Do original: "(...) lost its eagerness for culture and its curiosity about 'new specimens of humanity', but it retained its old scorn of bourgeois society".

gem comum, quebrar a unidade da nação e reivindicar uma distinção original"[114] (p. 162) para a classe. A farsa, muita próxima ao conceito de raça, anunciava, assim como o racismo étnico, um propósito: no caso, não do time nacional, porém da ética do mais forte. Ao precisar mobilizar a lealdade das massas, entretanto, na Alemanha será o nacionalismo – ao qual se renderam e não puderam conter – que prevalecerá e conservará, diferentemente, a superioridade praticada pela nobreza.

A ética do mais forte orgulha-se não propriamente do "privilégio [de nascimento] sem esforço individual ou mérito,"[115] como coloca Arendt (p. 72), porém retira seu "mérito" em, ao colocar-se ou encontrar-se em uma posição privilegiada, aceitá-la sem pudores e dela fazer bom proveito, de maneira que, ao se impor aos mais fracos e ao se representar, valida a si mesmo. Embora a nobreza tenha falhado em encontrar sustentação para si mesma, sua arquitetura será cooptada por representantes da nova elite econômica, os quais, mais do que se dedicarem à individualidade produtiva meritocrática e/ou ao consumismo, se dedicariam à imposição do seu poder aos mais fracos. Portanto, a aristocracia que reside atrás da farsa da meritocracia não deve ser compreendida como uma invenção do indivíduo produtivo per se, porém, como uma redescoberta e atualização, em um contexto diferente, da postura aristocrática – a qual, não podemos esquecer, pode ser mais ou menos extrema no sentido de minimizar uma preocupação autenticamente caridosa e paternalística com os subalternos, bem como, os traços da democracia.

É importante notar que, embora tenhamos usado o termo "poder" para descrever essa orientação valorativa, ele é usado como um

---

114 Do original: "to regain uncontested primacy", "(...) deny a common origin with the French people, break up the unity of the nation and claim an original".

115 Do original: "(...) privilege without individual effort and merit".

disfarce, visto que o poder ocorre na manifestação espontânea dos valores nos processos, jamais pertence à pessoa como indivíduo. Tendo-se em vista a farsa, é irônico que os "mais fortes" tenham que escrever livros de "autoajuda" para convencerem os "mais fortes", que obviamente não o são – são fortes e fracos como qualquer pessoa –, a se portarem em acordo com as recomendações de uma apresentação específica da força. Entretanto, tendo-se em vista o propósito, não importa a força ou o poder não representar um absoluto, pois basta ao "forte" praticar a hostilização do outro em si mesmo, conforme definimos.

Ainda relacionado aos processos de atualização do hedonismo aristocrático, convém notar como o consumismo, ao se integrar ao sistema econômico produtivo, troca o sobrepeso classista pela, inversamente equivalente, subleveza do consumo popular ou pop. De tal maneira que, à democracia, que compartilha com eles – embora diferentemente – uma apreciação das expressões culturais, restaria o desafio de encontrar o seu peso adequado: não o peso absolutamente adequado e equilibrado, porém particularmente apropriado e esteticamente validado em sua proposta de receber – parcialmente em seu encontrar parcial – a pessoa em sua complexidade, ao invés de reduzi-la a uma "essência" de consumo fácil.

Ao contrário do que parece a muitos autores, receber democraticamente a pessoa em sua complexidade não implica a oposição dualística do público ao privado, ou do exterior ao interior. Correto seria partimos do entendimento segundo o qual tudo que se manifesta em nós, em sua espontaneidade, é direcionado para fora da lacuna do limite da tensão dos conflitos e para dentro da existência compartilhada. Estabelecendo-se, assim, nossas inserções – simultaneamente includentes e excludentes – em diversos grupos, recortados por diversos momentos, e caracterizados por diversas práticas "íntimas" de aproximação e afastamento. Precisamente, o que não faz sentido é a tentativa de isolar arquimedianamente o ponto da exposição indevida da interioridade, a qual não existe pois é sempre manifestação exterior e cujo sentido ocorre não isoladamente, mas no conjunto das relações.

Exemplificam esta tentativa autores diversos, como: Sennett (1996) no *The Fall of Public Man*, ao criticar a improvisação nas artes e ao requisitar o uso de vestimentas padronizantes no espaço público; Horkheimer e Adorno (1989), ao criticarem a informalidade de tratamento nos Estados Unidos, o jazz e a indústria cultural de maneira geral; Habermas (1990) da *Mudança Estrutural da Esfera Pública Burguesa*, ao se deixar seduzir e iludir pela apresentanção engravatada dos burgueses ingleses, os quais pretendiam fixar suas oscilações estéticas como racionalidade, possuída pelo indíviduo produtivo econômico. E, também, Arendt (1998), a qual confundiu o correto desmascaramento da subjetividade pretendida como ponto arquimediano com o isolamento igualmente arquimediano da política.

De acordo com a autora, a política seria oposta às artes, ainda que sua natureza seja estética; seria oposta à família ainda que, sem contradizer as particularidades protetivas e íntimas desta, qualquer agrupamento seja político por definição. A política não teria espaço para a manifestação de vulnerabilidades, especialmente as econômicas, o que não apenas, por detrás de uma pretensão falaciosa de verdade, já é uma decisão política, mas representa justamente – entre outros passos – a redução da pessoa a uma essência palatável a um público específico – Pitkin (1981) caracteriza-o como machista. De fato, o caso de Arendt é exemplar: ela crítica o conceito de gênio como uma coisificação da pessoa, porém termina, em alguns momentos, com sua noção de herói igualmente coisificada.

Sem entrar em detalhes, o que nos interessa aqui é notar como a farsa do desmascaramento das complexidades exteriores, isto é, a busca pela autenticidade interior que inexiste, equivale à farsa do método do mascaramento público, isto é, à busca pelo ponto arquimediano da razão pública. Em ambos os casos, transparecem, embora não exclusivamente – outras arquiteturas certamente também se manifestam –, o propósito da redução das pessoas a uma essência mais palatável, seja aristocramente, seja popularmente.

Simplificadamente, poderíamos exemplificar dizendo que o problema não está em assistir televisão ou mesmo em assistir qualquer programa específico, mas em como e porque ele é assistido. Assim sendo, Habermas, que identificou relevância política nos intercâmbios de pessoas interessadas em literatura, estava mais correto do que Arendt, a qual desenvolveu uma ojeriza às artes, visto que elas na Alemanha provaram-se consumistas e não-democráticas – muito embora, ela e não Habermas tenha se aproximado de um entendimento estético da política.

De um ponto de vista analítico, portanto, o que nos cabe é considerar como as várias expressões de diferença das pessoas, nos vários grupos e momentos, são praticadas, interagindo e organizando-se. No cenário de uma relação, isto é, de um conflito, qualquer que seja, perguntaríamos: há um enrequecimento mútuo que advém da oferta de dignidade, de tal maneira que a relação se validaria perante a dignidade do congregar no mundo maior? O que se aplica não no sentido de determinar a publicitização de uma intimidade qualquer, mas em se reconhecer que a ação dignifica-se a si mesma, isto é, declara-se a si mesma ou manifesta quem é perante a existência, imortaliza-se ao mortalizar-se. O que se aplica mesmo que a relação represente um fracasso, uma traição. Mesmo que represente ações correntes que, ao serem discutidas em abstrato, inclusive recriminadas, não se prestem, por exemplo, para avaliar ou desqualificar um político. O que se aplica a nossa maneira de receber os outros em suas complexidades, diferenças, imperfeições e erros.

Finalmente, como uma das muitas entrelaçadas linhagens do indivíduo, devemos passar pelo romantismo. Por meio de Kant, que se dispôs a conciliar a dualidade posta pela modernidade entre racionalismo e empirismo, o romantismo herda a importante problematização da verdade da produtividade econômica, bem como, a farsa da interioridade como referência arquimediana, que, ao invés de reconhecer a condição de finitude e praticá-la ao longo das suas demais dimensões de espontaneidade, dualiza e absolutiza ética e estética, tanto quanto ética e ciência. Sabemos que essa farsa mascara orientações valorativas, entre elas, algo da democracia, mas também, como vimos na discussão sobre o pária, do intelectualismo que se esconde. Não queremos considerar aqui como o romantismo reaplica a farsa dialética que tenta conciliar o que já era conciliado no absoluto inexistente, ou como a repetida farsa da busca pela autenticidade interior passa a encontrar não mais diretamente o universal, porém a essência comunitária que seria a manifestação do absoluto. Nos interessa considerar o que se desdobra por trás das farsas, ou aquilo que nelas transparece como propósito: mais uma vez observar o conservar que modifica e o modificar que conserva, de maneira a encontrar não a lógica da opressão ou da emancipação, porém a responsabilidade do presente em se manifestar.

É em função da diversidade de práticas, disfarçadas pela mesma pretensão de verdade, que Arendt tem no romantismo alemão parte de sua herança, a qual a inspirou democraticamente, ao mesmo tempo em que a autora rejeita e critica nele passos outros. E é assim que compreendemos sua crítica ao romantismo, o qual, ao criticar o produtivismo, ao invés de se renovar democraticamente, transforma o kantianismo medroso – em si mesmo, simultaneamente pertencente e problematizador do individualismo produtivo – em "idolatria da personalidade do indivíduo"[116] (Arendt, 2004, p. 168), no consumismo que antecedeu e acompanhou o nacionalismo.

Enquanto o pequeno burguês e o trabalhador questionam o valor da individualidade produtiva econômica, o pária, intelectual e artista, escondido nas cavernas da contemplação do universal e do natural, supostamente acessadas pela razão do seu intelecto, se encontraria fortemente tentado a consumir a si mesmo – ou, alternativamente, impor-se a si mesmo – na medida em que rejeita a caverna e descobre interesse pelas expressões culturais. Frente ao aborrecimento de sua prática, a orientação ao consumo terá que se atualizar: como vimos no caso da aristocracia, a arte – a qual não é inerentemente boa, assim como não é a política – encontrará a transgressão da turba. Ao invés de seduzi-la, será seduzido pela ordem dela.

Anos depois haverá novas tentativas – críticas à farsa do indivíduo e à prática do individualismo produtivo – de fundamentar o propósito democrático na suposta vinculação da verdade da autenticidade interior com a verdade da inclusão comunitária. O que ocorre, por exemplo, em Taylor (1992; Taylor & Gutmann, 1994), ou em Honneth (Fraser & Honneth, 2003), possivelmente temperado pelo comunitarismo – outras tentativas fundamentadas na "vida", temperadas pelo consumismo e pelo poder se impor, mencionaremos depois. Os dois autores falham em reconhecer que a prática não se fundamenta, não se deduz ou revela, se responsabiliza; colocando-se à república o desafio de reorganizar o afastar-se e o aproximar-se, inevitável, de praticar espontaneamente o conflito em sua imperfeição e novamente seduzir.

No momento mais trágico da modernidade venceu a ordem da turba, o time nacional. Turba esta que, ao experimentar a unidade na exclusão, deixou-se seduzir por ela. Em outras palavras, os

116 Do original: "(...) idolization of the personality of the individual".

párias, acomodados por séculos, ao se encontrarem em um contexto de preponderância do indivíduo econômico – o qual, ao experimentar o afastamento da ordem feudal, deixou-se seduzir pelo isolamento produtivo –, converteram-se na turba, capaz tanto de impor violentamente sua ordem como de encontrar adesão. A qual, antes de deixar sua marca na história da Alemanha (e da Rússia), converteu o que poderia ter sido um momento de preponderância da democracia no terror que prevaleceu (Arendt, 2006c, p. 21-60) por detrás da pretensão falaciosa da revolução francesa. De fato, por detrás da farsa de qualquer revolução existe apenas mudança ao conservar, rompimento ao continuar. O que se manifesta agora?

Essas são histórias não de indivíduos, mas de pessoas como eu e você. Não nos cabe inverter a farsa e falar de verdade ou lógica da opressão, não nos cabe negar ou possuir a contingência, cabe-nos desmascarar absolutos que não a condição de finitude e estetizar possibilidades. Arendt, como mencionamos, sucumbira ao equívoco do absoluto, além de nem sempre ser fiel ao seu propósito democrático; antes, entretanto, de contar a história do indivíduo que perde sua espontaneidade e deixa de ser pessoa – o que fez sem admitir –, reconheceu, ao tratar de Rahel Varnahagen (1974), como esta pessoa particular pôde somente se vender aos salões da época na medida em que permaneceu tensionada e vulnerável em sua diferença, tensionada e vulnerável a tornar-se diferente. Aquilo que nos ameaça, eis a esperança – ou "fundamento" – dos nossos valores: "a capacidade humana de recomeçar", a natalidade literalmente encarnada no corpo feminino (Arendt, 1998, p. 9).

Transição III: Modernidade

Reconhecer a unicidade da posição da modernidade não implica que ela seja absolutamente diferente. Não apenas ela é forçada a se atualizar na tensão dos conflitos entre as pessoas; também, em função desta mesma condição, não se coloca como um bloco monolítico na história da racionalização ou progresso, ou, inversamente, da danação da humanidade. A comensurabilidade plena da emancipação é simultânea à incomensurabilidade plena da opressão apenas como farsa: a ordem da modernidade é, como qualquer outra, a ordem da desordem dos conflitos. Tentar encontrar a razão de ser da modernidade é tentar achar a razão de ser da espontaneidade que oscila nos limites das finitudes a se chocarem. A modernidade certamente não ocorre no vazio, porém, ao ocorrer nos processos conflitivos, representa o rumo aberto pela acumulação de descontroles.

Frente às narrativas triunfalmente monolíticas da modernidade (R. Inglehart & Welzel, 2005), além de obviamente lembrarmos da possibilidade do fascismo e do totalitarismo, ressaltaríamos que, se, por um lado, a democracia eventual se beneficiou e se beneficia da produtividade econômica eventual, por outro lado, ela é prejudicada pela segunda – colocando-se, inclusive, como uma alternativa para o incluir e o excluir produtivista de comunidades menos tecnológicas e urbanizadas. Se a democracia tende a favorecer o reconhecimento da condição de existência ao acolher este conhecimento como parte da beleza do congregar no mundo maior, a ciência, entretanto, pode praticar a condição sem reconhecê-la, disfarçando no mascarar da contingência uma orientação arbitrária à produtividade, enquanto é efetiva em produzir tecnologia.

Se, de diferentes maneiras, nos diferentes contextos políticos-econômico-tecnológicos, estabeleceram-se ou estabelecem-se sobreposições da produtividade econômica com a governança democrática – as quais eventualmente viabilizaram a parcial universalização da posição do servo-assalariado e do indivíduo-econômico-produtivo, tanto quanto do cidadão –, bem como, com a criatividade e iniciativa favorecida pela república, capaz de enriquecer cultural e economicamente – sobreposições que, até certo ponto, são inevitáveis, uma vez que diferentes arquiteturas organizam impulsos que temos em comum –, a direção de uma sociedade e economia produtiva meritocrática é, não obstante, diferente da direção de um reino da aristocracia econômica, diferente da direção de um comunitarismo obediente à maximização da produtividade econômica, diferente da direção da transgressão consumista como fim em si mesmo, diferente de um time unido e mobilizado na exclusão. Assim como é diferente da direção de uma república que produz, consome, oferece espaço e cuida sob a perspectiva da beleza do enriquecer e se enriquecer no encontrar no mundo maior.

O que seremos depende parcialmente do que somos agora, mas independe das máscaras de nossas vãs pretensões, de nosso fatos e normas absolutas.

Ética I: Realismos e Modernismos

Não há atalhos ou garantias para o recomeçar, seja no idealismo ou normativismo moderno, seja no realismo ou produtivismo moderno, nem em Kant ou em Hobbes, nem em qualquer tentativa de roubar do presente sua responsabilidade, jamais absoluta, porém limitada e oscilante nas tensões dos conflitos. No estudo da política, especificamente, a farsa da razão normativa corresponde inversamente à farsa da razão factualista, projetada como a capacidade do indivíduo produtivo produzir resultados capazes de comandar e controlar a realidade.

Embora a apresentação moderna seja, obviamente, específica à modernidade, Arendt localiza antecedentes da farsa do realismo justamente no idealismo de Platão: seria ao filósofo, afinal, aquele capaz de encontrar "sob o céu das ideias (...) a essência verdadeira de tudo que é"[117] (Arendt, 1998, p. 75), a quem caberia como rei

117 Do original: "(...) under the sky of ideas (...) the true essences of everything that is".

moldar a cidade, sujeitá-la à verdade, protegê-la e a ela impor a ordem como o patriarca protege sua família e ordena aos seus escravos (p. 222-227). É-nos assim fácil perceber como a farsa se dissolve no duplo propósito do cuidado e imposição patriarcal. Se houvera momentos nos quais o filósofo, por detrás da farsa da contemplação da eternidade, ao não regressar à cidade para levantar louvores imortais à pluralidade, se orientava para a beleza do se esconder e se manter conivente, com Platão ele descobre a possibilidade de gozar do poder se impor enquanto permanece escondido.

Explica-se. Visto que é inerente à arquitetura comunitarista a obediência como modo de vida, faz-se necessário a configuração de cadeias de comandos validadas em si mesmas, as quais podem permanecer difusas – não necessariamente menos cruéis – quando os grupos são pequenos, mas tendem a gerar nódulos na medida que o grupo cresce, estabelecendo-se a divisão entre minorias que comandam e maiorias que obedecem. Enquanto ambos se beneficiam desta orientação para o grupo como a experiência da beleza da covardia que se esconde, postulando obediência e comando como modo de vida, a minoria experimenta também os benefícios do poder se impor. Embora a experiência desse benefício possa vir a se desdobrar na perda do interesse da elite em proteger e ser protegido – e, por conseguinte, também de algo do comprometimento democrático com o particular, o qual permanecia e lutava pelo direito de dar sentido à proteção, caracterizando-se nestas perdas um regime tirânico – não necessariamente desdobra assim. Não precisamos, portanto, duvidar da motivação – a qual Arendt (2006a, p. 107) chamou de patriótica, porém mais corretamente chamaríamos de patriarcal – de Platão em achar uma solução (Arendt, 1998, p. 221) para a exposição da diferença que veio a custar a Sócrates a sua vida, quando o *demos* que regia a cidade, escandalizado pelas falas do filósofo, traiu a possibilidade da beleza de sua pluralidade, e cobrou de Sócrates a sentença máxima.

Se, entretanto, a orientação de Platão para o comunitarismo, além de para seu próprio poder de imposição, era sincera; pretendê-la solução da contingência era falacioso. Não apenas porque ao assumir a posição de rei ele necessariamente criminalizaria outras diferenças, e não exclusivamente o assassinato de filósofos, mas principalmente porque seu governo não teria a capacidade de congelar os passados e controlar o futuro, durante a sua vida e após a sua morte. A espontaneidade continuaria descontrolada e apenas ela poderia renovar a si mesma ao conservar na mudança. Em que pese seus métodos despóticos, por mais que se valesse estrategicamente da violência, ele teria que novamente convencer, oferecer espontaneidade para colher espontaneidade. E, na medida em que a possibilidade e o risco trazido pela democracia ficassem mais distantes, mais desconhecidos, embora jamais absolutamente, ele se descobriria a si mesmo diferente, não mais o poderoso que também era protetor, porém o tirano que, anteriormente movido de amor por Sócrates e honra patriarcal, em ser forçado a viver no presente, tornou-se aquilo que não poderia ter previsto, matou muito mais do que salvou. Ironicamente, mobilizaria a mesma orientação para o medo que, crescendo dentro da república, possivelmente explicaria a condenação do seu amigo – outra explicação seria a formação inicial de um time.

No caso da modernidade, quando, no contexto do Estado interindividual, invocou-se a orientação comunitarista, esta, ao ter que responder ao presente, não se provou um freio para os crimes mais horrendos do século XX, porém se mostrou um disfarce para o surgimento do nacionalismo, tanto quanto o impulsionou, no praticar da obediência serviçal, para além dos constrangimentos do fascismo. Em suma, Platão poderia sim optar pelo patriarcalismo como fim em si mesmo, validado em sua própria beleza, porém não como uma maneira mais eficiente, mais realista de evitar o risco daquilo que é espontâneo, de salvar Sócrates. Embora teoricamente lhe fosse possível encontrar uma estabilidade não tirânica e não nazista, na medida em que perdesse força o tempero democrático – capaz de validar a particularidade no congregar com as outras, sem, entretanto, eliminar o risco do presente –, a orientação para a obediência se encontraria mais vulnerável a servir qualquer mestre e executar qualquer ordem.

Ironicamente, enquanto Platão inventa a farsa da "outra vida de recompensas e punições"[118] (Arendt, 1981, p. 1:180) como um mecanismo de controle, ele mascara a atualização da sua própria orientação valorativa com outra farsa – seu idealismo inversamente realista – a qual ele não reconhece como tal. Ignora como sua confiança política no uso do medo somente funcionaria se, inicialmente, já prevalecesse uma orientação para o medo, isto é, para o se esconder atrás de um escudo, e com ele se ocupar, de tal maneira que às palavras do monarca seria atribuída legitimidade, não por serem verdadeiras, mas por simplificarem, protegerem da exposição – importam não os termos da farsa, e sim esta proteção.

Muitos judeus europeus ricos – os parvenus – também acreditaram que poderiam controlar o futuro e assegurarem sua assimilação ao se oferecerem como essências ao consumismo da alta sociedade. Eles se consideravam realistas: reconheciam que estavam na Europa e não mais em Israel, deveriam se assimilar. Ignoravam que o antissemitismo de outrora teria que se atualizar e responder aos tempos e que, ao assim procederem, em busca de privilégios, facilitavam e incentivavam a experiência da unidade na exclusão, que, ao ganhar força, poderia se voltar contra eles (Arendt, 2004, p. 61-67,128).

Quando Arendt diz que "um pária permanece (...) nada mais que um parvenu, que [ele][119] não poderia escapar a sua posição in-

118 Do original: "(...) hereafter of rewards and punishments".

119 No original: "ela", em referência a Rahel.

toleravelmente exposta"[120] (Arendt, 1974, p. 210), podemos entender o seguinte, à luz do que elaboramos até aqui. O pária, no sentido daquele que preserva uma diferença - ou seja, todos nós -, não poderia, ao buscar assimilação, ser mais do que um parvenu, no sentido de uma farsa. Falaciosa, entretanto, não era a busca por uma inclusão não-democrática, a qual, vista desde a experiência democrática, parece vazia; era a pretensão por parte das pessoas que os passados poderiam ser apagados, a diferença nulificada e o futuro controlado, que a inclusão e a exclusão poderiam ser totais. Os judeus europeus permanecerão diferente - não porque eles são especiais, mas porque eles compartilham da condição humana. Assim, eles não apenas permanecerão expostos às vibrações das tensões do incluir e excluir, mas correrão maiores riscos por herdarem uma posição especialmente desvantajosa, enquanto - muitos deles - abdicam da oportunidade de oferecer aos demais excluídos uma arquitetura capaz de incluí-los, capaz de manter "os fortes laços de piedosa esperança que tinha atado Israel ao resto da humanidade"[121] (Arendt, 2004, p. 74).

Quando a aristocracia aborrecida pelo consumismo descobre, com as massas, a experiência da turba, os judeus europeus - muitos dos quais haviam se vendido como especiarias em busca de privilégios, ou, alternativamente, se escondido, isto é, por séculos lidado com o antissemitismo sem buscar uma inclusão democrática - descobrem-se como o grande alvo da exclusão do time. É, pois, neste sentido, em ser uma arquitetura que oferece ao excluídos uma possibilidade além do descaso e domínio das elites, que a democracia, em seu inevitável risco e imperfeição, não é apenas do nosso ponto de vista a mais bela alternativa: é a melhor estratégia no longo prazo

---

120 Do original: "(...) that a pariah remained (...) nothing but a parvenu, that she could not escape her intolerably exposed position".

121 Do original: "(...) the strong bonds of pious hope which had tied Israel to the rest of mankind".

para se combater o risco da maioria se levantar contra sua diferença inevitável, ao menos para aquela diferença capaz de parcialmente congregar no mundo maior – ou, alternativamente, para se dificultar que as minorias façam o mesmo com a conivência da maioria.

Este fato, entretanto, não deixara os judeus europeus de então com apenas uma opção racional, deixara-os com possibilidades. Poderiam optar pela assimilação – fosse ela ao consumismo, ao time, ao individualismo produtivo ou ao comunitarismo –, mas não pelo realismo, não pela segurança e inclusão como um projeto neutro no qual importaria apenas o resultado final, assegurado: serem reconhecidos como nacional que já são. Caso assim proceda, "o parvenu irá sempre descobrir que aquilo que ele se tornou é basicamente algo que ele não queria se tornar, pois ele não poderia tê-lo desejado"[122] (Arendt, 1974, p. 209). Isto é, enquanto ele se ilude com o que o futuro deveria ser, com a farsa segundo a qual o realismo seria capaz de entregar o reconhecimento da sua nacionalidade europeia, importa o que ele pratica, importa como ele responde ao presente que o chama, como ele deixa se incluir não ao passado que desejava conservar, mas à mudança na conservação. Não é propriamente que "ele não poderia possivelmente ver aonde este anseio o levaria", pois ele poderia sim estar ciente do que estava praticando por detrás de sua farsa e conhecer os riscos, embora não pudesse seguramente antecipar quais seriam os rumos tomados por ele próprio e pela Alemanha. Em todo caso, na medida em que engana a si mesmo, ele certamente irá se surpreender quando finalmente encarar sua prática concreta, aquilo que se tornou. E, neste momento, ele terá que novamente se atualizar, responder a qual inclusão e exclusão ela permitirá ser aderido: na ocasião mais absurda de sua

122 Do original: "The parvenu will always discover that what he has become is something he basically did not want to become, for he could not have wished it".

vida, ele terá que optar entre abdicar da assimilação não-democrática e – em nome dela – afirmar o antissemitismo, cujo alto preço é a traição dos seus e de si mesmo.

Também aqueles judeus europeus que cooperaram com extermínio dos seus colegas de passado por motivos puramente estratégicos, para evitar sua morte imediata ou para tentar "evitar consequências mais sérias do que aquelas que resultaram"[123] (Arendt, 2006b, c. 6), ao serem coniventes no presente, falharam drasticamente.

Essas considerações ilustram e se aplicam ao realismo moderno, e, especialmente, à ética moderna de resultados, tanto quanto se aplicaram, inversamente, a seu par normativo. Não é possível controlar o futuro, como quer o realismo; não é possível se esconder no passado primordial, como quer o normativismo; a pergunta que nos acomete novamente é: em qual propósito se dissolve a farsa? Se queremos entender a ação, não nos interessa a pretensão em fugir do presente, em escapar da validação na momentaneidade e situacionalidade da temporalidade e do espaçamento, interessa o que se pratica agora.

Foi esta a nossa intenção em brevemente recapitular as várias linhagens do indivíduo: observar como há responsabilidade porque o presente ocorre ao oscilar espontaneamente na tensão dos conflitos, ocorre sem dono. Se responsabilidade não é a capacidade do indivíduo normativo fugir do presente e se esconder atrás da norma primordial, não é igualmente a capacidade do indivíduo instrumental fugir do presente e se esconder atrás do resultado derradeiro. Ambas as pretensões são falaciosas e se dissolvem naquilo que a pessoa é agora, ao responder agora às circunstâncias em que se reconhece como pessoa.

Responsabilidade não é algo que podemos optar por possuir ou não, não é inversamente algo que assistimos ocorrer fatalistamente, é

123 Do original: "(...) avert consequences more serious than those which resulted".

como ocorremos agora, neste instante que oscilamos, no qual já nos importarmos, que somos sem dono. Não é técnica de conscientização, nem negação da intencionalidade, é a descrição de uma condição na qual o evento importa, pois não é automático. Responsabilidade é a contingência ou a espontaneidade presentemente situada; somos sua manifestação, a oscilação da diferença. É a manifestação do presente em sua possibilidade nas tensões dos conflitos.

Nos atordoa tentar abraçar com palavras nossa própria espontaneidade, tanto que tendemos a tentar domesticá-la ao reduzi-la à posse que permanece à disposição do sujeito – a grande sabedoria do modernismo –, ou, uma vez que reconheçamos a impossibilidade do sujeito se adiantar ao predicado, ao fatalismo e niilismo projetados na observação dos processos linguísticos e de poder – a grande sabedoria do pós-modernismo, o qual (re)seculariza a grande sabedoria cristã da predestinação, previamente já secularizada como progresso. Esta incoerência, na qual o determinado reconhece e confronta seu determinismo, ao se preservar no pensamento pós-moderno, ainda que com uma ênfase diferente, mantém também, ainda que nas entrelinhas, um projeto total de emancipação, capaz não de solucionar este falso dilema, porém apenas de inverter o absoluto em suas dualidades inexistentes, por exemplo, da presença à ausência, no caso de Heidegger, da impotência da vontade à potência total que lhe seria anterior, no caso de Nietzsche. O fato é que modernismo e pós-modernismo são os dois lados da mesma farsa: em sua falsidade, ocupam-se em inverter emancipação total, posse de algum soberano, e opressão fatalista, posta pela presença da soberania.

Ninguém melhor do que Arendt ilustra criticamente esta "dialética". Não obstante, ela, que brilhantemente desmascara ou desconstrói idealismos e realismos da antiguidade e da modernidade, assim como desmascara a pretensão de ambos os autores previamente mencionados (Arendt, 1981, p. 158-194), presta-se, como vimos, à construção do "idiota da modernidade", análogo "ao idiota da antiguidade" da caverna de Platão. Quando a acusam de fatalismo, ela reclama e lembra seus críticos de sua equivocada e incoerente crença na capacidade do sujeito possuir a responsabilidade ou pensamento como instrumento que asseguraria a emancipação – ao invés de caracterizar a tensão dos conflitos na qual oscila a espontaneidade do presente. Como resultado, o julgar que é prática de composição do presente, aquilo que poderia ter sido porque é agora e abre uma possibilidades para o futuro, será confundido com um método de justificação de punição do passado que não é mais, que, uma vez que tenha sido, foi o que poderia ter sido (Arendt, 2006b, *postscript*).

Aqui, entretanto, queremos apenas retirar o conhecimento de que, à revelia do que pretendiam os nobres culturalmente e os burgueses economicamente, à revelia do que pretendiam os racionalistas da pureza normativamente e os racionalistas da esperteza estrategicamente, à revelia do que pretendiam os modernistas e repetiam inversamente os pós-modernistas, ninguém pode possuir sua diferença ou por ela ser possuída, isentar-se da realidade ou controlá-la ao conhecer sua verdade: podemos apenas praticá-la e manifestar quem somos contingentemente no presente. Aqui, queremos apenas notar como o indivíduo que promete viver de mudança, seja para se assimilar, seja para realizar o derradeiro como a inversão do primordial, é forçado a compartilhar a existência com outros, e, na relação com eles, sem poder ser soberano de si mesmo, manifestar quem é. Qual sociedade está a se construir com ele? Qual sociedade está a se construir conosco? Ao manifestarmos quem somos na ação, cuidamos de nós e cuidamos da realidade.

O valor, em sua possibilidade, não é norma impotente, nem fato onipotente: é a prática do que pode ser agora. Nas palavras de Arendt (Arendt, 2007, p. 296): "tanto o realismo de um como o idealismo do outro são hoje utópicos"[124] – não apenas no hoje dos judeus europeus perseguidos, no hoje do agora são sempre farsas. "Quem é você?"[125] (Arendt, 1998, p. 178) É esta a pergunta que nos efetiva por detrás das máscaras, que enxerga nossa face natural e artificial desnuda, que nos toca porque já nos importamos, porque já pensamos, mesmo que não possamos nos antecipar à espontaneidade que responderá agora e depois novamente. O fato que não somos sujeito de objetos e, ao mesmo tempo, podemos observar nossa própria condição acontecer, não nos nega nem nos fixa ao reverso como espelho do absoluto, permite-nos ser, importar-se e cuidar.

Ética II: Gingado e Cuidado

Assim sintetiza Arendt nossa discussão na subseção anterior: "a manifestação do 'quem' (...) está implícita em tudo que [dizemos e fazemos[126]],[127]" "não se realiza como um propósito premeditado, como se [possuíssemos e pudéssemos[128]] dispor deste 'quem'[129]" (p. 179). Este conhecimento, ao nos destituir da pretensão do realismo, espelho invertido do idealismo, nos deixa com o reconhecimento da situação que já era efetiva, mesmo quando não a reconhecíamos. Não nos deixa com a resposta abstratamente definitiva em como empenhar o valor, apenas com a ciência de que, sem podermos nos isentar no passado e no futuro, nossas espontaneidades – as quais podemos

124 Do original: "Both the realism of the one and the idealism of the other are today utopian".

125 Do original: "Who are you?"

126 No original: "que alguém diz e faz".

127 Do original: "This disclosure of 'who' (...) is implicit in everything somebody says and does".

128 No original: "alguém possuísse e pudesse".

129 Do original: "Its disclosure can almost never be achieved as a wilful purpose, as though one possessed and could dispose of this 'who'".

mutuamente cutucar ou provocar nos embates, jamais impor racionalmente – são responsáveis pelo presente, e apenas por ele: cuidar do futuro e cuidar do passado é cuidar do agora. O valor não existe a priori e então deduz sua ação estética ou estratégica a posteriori: existe em sua atualização prática simultaneamente estética e estratégica, dá-se no recomeçar que fatalmente terá que (re)recomeçar e re-manifestar seu caráter frente às circunstâncias, nas tensões dos conflitos. Passos certos e passos errados são passos particulares.

Prejudica a república cidadãos se parabenizarem pelo seu suposto realismo ou pragmatismo, uma vez que a farsa deste disfarce tende a mascarar a corrupção ou conversão da democracia numa outra orientação valorativa. Em outras palavras, se não podemos assegurar o futuro, se existimos apenas agora – na lacuna do limite do tempo e do espaço, na atual tensão dos conflitos, jamais depois de amanhã –, se a realidade ocorre apenas agora, então, o suposto comprometimento com o resultado, o entendimento segundo o qual os fins justificariam os meios, mascara outras orientações presentes. Como a do time que ressignifica o ato criminoso, tendo como padrão de referência a orientação para a unidade e superioridade na exclusão, ou da pessoa que se orienta para o prazer em se impor aos outros, talvez para a produção de resultados numa competição entre máfias que emulam a competição entre empresas e, para tanto, estabelecem parâmetros meritocráticos escusos, ou, ainda, simplesmente para ganhar dinheiro e status e consumir, enquanto avança os interesses da aristocracia econômica. São por estas manifestações que Arendt tem razão em culpar as ideologias modernas: assim como Platão não poderia reverter o risco que acomete a espontaneidade, apenas mascarar sua orientação estética para um praticar não-democrático, a ética de resultados é a farsa moderna, a qual não se importa em corromper a república, legalmente ou ilegalmente, pois já está jogando outro jogo.

Podemos dizer, portanto, que o pragmatismo, que em nome da república cega a si mesmo, isto é, falha em recuperar seu balanço ao recomeçar, não mais age pragmaticamente em prol da república, embora continue a atuar estrategicamente enquanto esteticamente se orienta para um outro valor. Como resultado, ao suposto pragmático corromper a si mesmo e seu valor, no sentido de convertê-lo noutro que igualmente não pode anular o risco, o original perde em atualidade, perde em experimentação, perde sua tração na realidade – pelo menos na representação do pragmático. De maneira que, visto que existimos no presente e desconhecemos os resultados, não é apenas bom princípio estar disposto a perder a batalha e preservar sua alma – isto é, preservar quem você é naquilo que evita praticar –, é bom negócio. Ou, em outras palavras, como podemos parafrasear de Kant: não faça na guerra aquilo que lhe impedirá governar em sua paz. Essa recomendação, claro, não implica nada fora das circunstâncias em que o valor terá que optar em como agir, bem como, não convence ninguém a adotar valor algum, apenas narra a existência que se desdobra sem narrador.

Prejudica a república cidadãos se parabenizarem pelo seu idealismo, uma vez que a farsa deste disfarce tende a mascarar, como observamos na discussão sobre o pária, a corrupção ou conversão da democracia na orientação para o medo, para o universal como uma caverna particular. Ideologia esta que, enquanto possivelmente abdica da ação repressora própria ao time, agindo por sua unidade e superioridade, não obstante, é conivente com os rumos da realidade. A ação ideológica purificada de toda realidade, em nome do derradeiro ou do primordial, caracteriza um suposto lavar das mãos que permanecem sujas, porém ocupadas e validadas em sua obediência a normas vazias, inversamente obediente à ordem estabelecida. Assim como os gregos antigos não poderiam realmente contemplar o eterno, apenas em sua angústia interferir em favor da república, ou, alternativamente, mascarar sua particular maneira de ser conivente com os rumos da cidade, a ética das normas é a farsa moderna, que não se importa em corromper a república, pois já está jogando outro jogo.

Podemos dizer, portanto, que o idealismo, que em nome da república cega a si mesmo, isto é, falha em recuperar seu balanço ao recomeçar, não mais age esteticamente em prol da república, embora continue a atuar esteticamente em prol de outro valor que igualmente demanda estratégia. Como resultado, ao suposto idealismo corromper a si mesmo e seu valor, no sentido de convertê-lo noutro, o original perde em atualidade, perde em experimentação, perde sua tração da realidade – pelo menos na representação do idealista.

Este desenlace se manifesta na abdicação do ouvir adequado ao falar democrático. É preferível, pois, portar-se como o fariseu que prega para o convertido, não mais à democracia e sim à obediência, à covardia do time. É preferível validar sua própria santidade e passivamente hostilizar a diferença que desagrada a ampliar sua exposição e "humanizar-se", ou, melhor, democratizar-se ao democratizar o outro que lhe machucou, e a qual inversamente protege – estrategicamente o erro aqui seria focar a mobilização do convertido no curto prazo e perder o longo. Ao não se expor, já se transformou, já perdeu a exposição.

Manifesta-se, também, numa incapacidade de se aliar para ganhar pleitos e de cooperar momentaneamente naquilo que seria melhor e é possível. Ou, dito de outra maneira, manifesta-se numa farsa que pretende desconsiderar o presente em favor das contradições que entregariam o futuro e que se dissolve na desconfiança da própria capacidade de agir – estética e estrategicamente – numa república imperfeita sem deixar-se corromper. Paradoxalmente, já corrompido pelo medo, encontra abrigo nele. A grande ironia desta inversão do comunitarismo – do se incluir no status quo ao se excluir – coloca que, quanto mais alto gritamos, mais nos calamos.

Em todos estes casos, o idealista, ao invés de acenar ao pecador, prefere abraçar o diabo, pois este lhe oferece cobertura. Em todos estes casos, o bom negócio para a atualidade dos valores – e consequentemente da república – é praticar o princípio democrático do diálogo, seja diretamente durante a conversa, seja indiretamente quando devemos pelo bem da conversa, a ser novamente atualizada democraticamente, negociar sua interrupção e tomada de decisão não ideal e amanhã recomeçarmos.

Isto não implica que, em sendo estética e estratégia simultâneas e relacionadas, elas seriam equivalentes. Mesmo a ideologia, por exemplo, que assume a repressão não como estratégia para, digamos, interromper um assassinato, porém a pratica esteticamente como fim em si mesmo – o outro a qual exclui, por princípio, deve ser violentado –, ao não evitar a corrupção que a estratégia pode vir a representar em se transformar na orientação valorativa para o time, terá que, enquanto tal, tomar decisões estratégicas e não meramente esteticamente agressivas. Mesmo a ideologia, por exemplo, que considera os lobbies dos grupos de interesse como justificados em si mesmo, ao não evitar a corrupção que a estratégia pode vir a representar, pois já se orienta para a aristocracia, e não para o bem da república, terá que tomar decisões estratégicas e não meramente esteticamente aristocráticas. No curto prazo, a estratégia – aquilo que é meio para um fim – pode apontar para um lado e a estética – aquilo que é fim em si mesmo – para o outro.

O pragmático democrático cega-se quando desconsidera como importa não apenas o resultado imediato da negociação, mas a negociação em si e a conversa que, na democracia, é o fim que é seu meio. O idealista democrático cega-se quando desconsidera como importa não apenas a fala, mas também o resultado atual da negociação e a conversa que, na república, é o meio que é seu fim. Responsável não é a cegueira como ignorância, mas o valor que, ao enfrentar a realidade, assenta deveres estratégicos e se atualiza por detrás dela. Responsável é o interagir que, às vezes, passa a se orientar em prol do cuidar do ganhar – seja no poder se impor ou status e dinheiro – ou da unidade e superioridade na exclusão, bem como, da fala e escudo farisaico.

No que tange ao idealismo e ao assentamento de deveres estratégicos, um bom exemplo seria da pessoa que, por ser contra a guerra, recusa-se a validá-la em qualquer circunstância imaginável. Assim procedendo, esta pessoa não preserva o princípio democrático – não lhe dá chance de existir em uma realidade imperfeita, tendo que balancear, na prática, a estratégia demandada de sua estética pelas circunstâncias e sua re-estetização, de maneira a não cair e se converter em outra orientação valorativa –, porém, já o converteu no escudo de sua covardia e conivência.

A estratégia é aquilo que a estética, que é prática, deve a si mesmo e à realidade da qual cuida. Às vezes, este dever exige que o meio se afaste do fim, institucionalmente: quando, por exemplo, resta ao policial com motivações democráticas impedir um assassinato cometendo outro, ou, quando resta ao eleitor com motivações democráticas empoderar o resultado da eleição perdida pelo seu candidato, ou, ainda, quando resta ao cidadão permitir o protesto com o conteúdo do qual veementemente discorda – o qual pode evidentemente ser igualmente protestado. Às vezes, este dever exige que o meio se afaste do fim des-institucionalmente. Exige, por exemplo, a desobediência civil, cuja ousadia da manifestação pode ser democraticamente considerada fim em si mesmo, porém não a transgressão em si. Em último caso, o qual não deve ser banalizado, exige táticas de guerrilha – chega um ponto em que mesmo à estética do manter-se protegido e vivo no curto prazo seria melhor arriscar a aniquilação do presente do que arriscar com o futuro, por exemplo, nas circunstâncias dos judeus europeus que colaboraram com o extermínio dos seus.

O complicado é, claro, que estes conhecimentos não se conformam a uma lei absoluta que já é efetiva, a qual não apenas nos diria como agir, mas também nos impeliria a assim agir: são descrições do praticar o qual terá que validar suas escolhas na prática, no recomeçar, em uma realidade que será sempre imperfeita, da qual temos que cuidar agora, sem atalhos – seja como ator ou como observador que já atua. Na inexistência do movimento definitivo, à espontaneidade – enquanto dança com a angústia, organizando os impulsos, distribuindo semelhanças e diferenças, orientando-se valorativamente, enquanto experimenta prazer caladamente e soa beleza loquazmente, enquanto varia entre compreender a condição da existência e praticá-la – cabe encontrar na prática o gingado do quadril capaz de balancear dever e renovação estética de modo a permanecer em pé, a conservar diferentemente a orientação valorativa que, aos nossos olhos, merece ser conservada.

Certamente, ao sermos no presente, ao nos encontrarmos expostos, arriscamos: esteticamente arriscamos nossa estética e nossa estratégia; estrategicamente arriscamos nossa estratégia e nossa estética. Qualquer passo, qualquer gingado, é por natureza deficiente: tão logo se manifeste a oportunidade do momento, nos abandonará, exigindo atualização. A única maneira de existir e lidar com o risco é arriscar novamente, manifestar novamente o nosso caráter – não se trata de uma opção.

Se, no que tange à boa prática democrática, ela não pode ser confundida com a farsa da ideologia supostamente neutra ou racional de centro, a qual disfarça, em sua particular e parcial maneira, a orientação individual-produtiva-econômica ou o poder aristocrático, tanto quanto não pode ser confundida com a prática do time orientado para sua unidade e superioridade na exclusão ou com o comunitarismo ocupado em se esconder, ela não se distingue absolutamente: ao compartilhar com as alternativas a mesma existência prática na tensões dos conflitos, ela se distingue no bailar e no gingado, no recomeçar.

A condição prática não é exclusiva à democracia: é o desafio – e, por conseguinte, a esperança – de qualquer orientação valorativa. Em relação ao risco do agir estratégico do time nacional, notamos que este terá que fazer alianças ou acomodações temporárias, as quais podem não apenas falhar estrategicamente, mas também levar a exposições que corrompem esteticamente. No caso do comunitarismo, haverá que se decidir o que exatamente obedecer; no caso do consumismo, o que exatamente vender; no caso do individualismo produtivo, o que exatamente produzir; no caso do se impor, o que exatamente impor – simultaneamente configurando-se as dimensões e se arriscando. A cada orientação valorativa, para permanecer, diferentemente, cabe acolher seu risco e, sobre o terreno das circunstâncias, maximizar sua prática, estetizando palavras e instituições, assentando deveres, e, claro, conhecendo sua condição. Nenhuma, nem mesmo o terror do time nacional ou a tirania do mais forte, será soberano, será total e absoluto, pois sua fundação permanece sendo o desfundar praticado pela espontaneidade, o recomeçar.

Se não existe método de derivação e imposição do conteúdo, nem método de derivação e imposição da forma, porém existe a manifestação de uma possibilidade que é responsável pelo presente: Quem é você agora? Quem somos agora? Qual combinação de passos incertos, de passos decadentes? Estaríamos a atualizar uma república imperfeita? Precisamos de espaço para conseguir voltar ou já regressamos à pobreza da produtividade? Estamos a nos impor? A nos unirmos em um time? A nos escondermos? A comprarmos e nos vendermos? A resposta se daria sempre prática e momentânea. Somente podemos responder a esta pergunta ao respondê-la novamente. A resposta se validaria no recomeçar. Sempre no agora. De nada adianta cobrir nosso rosto com a máscara – ou, como diria

Rawls, véu – do realismo ou do idealismo, da religião ou da ciência, da lei racional ou da revelação irracional, do pária ou do parvenu. Quem somos não são nossos disfarces, são nossas práticas presentes. Ironicamente, da contingência não há como se esconder, ela vê tudo porque não vê: oscila a possibilidade presente. Ela sabe, pois manifesta quem somos, momentaneamente.

Embora seja inevitável e saudável, mesmo no que diz respeito a orientações similares, a discordância sobre as melhores combinações de passos; embora a república só possa existir imperfeita, arriscando sua destruição, inclusive pelo medo e/ou raiva de seus antigos defensores; embora seu fracasso possa ser sempre atribuído a espontaneidade do outro, não poderíamos ser melhores, bailar e cantar melhor, ganhar e perder parcialmente com mais classe? É esta a pergunta que nos cabe, porque já nos importamos, ou porque podemos voltar a nos importar quando a espontaneidade oscilar em nosso pensamento.

Acertos e Erros

Entre Fato e Norma

Na seção anterior, começamos e ao final regressamos ao parvenu, aquele que pretendia negar o passado para controlar o futuro, mas que, como vimos, é forçado a viver no presente. Partindo da experiência do judeu europeu, conforme experimentada e estudada por Arendt, exploramos – a nossa própria maneira – a ontologia do conflito proposta pela autora, demonstrando-se a continuidade de um pensamento que, desde muito cedo, apropriou-se das categorias temporais de Heidegger com intuito de oferecer um entendimento ontológico alternativo à repetida farsa do absoluto, de face dual. Vimos que, enquanto a dualidade guarda o absoluto impróprio à existência – o grande conhecimento da dialética que desconhece ter desmascarado uma falsa pretensão –, oscila, na tensão dos conflitos da pluralidade – isto é, nos processos –, a contingência ou a espontaneidade que, ao ocasionar as dimensões da existência, responsabiliza-se por si mesma, entoa sua própria beleza, enfeitiça e deixa se enfeitiçar. Como resultado deste estudo exploratório, as frequentes e inversamente repetidas pretensões totalistas, inevitavelmente dualistas, foram desmascaradas e suas práticas valorativas expostas, ao mesmo tempo em que introduzíamos a prática democrática.

Beneficiamo-nos de uma autora que desafia classificação. Não é conservadora, nem liberal ou progressista, visto que não existe conservação sem mudança, nem mudança sem conservação. É inquisitiva: qual conservação e mudança está a diferença a oscilar no presente?

Não é normativa ou realista, visto que é na tensão da factualidade do particular em conflito com demais particulares, na tensão do fato forçado a confrontar sua própria finitude no confronto com a pluralidade, na tensão cujas pontas chamaríamos de corpo e espírito, vontade e necessidade ou fato e norma, na qual se coloca a contingência, da qual não podemos fugir, nem ser senhores. Enquanto a pretensão falaciosa postula fatos absolutos, os quais apenas o transcendental, em sua inexistência, poderia ter revelado, ou inversamente deduz normas, as quais apenas o transcendental, em sua inexistência, poderia pretender comandar, os processos, caracterizados pela manifestação contingente da possibilidade e do valor, desdobram-se.

Não é metafísica ou científica, nem escolhe lados em qualquer outra inversão dualística cujo objetivo é postular um ponto arquimediano que inexiste. Nem o indivíduo ou o cosmo são totais; nem no absolutamente interno ou no absolutamente externo podemos alavancar nossa ação oscilante.

Não é propriamente materialista ou linguista-reducionista, pois começa a enxergar como as dimensões linguísticas continuam as dimensões materiais. Não é moderna ou pós-moderna, uma vez que o segundo se contente em representar inversamente a face dual do absoluto projetado pelo primeiro, mantendo o fatalismo e a soberania que inicialmente estava presente.

Não é relativista ou universalista, visto que é próprio à espontaneidade conhecer provisoriamente a condição do existir particularmente, em cuja particularidade não é vítima do niilismo ou refém da filosofia do mais forte, porém digna da possibilidade de cantar sua própria beleza e, assim, a partir da referência de sua própria experiência e manifestação, exercer crítica e oferecer possibilidades. Não é, portanto, seguidora da filosofia crítica, nem da "filosofia da manifestação", isto é, não segue as atualizações do pensamento de Kant e Hegel ou Nietzsche e Heidegger, visto que neles tanto a crítica como a manifestação se portam como a dedução do primordial e do derradeiro, ao invés de neles se compreender como a crítica advém da manifestação não da verdade da possibilidade, mas de uma possibilidade.

Não é propriamente desconstrutivista ou ideológica, visto que o conhecer da condição de existência, ao desmascarar falsas pretensões e acessar provisoriamente os parâmetros do ser particular, acompanha a prática estética de encantamento da realidade e vice-versa.

É pragmática, mas apenas se o pragmatismo for considerado o conhecimento não propriamente da utilidade, mas da contingência e da espontaneidade – da ação – que experimenta o esvaziamento da angústia em direção à necessidade e que pratica o valor em direção à vontade.

Não é comunitarista no sentido proposto por Taylor, ou pluralista, no sentido proposto pela *lebensphilosophie*, uma vez que ambas, em sua crítica ao instrumentalismo e ao normativismo, mantêm a falácia que se reveza entre a revelação e a dedução, ao invés de compreenderem a manifestação desfundada do presente na tensão do passado frente a si mesmo, em conflito com outros passados. Não é deliberalista na tradição habermasiana, nem propriamente agonista, não é cosmopolitanista ou comunitarista, pelo mesmo motivo.

Arendt escapa destas dualizações do absoluto não porque encontrara na espontaneidade, por um lado, a fórmula mágica – o método da emancipação –, a qual seria então possuída pelo sujeito, e, por outro lado, inversamente, a verdade da opressão: antes, o "feitiço" do encantamento dá-se na possibilidade que valida a si mesmo. Escapa, mas não porque encontrara uma categoria intermediária que medeia ou sintetiza a dualidade, a qual não precisaria ser mediada ou sintetizada, pois já era a face dual da totalidade inexistente – na medida em que da oscilação da diferença da espontaneidade é derivada a verdade total ou moral, projeta-se novamente na existência o absoluto equivalente ao nada; reproduzindo-se, assim, a farsa da dualidade entre liberdade e opressão, ou, como é o caso na modernidade, liberdade e instrumentalidade. Escapa porque compreendera que a contingência que oscila nos processos nos deixa com o recomeçar como única possibilidade de validação e de enfrentamento dos riscos. Exatamente aqui a nossa autora irá se confundir, porém não sem antes nos ajudar a compreender como podemos avançar a causa democrática sem nos iludirmos com falsas e desnecessárias pretensões fundacionalistas.

Interessou-nos e nos interessa estudar o pensamento de Hannah Arendt porque ela, ao se colocar como uma filósofa dedicada à compreensão da política, ao se dispor em não se esconder na falsa totalidade do cosmo ou do indivíduo, porém considerar a fenomenologia da experiência humana, irá mais longe em admitir que contingência significa contingência, que espontaneidade significa espontaneidade, e não mais uma inversão da verdade total ou moral, ao mesmo tempo em que permite uma rica discussão sobre as orientações valorativas que se efetivam por detrás das farsas ou que nelas transparecem. Isto não significa que ela dualize, ou que estamos propondo dualizá-la, com toda a tradição filosófica ocidental: em que pese a prevalência da falácia do absoluto, deveria ser evidente que as sempre provisórias tentativas de conhecer a condição existencial guardam inúmeros tesouros, os quais são acompanhados da riqueza das práticas estéticas das possibilidades democráticas. Tesouros e riquezas que inspiraram Arendt e nela nos inspiram.

Portanto, ao contrário do que sugerira a jovem Arendt, ela não teve sucesso em desmascarar a artificialidade dos valores da sociedade, em especial, da alta sociedade: antes, valores ocorrem na tensão do natural e do artificial, na tensão da necessidade e vontade. Não teve sucesso em expor possibilidades não-democráticas como intrinsicamente vazias: qualquer possibilidade valorativa potencializa-se e esvazia-se na tensão que a mobiliza. Teve, contudo, sucesso em desmascarar a pretensão da contingência, em si mesmo validada, de se fixar e causar absolutamente. Não importa se somos religiosos ou ateus, marxistas ou rawlsianos, não importa se acreditamos nos direitos humanos ou no progresso, se encontramos inspiração no romantismo, ou melhor, importa, mas apenas no sentido no qual a farsa do absoluto se dissolve na possibilidade que é praticada no presente: não antes, não depois, agora. Não importam as pretensões, importam as diferentes orientações valorativas que momentaneamente prevalecem por detrás das supostas verdades morais, que as dissolvem. Reconhecer ou estar ciente disso – em outras palavras, expor a farsa da pretensão –, não é o mesmo nem implica a aniquilação da possibilidade ou valor contingente a oscilar, o qual, desde uma outra possibilidade experimentada, é criticada por nós. Não permite, igualmente, extrapolar um método do se portar espontaneamente, cuja existência, claro, poderia apenas significar a impossibilidade da espontaneidade.

O desmascaramento de um projeto destrói apenas sua pretensão de neutralidade, de não arbitrariedade, de não responsabilidade pelo presente que excede passado e futuro sem se fixar absolutamente, que ocorre apenas na atualização da prática do incluir e excluir capaz de conservar apenas no mudar. Embora o desmascaramento ocasione o pensamento no qual as possibilidades se manifestam, embora o pensamento possa salvar tempo do engano, bem como, combater manipulações permitidas pelas lealdades, a farsa esconde a manifestação de um presente que já validava a si mesmo. Apenas a responsabilidade que já nos é, a oscilação em nós de um recomeço, de uma possibilidade, pode provocar a espontaneidade do outro a talvez nos encontrar republicanamente.

Arendt teve sucesso em demonstrar que a diferença é irredutível, permanece sempre exposta, energizada e angustiada, e, portanto, responsável por si mesma e pela realidade da qual cuida, justamente por não poder controlá-la, abdicar de se sujar na existência, ou antecipar a si mesma. O parvenu continuou pária, no sentido de permanecer diferente e pela diferença mobilizado e identificável, e o pária continuou parvenu, no sentido de participar da reprodução da sociedade. O indivíduo permaneceu pessoa, parcialmente acessível, parcialmente inacessível. O judeu europeu já era responsável e não sabia; ele poderia se reconhecer assim e, não obstante, aceitar os riscos e optar por sua assimilação como bem de consumo ou na fuga – ainda que lhe custasse manifestar à disposição a não se vender ou a não fugir para, democraticamente, se dispor a pôr o óbvio em palavras públicas. As farsas, em suma, não equivalem às possibilidades ou aos valores dos quais democraticamente discordamos. A farsa não era a assimilação consumista do parvenu, era ela se pretender consumada, no sentido de anular o conflito que alimenta o processo. A farsa era a pretensão da diferença se assegurar absoluta, perder seu caráter oscilante, calar a tensão dos conflitos que energizam o presente em sua precariedade e em sua decadência. Seria um erro invertermos esta pretensão, no sentido de considerá-la a verdade da opressão – ao invés de simplesmente um disfarce –, de maneira a evitarmos reconhecer nossa própria precariedade.

A condição do judeu parvenu como nacional estrangeiro, ainda que muito mais dramática, era não apenas a condição do não judeu pertencente à alta sociedade: é também, desmascarada de sua pretensão, a nossa. Embora as circunstâncias, práticas e orientações valorativas fossem específicas àqueles, o viver exposto, energizado e assombrado por uma inclusão e exclusão parcial, diz respeito a todos. Ninguém de nós se encontrará totalmente em casa, nem totalmente no estrangeiro. Inclusão não é remédio para a exclusão: é porque queremos ser incluídos que nos excluímos, é porque nos incluem que nos excluem, nos alcançam de alguma maneira e nos afastam de outra. É nesta voz oscilante das tensões dos confrontos da pluralidade pela qual se ouve a angústia que se ouve a beleza em sua atualidade. Uma vez que não somos soberanos, conhecemos a condição do ser particular e oscilante; uma vez que somos diferentes, pertencemos, porém apenas parcialmente, apenas momentaneamente.

Todos apresentamos sacrifícios à temporalidade: para que a possibilidade exista, para que o momento exista, sacrificamos todas as demais. Como diria Arendt (1981, p. 2:184) em referência a Heidegger: "toda ação, ao atualizar uma única possibilidade, mata, em um só golpe, todas as outras."[1] E, se, democraticamente, consideramos que não hostilizamos, é porque julgamos positivamente nossa maneira de incluir e excluir, de se aproximar e se afastar, de provocar mudanças e, dentro de certos parâmetros, dar espaço para que a diferença se atualize, na expectativa de ela ser capaz de enriquecer e se enriquecer no encontro no mundo maior.

Nossa emancipação não está escrita nas estrelas, temos que declará-la ao experimentá-la. É, pois, aquilo que espontaneamente devolvemos ao sermos tocados, aquilo que nos devolvem ao serem tocados. É a possibilidade da música que permanece bela enquanto, ao ser reescrita nos momentos com o sangue dos sacrifícios de todas as demais possibilidades, com o direcionamento da energia da tensão do existir, continua a assim ser ouvida e entoada, continua a enfeitiçar a espontaneidade, a derrotar o aborrecimento. Em outras

1 Do original: "(...) every action, by actualizing a single possibility, at one stroke kills all the others".

palavras, nossa emancipação é a melodia que se coloca como uma referência não absoluta capaz de provocar boas mudanças.

Não se trata de fatalismo ou niilismo, nem da verdade moral da não verdade, ou da verdade moral do abismo ou do transgredir da vida, trata-se da verdade da condição contingente do ser particular. Como estamos a dar significado à liberdade a qual, como diria Sartre (1994), somos condenados, ou, com a qual, como poderíamos igualmente dizer, somos presenteados? Para além do reconhecimento da responsabilidade, permanece a prática do incluir e excluir ao incluir e excluir: como incluímos ao excluir, na realidade imperfeita, responde a quem nós somos. Já nos importamos, já estamos a oscilar entre cognição e sensibilidade: quem não podemos deixar de ser neste momento? Já estamos a praticar.

Farsa do Sujeito e da Reconciliação

Para Arendt, a quem o nazismo ocasionou a fuga da Alemanha, a elaboração, compreensão e defesa da democracia sempre implicou um pensamento heterodoxo, não apenas por ela permanecer alerta contra a insistente farsa do absoluto, mas especialmente porque, coerentemente com sua professada orientação valorativa, nutriu pouco interesse em unir e se unir na academia a um time dedicado à sua própria unidade e superioridade na exclusão, ou em se esconder atrás do filistinismo, inversamente intelectual, de um grupo qualquer. Em que pese o compartilhamento de passos democráticos com diversos outros autores confusos em suas pretensões, em que pese as influências que recebeu e exerceu, e, em que pese a inevitabilidade do pertencer ou tomar parte em projetos comuns, parcialmente inclusivos e parcialmente excludentes, não era propriamente de escola alguma, porquanto a demarcação acadêmica se oriente ao time e ao medo.

Nas palavras de Berstein (1996, p. 1): "embora houvera sempre um pequeno grupo de pensadores que admiravam seus escritos, e por eles eram inspirados, Arendt era considerada[até vários anos após sua morte] uma pensadora marginal. Ela não cabia em nenhuma das dominantes disciplinas ou categorias. Ela sempre carregou algo do forasteiro."[2] Nem a notoriedade póstuma alterará a sua heterodoxidade: ela será reivindicada por muitos, e incomodará outros tantos, seu pensamento permanecerá, entretanto, de difícil classificação junto às várias farsas do absoluto e junto aos times/grupos. Enquanto todos os autores carregam algo do forasteiro, Arendt fora mais em longe em "dirigir" sua diferença para praticar academicamente uma orientação democrática, capaz de reconhecer a natureza particular e contingente do existir.

Ainda assim, ou justamente por isso, na medida em que falha em manter coerente seu estudo da contingência e defesa da democracia, no que poderíamos considerar a grande tragédia do seu acúmen, ela não apenas caracterizará, mas caricaturizará o retorno ao equívoco do absoluto que usualmente aflige o pensamento pós-fundacionalista. Contemporânea das experiências totalitárias europeias, nossa autora oscilará uma obra capaz de problematizar dualidades como falsidades que abrigam a totalidade, imprópria à existência, ao mesmo tempo em que falhará em desmitificá-la, preservando-a como verdade da opressão, a qual fatalmente se oporá uma emancipação fundamentada, um novo ponto de Arquimedes, disfarçado a rigor com a máscara de face dupla.

Como boa herdeira do romantismo alemão, por um lado, erguerá sua voz contra a individualidade produtiva econômica, por outro lado, comprará a tese do desencantamento do mundo, ignorando que a chamada racionalidade instrumental representa a

---

2 Do original: "Although there have always been a small group of thinkers who admired her writings and have been inspired by them, Arendt was considered to be a marginal thinker. She did not fit into any of the mainstream academic disciplines or categories. She was always something of an outside".

mobilização do conhecer em prol de uma prática valorativa, tanto quanto a democracia representaria o mesmo: é encantamento. No afã de se opor ao que chamamos de produtivismo econômico, Arendt preservará a ilusão gerada pelo feitiço desta prática estética, a qual se disfarça de absoluto. Em outras palavras, se o feitiço não é reconhecido como característica da beleza oscilante e contingente, como uma provocação à espontaneidade do outro, porém disfarçado como a revelação de uma lei ou norma ontológica total ou moral, o contrafeitiço – na mesma medida em que não desmascara a ilusão, porém a considera a verdade da opressão – também disfarçará seu valor e seu conhecimento das regularidades macroscópicas com a máscara de uma lei ou norma total ou moral, a qual, em sua falsidade, só poderia ter sido revelada pelo absoluto absolutamente impotente. Arendt também será culpada desta inversão. Ela também desejará a ilusão do feitiço da estética, em detrimento do enfeitiçar, isto é, também desejará segurar o que é fugaz, aquilo que ela chama de pérolas, projetando fato total e revelação, sem propriamente entender que desmistificação e mitificação, no sentido tanto do esvaziamento da angústia e da potencialização da beleza, como do conhecimento da condição particular e prática do valor validado em si mesmo, são vibrações da mesma corda.

O movimento da inversão arendtiana é similar ao de Heidegger e Nietzsche. No que diz respeito ao primeiro, sua "Seingeschichte[, ou, traduzido literalmente do alemão, História do Ser,] não poderia falhar em nos lembrar do Espírito do Mundo de Hegel"[3] (Arendt, 1981, p. 2:180). Ainda que, para Hegel, o Espírito aja por detrás das costas dos homens e, para Heidegger, o Ser manifeste a si mesmo no pensamento e na ação dos seres, nas diversas varia-

3 Do original: "Certainly Heidegger's Seinsgeschichte cannot fail to remind us of Hegel's World Spirit".

ções destes, Arendt também identifica em Heidegger a postulação da famosa reconciliação no absoluto de Hegel. E isto ocorre porque a lacuna – aberta pelas tensões dos conflitos nos quais, no simultâneo esvaziamento da vontade à necessidade e da potencialização da necessidade à vontade, a contingência oscila para fora, sem se fundamentar no tudo ou nada, no absoluto inexistente, ao qual é permitido existir apenas ao escapar de sua gravidade infinita e se tornar algo, apenas na re-explosão, no constante desencontrar e encontrar da pluralidade – é tomada como referência absoluta e não sua oscilação como referência particular. Se, como quer Heidegger, o "Ser se recolhe em si mesmo, e os seres são 'colocados à deriva' para constituir o reino (...) errante,"[4] "parece haver um movimento privilegiado, o movimento transitório de uma época à outra, quando o Ser como Verdade invade o continuum do erro"[5] (p. 2:192), e o Ser errante dos seres "une a si mesmo ao que era ausente"[6] (p. 2:194). Em outras palavras, a diferença ontológica, a qual inicialmente não era compreendida como as tensões oscilantes dos conflitos da pluralidade, mas sim como "a categórica separação entre Ser e ser"[7] (Arendt, 1981, p. 2:191), não poderia evitar de projetar uma referência absoluta, e seu anular da existência, isto é, uma reconciliação, ainda que momentânea, com o absoluto.

Trata-se de uma inversão da abundância ou excedente de Nietzsche. Enquanto falha em distinguir entre a farsa do absoluto e a orientação valorativa deste, Heidegger, crítico do seu próprio namoro

4 Do original: "Being withdraws into itself, and beings are 'set adrift' to constitute the realm (...) of error".

5 Do original: "(...) there seems to exist a privileged moment, the transitional moment from one epoch to the next, (...) when Being qua Truth breaks into the continuum of error".

6 Do original: "(...) join itself to what is absent".

7 Do original: "(...) the categorical separation of Being and being".

com o nazismo, identifica a orientação nietzschiana com o valor do poder se impor (p. 2:172). A farsa, a qual brevemente nos interessa, ocorre porque, ao invés de ser tomada a oscilação da contingência como referência particular, toma-se a condição de sua manifestação como referência absoluta. Em outras palavras, se a diferença representa, de fato, a transcendência não transcendente dos processos – o excedente do existir no sentido de não poder ser absolutamente previsto pela observação das tensões dos conflitos, as quais romperam o inexistente –, seria, não obstante, falacioso dela querer deduzir a verdade moral, ao invés de se reconhecer que a moralidade se manifesta exclusivamente na atualização da possibilidade que encanta no agora. Nietzsche conseguiria, assim, disfarçar a arbitrariedade de sua ética da imposição, dualizando fortes e fracos, sendo que a potencialização do excedente representaria "não a capacidade para mudar o mundo e sim para mudar a maneira de avaliá-lo" (p. 2:170). A força teria que contraditoriamente ser ensinada a aceitar o que foi dado – ignorada prova de sua incurável fraqueza –, isto é, a se reconciliar com uma onipotência que é absolutamente impotente, muito embora sua existência, e a própria farsa de uma reconciliação, esteja predicada na ocorrência das tensões dos conflitos, nas quais a contingência oscila e valida a si mesmo, sem ser soberana, sem ser vassala. Crítico do sujeito da vontade, Nietzsche projeta o mesmo absoluto de face dupla.

Não importa se linguisticamente ou materialisticamente – assim como não importaria se dialeticamente –, a oscilação é isolada e tomada como um ponto fixo, arquimediano, como o absoluto dupla-face. A potencialização da necessidade à vontade, na qual vemos a beleza oscilar, é tomada como a verdade moral do excedente. O esvaziamento da vontade à necessidade, na qual vemos a angústia oscilar, é tomada como a verdade moral da ausência. Ainda que o absurdo de uma conciliação definitiva, já que ela poderia apenas significar a nulificação da existência, se realize apenas no sentido de não se realizar – isto é, de manter a potencialização e o esvaziamento, o movimento, este que oscila suas próprias possibilidades e referências –, se preserva a crença num primórdio determinador e numa promessa escatológica, na existência de um norte – e de um sul – absoluto, de uma verdade total ou moral que não a referência do que é manifesto, do que é recomeçado, do novo nascimento.

Enquanto Connolly, influenciado por Foucault, ilustra a consolidação recente do caminho nietzschiano, Derrida (1994) e Agamben (2013) ilustram a consolidação recente do caminho heideggeriano ao falarem respectivamente da "democracia por vir" e da "comunidade que vem", com os quais o "não-ainda" de Adorno (1990) mantém algum paralelo. Arendt, por sua vez, sabe que não se trata de inverter o fundacionalismo numa espera messiânica, sempre frustrada, que encontra o seu norte no que está por vir, e não chegará. Isto é, não se trata nem de viver de arrebatamento na esperança ou de lamento na frustração – angústia pode até matar, jamais sem suspiro do belo, jamais enquanto verdade. Igualmente não se trata se de se render ao excesso que inexiste anterior à sua prática, mas sim de recomeçar agora na oscilação do presente, ao mesmo tempo belo e angustiado, e depois novamente. Nas palavras da nossa autora: "seria fútil buscar um absoluto para quebrar o círculo vicioso em qual todo começo é inevitavelmente apanhado, pois este 'absoluto' ocorre no próprio ato de começar."[8]

Não obstante, Arendt também retornará ao absoluto sem aspas e à dualidade. Fará isso em mais de uma maneira. A mais característica, a que figura em sua obra mais famosa, *The Human Condition*, é a mesma que figura no seu tratamento do passado, futuro e

8 Do original: "(...) it is futile to search for an absolute to break the vicious circle in which all beginning is inevitably caught, because this 'absolute' lies in the very act of beginning itself".

presente. Ao identificar a lacuna na qual a contingência se coloca para fora, ela decepa ou isola o excedente – do processo – como a fonte revelada da qual se deduziria a verdade moral preestabelecida, ao mesmo tempo em que considera possível ao nada do tudo inexistente entrar na existência como movimento puro, absolutamente automático, como causalidade sem lacuna, sem descontinuidade, sem contingência. De maneira tal que a derrota da humanidade no totalitarismo seria de fato total, representaria a vitória da natureza capaz de literalmente transformar a pessoa em um robô. O qual, contraditoriamente, ao mesmo tempo que obedeceria ao comando da necessidade, à negação da dor, seria incapaz de sentir necessidade ou dor, uma vez que o comando da necessidade apenas na descontinuidade poderia ser recebido, apenas pelo corpo que estranha a si mesmo, isto é, apenas se simultaneamente oscilasse beleza – ainda que não a nossa – na potencialização da necessidade à vontade, bem como, angústia, no esvaziamento da vontade à necessidade, apenas se conflitos tensionados gerassem energia atual, diferencial, a qual poderia ser direcionada à obediência.

Por um lado, portanto, apesar de nossa autora reconhecer que as vibrações da linguagem continuam as vibrações da matéria, apesar de desmascarar a farsa do progresso, cujo fim simula o início, ela retorna à mesma oposição da humanidade versus natureza que guarda o absoluto, ignorando que a passividade não pode existir sem sua tensão com a atividade, o passado sem o futuro. Ignora que no confronto plural, no qual identificamos causa e efeito, ocorre uma lacuna; que a única maneira do absoluto existir é despedaçar-se, desabsolutizar-se. Podemos tomar este seu equívoco, entretanto, como demonstração de que não seria possível reservar a contingência apenas à experiência humana: na dualização, ao mesmo tempo em que a natureza é totalizada, a contingência é absolutizada. Ainda que não possamos discutir aqui como compreender a experiência não humana de uma maneira não totalizante – evidentemente, não sendo a totalização da linguagem uma solução –, registra-se que nossa releitura de Arendt propositadamente evita se basear nesta dualidade.

Por outro lado, se nossa autora considera a soberania uma contradição existencial, porém permite que ela reapareça no seu pensamento como a soberania da opressão, contra esta ela recolocará a soberania humana. Ao apresentarmos a discussão de Arendt sobre o abismo, entre passado e futuro rachado, como uma chave de leitura do pensamento da autora, logo introduzimos sua análise do pária e do parvenu com intuito de compreendermos o presente como a vibração da tensão dos conflitos da pluralidade. Embora seja a própria Arendt que reconheceu na dualidade a apresentação do absoluto impróprio à existência (humana), bem como, a condição de pluralidade (humana), e a exteriorização da contingência na lacuna entre passado e futuro, a solução que ela encontra para o passado e o futuro não se anularem mutuamente – no que ela consideraria equivocadamente o triunfo da causalidade ou instrumentalidade, e não corretamente a abolição da existência –, foi inserir a pessoa transcendentalmente entre eles como um ponto fixo.

Vejamos: "sem 'ele'[, o homem], não haveria nenhuma diferença entre passado e futuro, mas apenas perpétua mudança[: (...)] colidiriam[estas forças] face à face e anulariam uma à outra."[9] Nesta breve frase, observamos, por um lado, a contraditória equalização do anular das forças com o movimento, como se o movimento fosse a anulação da lacuna que surge no confronto, e não reflexo dela, isto é, fosse uma continuidade absoluta que, ao não ser descontínua, aboliria o movimento. Por outro lado, observamos como solução

9 Do original: "Without 'him', there would be no difference between past and future, but only everlasting change. Or else these forces would clash head on and annihilate each other".

– da dualidade nulificadora incompatível com a humanidade – a inserção transcendental da pessoa humana, no sentido desta não compartilhar com a materialidade uma mesma origem conflitiva, tensionada, oscilante e plural, inserindo-se posteriormente como um inteiro: "graças a inserção de uma presença combativa[, o homem,] eles[, passado e futuro,] encontram-se em um ângulo"[10] (Arendt, 1981, p. 208). Portanto, ao invés de compreender que a própria natureza do despedaçamento gera a pluralidade e esta assegura os ângulos de um embate que não se anula, a autora, ao mesmo tempo em que associa o absoluto com o movimento existencial não humano, insere a pessoa como um elemento absolutamente isolado, externo e fixo, o qual poderia então dispor da existência como um objeto: as forças "dificilmente combater-se-iam se 'ele' não se posicionasse entre elas, oferecendo-lhes resistência"[11] (p. 203).

No lugar de desenhar a corda vibrando, Arendt literalmente desenha o famosa gráfico de dois eixos dos estudos matemáticos, e, desde o ponto no qual x e y – isto é, passado e futuro – se encontram, ela traça uma linha diagonal "apontando para algum infinito:"[12] "ele[, o homem,] teria achado o lugar no tempo, o qual é suficientemente removido do passado e do futuro para oferecer ao 'árbitro' uma posição da qual julgar, com um olhar imparcial, as forças combatendo uma a outra"[13] (p. 209). Esta "soberania e neutralidade do árbitro" ela aplica não apenas à capacidade do homem conhecer as condições da existência – o que já seria um equívoco, uma vez que esta prática

10 Do original: "But thanks to the insertion of a fighting presence, they meet at an angle".

11 Do original: "(...) would hardly fight with each other without "him" standing between them and making a standagainst them".

12 Do original: "(...) pointing to some infinity".

13 Do original: "He would have found the place in time which is sufficiently removed from past and future to offer 'the umpire' a position from which to judge the forces fighting with each other with an impartial eye".

ocorreria simultânea à oscilação de outras práticas que a limitam e confundem –, mas também à política, ao estudo da qual ela tanto se dedicou a fim de entender sua natureza prática, espontânea, estética e particular. A linha diagonal que ela traça permanece uma linha absolutamente reta e circular no infinito, a mesma linha que separaria as duas faces de uma moeda sem espessura, que representa o horizonte do absoluto totalmente preenchido e, simultaneamente, totalmente vazio, a reconciliação ao invés do conflito. Existira a linha, ela existiria apenas como a corda contorcida ou tensionada em seu próprio limite no conflito com os demais limites que a limitam.

Em suma, nossa autora reinsere um homem que seria capaz de possuir a espontaneidade, possuir a responsabilidade. As pessoas seriam totalmente artificiais e totalmente naturais, totalmente emancipadas e totalmente oprimidas; o que, claro, destruiria qualquer possibilidade de ocorrência da política, uma vez que qualquer interação entre uma e outa estaria fadada ao fracasso, e, entre a mesma, se resolveria antes de começar. De fato, toda interação já teria sido abolida na soberania absoluta.

Em relação à posição do judeu europeu, Arendt usaria o termo rebelde como uma noção absoluta própria da democracia, como um método capaz de dispor da moralidade verdadeira, ao invés de, compreendendo como a rebeldia da diferença energiza a repetição de qualquer presente, perguntar, como ela nos ensinou: o que está a se conservar na mudança? A rebeldia absoluta, como método de acesso ao ponto arquimediano, seria absolutamente dada, e, portanto, absolutamente obediente. Embora Arendt projete no outro a quem criticara o outro lado – a obediência – desta face dual do absoluto, em seu próprio pensamento poderíamos identificar as inversões de uma rebeldia impossível a uma obediência impossível, quando o correto seria identificar o movimento oscilante da contingência nas tensões, da potencialização ao esvaziamento e vice-versa, dos conflitos.

O grande erro do pós-fundacionalismo – invertendo opressão e emancipação absoluta – é acreditar que a contingência tenha um viés valorativo. Contemporaneamente, pensadores tendem a qualificar este viés como democrático ou de esquerda, como sugerem respectivamente Arendt e Marchart (2007) ao falar de um "heideggerianismo de esquerda". Caracteriza-se, assim, um parcial retorno, em meio aos acertos, à tentativa do ser despedaçado encontrar, naquilo que ele acertadamente reconheceu como particular, uma referência absoluta, isto é, uma verdade moral total que, oposta à opressão total, simula dentro da existência a totalidade equivalente à nulidade. Resulta a suposição de um ser total, capaz de se antecipar ao seu predicado, de comandá-lo ou resumi-lo, de comandar ou resumir a realidade como o tudo comandaria ou resumiria o nada – um sujeito (inexistente) de objetos (inexistentes). Enquanto isto, ao mesmo tempo em que, do alto da sua onipotência, o pensamento, que é este ser total ou é total por ter acesso a ele, projeta no outro sua equivalente impotência como a onipotente opressão, e, nesta farsa simula praticar e combater justamente a universalidade que considerava falsa, a contingência se coloca em sua possibilidade. Cuja força – isto é, a força com que espontaneamente a beleza das nossas possibilidades estala e provoca novos estalos, estéticos-institucionais – é o único enviesamento que a democracia ocasiona na existência. No enfrentamento das particularidades e no esvaziamento de si mesmo, o que oferece chance a outras orientações valorativas, ele terá que se renovar. Sem que possamos tomar posse da potência, o estalo ocorre na medida em que já nos importamos, na medida em que estamos agora a pensar e a reconhecer, na medida em que já ocorreu e provoca um recomeço.

CONCLUSÃO: RECONHECER E PRATICAR

Quando morreu, em 1975, Arendt era ainda considerada uma autora marginal. Desde o fim do século passado, entretanto, observa-se nos mais diversos países uma "explosão de interesse e intensa discussão dos seus escritos"[1] (Bernstein, 1996, p. 1). Atualmente, a nossa autora "é reconhecida como um do grandes pensadores políticos do século"[2] (p. 2) passado. Ao encantar com a estetização de passos democráticos, simultaneamente se destacar em sua capacidade de reconhecer a contingência, e, incoerentemente, pretender transformá-la numa referência absoluta, Arendt frequentemente atrai interesse de intelectuais que, interessados no seu desenvolvimento da democracia, bem como, na sua maneira de fundamentá-la, tentam reivindicá-la para alguma daquelas várias dualidades intelectuais que guardam o absoluto. Embora, em seu acerto, seu pensamento não se prestaria a isso, em seu equívoco, ela oferecere

---

1 Do original: "(...) an explosion of interest and intensive discussion of her writings".

2 Do original: "Hannah Arendt is being recognized as one of the major political thinkers of this century".

a eles um entendimento suplementar do in-fundamentável – isto é, do oscilante – como fundação fixa. Alternativamente, atrai interesse de intelectuais que, interessados em seu desenvolvimento da democracia, não a reivindicam para uma tradição teórica específica, porém, de maneira similar, compactuam com sua inversão do fundacionalismo. Pouco nos interessaram estas leituras, visto que é justamente esta cooptação do pensamento de Arendt por alguma farsa do absoluto, e, eventualmente, por alguma orientação valorativa que não a democracia, que queremos evitar – a começar por parte da própria autora.

Nossa estratégia de leitura não se pautou, portanto, por posicionar livro contra livro, como procede, por exemplo, Benhabib (1996), em seu intuito de, assim como Habermas (em Hinchman & Hinchman, 1994) ele mesmo, isolar antecedentes do ideal habermasiano da democracia deliberativa de inspiração kantiana. Notavelmente, a mesma estratégia poderia ser utilizada para isolar em seus escritos o ideal da democracia agonista de inspiração nietzschiana. Poderíamos, de fato, identificar semelhanças teóricas – e/ou valorativas – e construir uma Arendt comunitarista próxima a Taylor e Honneth, ou transgressora, próxima a Connolly, uma Arendt da filosofia crítica ou "pós-moderna". Se todo pensamento, porém, seja do escritor ou do leitor, é rompido na oscilação tensionada dos seus conflitos, permitindo-se, assim, a riqueza interpretativa proveniente da diversidade de leituras, nosso interesse não se alinha com esta estratégia de reivindicar a autora para alguma linha teórica pré-estabelecida.

Não se pauta também pela estratégia de buscar em Arendt uma coerência própria; porquanto isto seja possível – e, talvez, a leitura mais adequada, se algo assim existir –, o custo seria o mesmo da opção anterior: a manutenção da farsa do absoluto com sua face dual. O exemplo mais ilustrativo (Siemens em Siemens & Roodt, 2008) seria a tentativa de encontrar em Arendt uma opção intermediária entre a democracia deliberativa e agonista. Isso faria sentido caso o ponto fosse defender a orientação democrática frente a uma eventual orientação para o medo, a se esconder atrás da comunidade do universal, e frente ao consumismo, a praticar o transgredir pelo transgredir. Entretanto, na medida em que essa estratégia de leitura permanece na busca de uma fundamentação do infundamentável, ela continua a perseguir o inexistente, como fazem a democracia deliberativa ou agonista. Em outras palavras, não nos basta começar com o descentramento do absoluto e, então, buscar em Arendt uma compreensão não absolutista ou não totalitária da democracia (Strong, 2012), caso isso signifique ignorar como ela – a exemplo dos seus antecessores – inconsistentemente replica a fundação, ao invés de abdicar dela em favor do reconhecimento da condição de oscilação do presente. Entre diversos outros exemplos dessa estratégia de leitura, poderíamos citar Villa (1996), que honra a tentativa da autora salvar a política ao hermetizá-la.

Nossa estratégia compartilha com a leitura de Pitkin (1998) a disposição em explorar em primeiro plano a contradição do pensamento de Arendt no que tange seu retorno ao absoluto: "Arendt escreve sobre o social[, a opressão,] como se um monstro maligno (...), inteiramente externo e separado de nós, (...) impusesse-se à nós, debilitando, absorvendo, e, finalmente, nos destruindo, (...) nos transformando em robôs que mecanicamente servem seu propósito"[3] (p. 4). Entretanto, enquanto Pitkin dedica-se a desmascarar o que chamamos de "verdade da opressão" – a falsa totalidade e automatismo desta –, ela ignora como a totalização da opressão representa a outra face dual da absolutização da emancipação. Se,

3 Do original: "Arendt writes about the social as if an evil monster (...) entirely external to and separate from us, had fallen upon us intent on debilitating, absorbing, and ultimately destroying us, (...) turning us into robots that mechanically serve its purposes".

desde o trabalho pioneiro de Canovan (1974), passando por autores aqui referidos, como Bernstein e Benhabib, Arendt é criticada por misturar – ainda que tenha previamente separado – o que destrinchamos como orientações valorativas e organizações parciais distintas, considerando-os equivalentes na opressão do social, se ignora usualmente como este empacotamento decorre da insistente e ainda prevalente busca pela referência absoluta da emancipação. Como vimos introdutoriamente, o pensamento de Arendt nos favoreceu a identificação de distintas e parciais orientações valorativas, as quais se confundem apenas na medida em que sua própria orientação para a democracia se pensa absoluta e, portanto, oposta à totalidade da opressão. Desta maneira, para realmente desmascararmos a totalidade opressiva de Arendt, é necessário desmascararmos e abdicarmos de sua verdade da emancipação, que permaneceria uma prática valorativa a ser defendida em sua particularidade oscilante não fundamentada.

Para tanto, é imperativo que a investigação fenomenológica de Arendt seja recebida não apenas sociologicamente e politicamente – isto é, estudarmos e planejarmos a manifestação particular motivados por uma orientação valorativa particular –, mas também ontologicamente – isto é, pensarmos a condição do ser particular, o que se aplica a prática moral do próprio observador. De fato, de acordo com a ontologia da oscilação que introduzimos, as práticas do conhecer a manifestação e conhecer a condição de manifestação seriam análogas.

Esse conhecer, como uma dimensão oscilante do existir, não poderia ocorrer sem ocasionar às demais dimensões, entre elas, a prática valorativa, e vice-versa. Assim sendo, com nossa preocupação ontológica, estamos apenas reconhecendo o que já ocorre nas entrelinhas. Visto que o praticar conhece e o conhecer dá oportunidade ao praticar, e que nosso praticar democrático se orienta ao encontro no mundo maior, então, é tanto inevitável como é justificável o esforço de compreensão da condição do ser particular, desmascarando-se falsidades e expondo-se orientações valorativas disfarçadas.

O esforço não se justifica, primordialmente, como uma luta por uma melhor compreensão pública da ontologia, mas sim em subsidiar e liberar nossa prática estética e estratégica, pelas quais a realidade humana se origina. Não seria suficiente julgarmos onde Arendt acerta e erra em sua construção da democracia, ou de nos apressarmos a falarmos em nome dos Direitos Humanos ou da Razão - bem como, de suas inversões -, pois, na medida em que continuaríamos pensando, continuaríamos provisoriamente conhecendo e continuaríamos perseguindo o desnecessário e o impossível, continuaríamos nos enganando com o nosso intelecto, eventualmente, deixando-nos seduzir por outras orientações valorativas, ao invés de, no conhecer, aprimorar o praticar - e mais intensamente provocar o pensamento alheio. Se o praticar é forçado a se renovar no presente, também é o conhecer.

Frente a uma literatura secundária que cresce exponencialmente, podemos afirmar que nossa estratégia de leitura é minoritária: desconhecemos outra tentativa similar. Procedemos por colocar a Arendt da contingência contra a Arendt do absoluto, e, em segundo plano, a Arendt democrática contra a Arendt consumidora da grandeza do homem - entre outras. Na identificação do conflito entre sua postura democrática e não-democrática, também inovamos ao desenvolvermos a tipologia das arquiteturas ou passos valorativos, a partir do própria pensamento da autora.

Embora seja impossível definir absolutamente o que da farsa do absoluto em Arendt era engano e o que era disfarce de outras orientações valorativas, basta-nos desmascarar suas pretensões fundacionalistas e liberar as possibilidades do seu pensamento ser reinterpretado favoravelmente aos nossos objetivos. É certo que nenhuma leitura de Arendt poderia repeti-la, assim como eu não poderia repetir a mim mesmo. Nossa leitura, entretanto, opta propositadamente por, em primeiro lugar, requalificar e re-desenvolver os melhores insights da autora com intuito de oferecer, por e contra ela, uma apreciação coerentemente pós-fundacionalista da existência particular – e, marginalmente, da democracia – em sua qualidade de possibilidade, a qual não pode ser revelada irracionalmente nem deduzida racionalmente. Em segundo lugar, nossa leitura opta por considerar como Arendt, partindo de vários entendimentos corretos, não obstante, ilustra e se compara com outras aparições da farsa do absoluto.

Posto que nossa ambição seja reconstruir o pensamento da autora de modo a mantê-lo coerente com seu reconhecimento da contingência, não é nossa intenção indicar que ela teria concordo conosco: sabemos, certamente, que ela entendeu de outra maneira.

Embora nos permitimos oscilar quando oportuno, nossa leitura seguiu uma ordem cronológica: o conflito e tensão entre passado e futuro, que ganha maior relevância na obra incompleta publicada após a sua morte, retomando reflexões publicadas nos anos subsequentes à publicação de sua mais famosa obra, *The Human Condition*, trouxe-nos de volta ao início de sua carreira acadêmica, quando ainda era uma estudante. Não propriamente analisamos sua tese escrita ainda em alemão – a qual Arendt não se preocupou em disponibilizar em inglês, língua em que obteve sucesso acadêmico –, porém consideramos sua experiência e seus conflitos como judia europeia, contemporânea à ascensão do nazismo, especialmente seus próprios escritos dedicados diretamente a compreender esta experiência no contexto da modernidade ocidental. Entre passado e futuro serviu como chave de compreensão destas questões, assim como nosso estudo das mesmas serviu como uma maneira de introduzirmos os conflitos e tensões entre passado e futuro.

Nota-se que nossa ontologia da oscilação inevitavelmente considerou o não-humano, e manteve como pano de fundo a continuidade entre materialidade e linguagem, ainda que a apresentação tenha se pautado primordialmente pela atenção fenomenológica de Arendt à experiência humana. Uma etapa futura do projeto teria que corrigir esta deficiência, bem como, melhor considerar o paralelismo imbricado das agências. Teria também que retornar às principais obras de Arendt, que se seguiram à publicação do *The Origins of Totalitarianism*, observando-se a mesma estratégia de leitura, porém agora direcionada ao aprimoramento, expansão e consolidação das formulações ontológicas aqui expostas.

Ainda que seus textos individuais se dediquem às tensões e aos conflitos entre passados e futuros e sejam parcialmente capazes de desmascarar dualidades, abdicar do absoluto e identificar a oscilação contingente do presente, Arendt falha em propriamente traçar a estrutura ontológica das tensões oscilantes dos conflitos plurais, assim como ignora a maneira pela qual suas diversas obras se sobrepõem na tentativa de fazer sentido dela. Ao invés de consistentemente notar como na oscilação do presente se configuram as dimensões do existir, bem como, se distribuem as semelhanças e diferenças nas orientações valorativas, Arendt tenta reduzir a dinâmica a elementos pontuais isolados. Como resultado, nossa autora consistentemente reedita trindades, nas quais, analogamente a trindade cristã, os trinos seriam incoerentemente absolutos, sejam eles qualificados positivamente ou negativamente. Isto é, se a oscilação do presente é isolada e fixada de maneira a simular o absoluto da lacuna e do excedente, então passado e futuro também se encontrariam no mesmo absoluto. No livro *The Human Condition*, por exemplo, a ação em si mesma (a atualidade), e não sua prática, será considerada a fundamentação da emancipação, e o labor e o trabalho, equivalentes na opressão, serão considerados fundamentos da não-ação automática. Já no livro *The Life of The Mind*, o pensamento e a vontade se reconciliariam ou mediariam seus respectivos absolutos no absoluto do juízo, enquanto o oprimido permaneceria sem agir, sem pensar, sem desejar nada além da não-dor, e sem julgar.

Restringida à estrutura trina que retorna à dualidade e ao absoluto, nossa autora força, de diversas maneiras, as orientações valorativas e as dimensões da existência que ocorrem no oscilar a caberem nos extremos da trindade de um mesmo absoluto, ao mesmo tempo em que absolutiza o oscilar, como a outra face dele. É justamente esta confusão que nos caberia desatar com intuito de consolidar nossa ontologia. O pensamento de Arendt coloca-se como um jogo de espelhos, os quais parcialmente refletem a mesma ontologia, parcialmente expõem facetas distintas da mesma, e parcialmente confundem. Ou seja, enquanto se confunde, o pensamento de Arendt pratica e conhece.

Coube fatalmente ao conjunto de sua obra isolar, de um lado, a atividade, e, de outro lado, a passividade, esterilizando-os e ensaiando a reconciliação da dualidade que já era falaciosamente absoluta, tanto quanto seus textos individuais isolam o presente, reencenam a dualidade e reproduzem a farsa do absoluto, disfarçando categorias que poderiam apenas existir como oscilação e descrição da tensão dos conflitos.

É assim que, após o período dos escritos dedicados à compreensão dos conflitos tensionados entre os passados judeus e alemães da própria autora, o qual se encerrou com a publicação do *The Origins of Totalitarianism* (1951),[4] podemos identificar dois períodos principais, centrados em torno do que Arendt chama de Vida Ativa, cujo principal obra é o livro *The Human Condition* (1958), e, em torno do que ela chama de Vida Contemplativa, cuja principal obra é o livro inacabado, *The Life of the Mind* (1978), publicado três anos após sua morte.

---

4 Nota-se que a biografia sobre Rahel Varnahagen foi publicada apenas em 1958.

Esta mudança de enfoque não implica que Arendt perdera interesse por sua tragédia, ou que deixara de ser tensionada por ela, apenas que a autora, à medida em que as tensões dos seus conflitos se atualizavam frente à incansável chegada do novo, se notara satisfeita, madura e chamada a consolidar o que tinha descoberto em seus estudos da experiência totalitária na Alemanha em escritos mais diretamente ontológicos. Não obstante, é o julgamento do oficial nazista Eichmann em Jerusalém, a respeito de quem publicou um livro, em 1968, que demarca a transição para o período dedicado à Vida Contemplativa.

Tratam-se, claro, de períodos sobrepostos, cuja classificação não exaure os diversos interesses e facetas da vida da autora. Entre ambos, em certo sentido mediando a falsa dualidade que ela estabeleceu entre a política e a filosofia, entre sua fase mais nietzschiana e sua fase mais kantiana, distinguimos um período intermediário, centrado em torno do que poderíamos chamar de Vida Institucional ou Jurídica. A obra principal desse período seria o livro intitulado *On Revolution* (1963), embora este, em comparação com as obras principais dos outros períodos, tenha menor relevância relativa frente aos demais escritos dispersos no período, que se estende desde 1961, com a publicação da coletânea *Between Past and Future*, até o ano de 1972, com a publicação da coletânea *Crises of the Republic*.

Em todos esses três períodos dos escritos ontológicos de Arendt, sua principal categoria de interesse fora a oscilação da contingência em sua dimensão estética, da qual Arendt expõe diferentes facetas ao considerá-la como Imortalidade, Lei e Juízo. A ampliação da discussão, que não foi possível realizar no escopo deste trabalho, se organizaria em torno dessas facetas. Entre outras questões, a Imortalidade nos permitiria aprofundar o conhecimento da dimensão Estética frente à dimensão da Angústia e do Prazer, o Juízo, frente à dimensão do Conhecimento, e a Lei, frente à dimensão do

Dever. Em outras palavras, a exploração dessas categorias nos permitiria consolidar a compreensão das dimensões que ocorrem nas oscilações das tensões dos conflitos.

Poderíamos, em primeiro lugar, lidar com o conceito arendtiano da imortalidade, não como uma verdade ou método democrático, porém, como o reconhecimento de que, em toda prática, algo sempre é oferecido ao mundo maior, manifestando-se uma possibilidade ou orientação valorativa, acompanhada do esvaziamento que a aflige. Inclui-se aqui a consolidação da tipologia das orientações valorativas, que não precisariam apelar para a falaciosa totalidade da instrumentalidade, da razão e suas inversões, para fazer sentido da existência humana

Em segundo lugar, lidar com o juízo estético que, ao se experimentar em palavras direcionadas a outros, não permite a postulação de um sexto sentido comunitário de mentes alargadas, de uma verdade política, como quer a autora, porém somente a compreensão do provocar e seduzir da estética. Em terceiro lugar, tratar da tensão da institucionalidade como estetização e como assentamento de deveres e estratégias frente a uma realidade imperfeita.

Abrem-se, portanto, caminhos promissores para a consolidação desta pesquisa que buscou introduzir as linhas gerais de uma ontologia coerente da pluralidade e da contingência de inspiração arendtiana.

POSFÁCIO

Motivados pela estética da beleza plural da dignidade comum, propomo-nos uma caminhada que objetivava mapear a compreensão de como esta experiência e prática política se efetiva em sua indeterminação. Nossa grande parceira de caminhada foi Hannah Arendt. Mesmo durante a primeira parte, quando ouvimos sua voz mais esporadicamente, ela nos inspirou. Como sua presença dava-se apenas na mente do escritor, tivemos o prejuízo e o benefício de ouvir e calar sua voz de acordo com nosso próprio entendimento dos seus acertos e erros. Optamos por dedicar nossa releitura à introdução de um entendimento ontológico da contingência e da pluralidade que fosse coerente e, portanto, distinguido da farsa da face dual do absoluto que permanece no pensamento da autora.

Utilizamos a expressão "mapear a compreensão" porque o pensamento, em sua ocorrência corriqueira e sempre atual, não segue roteiros predeterminados. Caso seguisse, não seria apenas inútil, seria inexistente em sua plena compatibilidade com o determinismo. Em refletir sobre a condição na qual existimos, o pensamento está a explorar a confusão de uma selva povoada pela pluralidade de coisas, contorcidas em seus limites que se combatem, motivado pela beleza e pela angústia que oscila na tensão da necessidade e vontade. Quando finalmente se escreve, almeja conduzir o leitor por uma trilha que lhe permita parcialmente compreender o conhecimento e a prática experimentada pelo escritor.

Antes de começarmos, tínhamos um mapa do relevo, sobre o qual havíamos plotado o que nos parecia o caminho mais indicado para os nossos objetivos, não propriamente de chegar, mas de caminhar, ainda que, ao nos pormos a desbravar, nem sempre as curvas plotadas sejam tomadas.

Começamos, na primeira parte, por considerar a incompatibilidade da soberania onipotente e onipresente do absoluto com a existência da pluralidade. Observamos em Hobbes e em Berlin, como a soberania, ao ser projetada na existência, simula a equivalência de sua dupla face, isto é, o tudo e o nada como sujeitos da verdade total e da falsidade total, da emancipação e da opressão. A farsa, entretanto, não preclude a particularidade do conhecer e praticar a condição do existir finitamente, a qual não remonta, porém, se rebela contra o absoluto. Na sequência, consideramos brevemente os três tipos de farsas dicotômicas, bem como, suas inversões e replicações que atingem o pensamento político contemporâneo, mesmo aquele que tenta considerar o particular em detrimento do absoluto. Concluímos ao indicar que Arendt, embora não tenha sido imune à farsa do absoluto, oferece-nos importantes pistas para a concepção de uma ontologia coerente da finitude.

Na segunda parte, apresentamos o conflito e a tensão entre passado e futuro, os quais ocorrem nos vários períodos do pensamento de Arendt, como nossa chave estratégica de leitura. Respeitando uma ordem cronológica, ainda que nos permitindo flexibilidade, beneficiamo-nos de trabalhos menos abstratos e mais diretamente dedicados à compreensão da experiência do judeu europeu com o totalitarismo alemão. Após uma breve ilustração da tensão entre passividade e atividade, bem como, da inclusão e exclusão na figura do nacional estrangeiro, listamos as principais características do que seria uma ontologia coerente da existência própria a seres particulares. Em particular, situamos a contingência que conhece, pratica, deve, sente e angustia-se na tensão dos limites dos conflitos da pluralidade. Embora nem todos os aspectos puderam ser adequadamente introduzidos, consideramos oportuno tê-los registrado naquele momento.

Considerando, então, o aspecto da responsabilidade, a qual não podemos abdicar nem possuir em nome do absoluto, retomamos à discussão dos escritos do primeiro período do pensamento de Arendt, o que nos permitiu introduzir de maneira menos abstrata e mais extensiva muitas das características previamente listadas. Do pária ao parvenu, da conservação à mudança, do idealismo ao realismo, da antiguidade à modernidade, pudemos observar como não importa a pretensão de nossas farsas – sejam elas religiosas, filosóficas ou científicas – obter acesso ao absoluto: importa a espontaneidade de nossas práticas. Elas, afinal, não se dão absolutamente, isto é, não correspondem a uma fictícia capacidade da vontade impor o que deveria ser, falaciosamente equivalente à fictícia capacidade da necessidade impor o que já é, porém correspondem às possibilidades que se manifestam ou se descontrolam no limite das tensões dos conflitos.

A possibilidade ou valor, que oscila em sua atualidade e diferença na tensão que vai da necessidade à vontade, que sente prazer e canta sua própria beleza, porém não se firma, antes, se esvazia na tensão que vai da vontade à necessidade, angustia-se, e, assim, torna-se vulnerável a outras possibilidades. Isto significa dizer que a comunicação política possível é apenas parcialmente comensurável, não é racional ou irracional, é um provocar e um seduzir estético. Fosse ela plenamente comensurável, qualquer divergência seria plenamente incomensurável: nos restaria apenas corroborar, inversamente, que a possibilidade a qual consideramos opressiva representa a verdade da opressão, isto é, a instrumentalidade que se impõe automaticamente a um ser não-pensante, contra a qual tentaríamos em vão deduzir normas quaisquer. Em realidade, enquanto leis e normas onipotentes se equivalem em sua impotência, por detrás delas, nas lacunas abertas pelas tensões dos conflitos, praticamos aquilo que se justifica em si mesmo.

Ao praticar, também conhecemos parcialmente e assentamos nossos deveres para com a realidade presente. Assim como, ao conhecer, damos oportunidade e subsidiamos nossas práticas e orientações valorativas.

Também na segunda parte, a medida que desmascarávamos os valores disfarçados pela face dual da projeção do absoluto, introduzimos uma tipologia das orientações valorativas, baseada nas maneiras em que nos portamos frente aos outros. Além disso, observamos como elas são organizadas e reorganizadas por passos imbricados. Concluímos, finalmente, essa parte, com um resumo do sentido dos acertos e dos erros de Arendt e com uma breve consideração de sua crítica a Heidegger e a Nietzsche.

No escopo deste trabalho, não realizamos uma apreciação mais detalhada dos escritos posteriores ao *The Origins of Totalitarianism*. Neste ponto, encontramos a conclusão geral que, após apresentar nossa estratégia de leitura e considerar a relação entre conhecer e praticar, apontou a tarefa futura que caberia à pesquisa, tendo como objetivo a consolidação da ontologia proposta.

Enquanto não podemos evitar de praticar possibilidades, valores, resta-nos consolidar nosso reconhecimento da condição de existência, bem como, nosso desmascaramento das farsas do absoluto, isto é, avançar a compreensão de como a realidade da manifestação da possibilidade na tensão dos conflitos, ao colocar-se como uma referência particular, permite a crítica, porém não a revelação e a dedução de uma verdade total, oposta à opressão total e simuladora de sua falsidade. Uma vez que sejamos obrigados a reconhecer e a pensar, cabe-nos requalificar a obra de Arendt para subsidiar e liberar nossa prática estética. O que nós temos é incrivelmente frágil, por isso mesmo é tão valioso, ainda que tão imperfeito. Não podemos controlá-lo, mas podemos tentar dar oportunidade para as contingências falarem a nosso favor.

REFERÊNCIAS

Adorno, T. W. (1990). *Negative Dialektik* (6. Aufl. ed.). Frankfurt am Main: Suhrkamp.

Agamben, G. (2013). A Comunidade que Vem. Lisboa: Autêntica.

Arendt, H. (1929). Der liebesbegriff bei Augustin; versuch einer philosophischen interpretation. Berlin,: J. Springer.

______. (1968). Men in dark times. New York: Harcourt.

______. (1972). Crises of the Republic; lying in politics, civil disobedience on violence, thoughts on politics, and revolution (1st ed.). New York,: Harcourt Brace Jovanovich.

______. (1974). Rahel Varnhagen, the life of a Jewish woman (Rev. ed.). New York,: Harcourt Brace Jovanovich.

______. (1981). The Life of the Mind (1st Harvest/HBJ ed.). New York: Harcourt Brace Jovanovich.

______. (1998). The Human Condition (2nd ed.). Chicago: University of Chicago Press.

______. (2000). A Vida do Espírito. Rio de Janeiro: Relume Dumará.

______. (2004). The origins of totalitarianism (1st ed.). New York: Schocken Books.

______. (2006a). Between past and future: eight exercises in political thought. New York: Penguin Books.

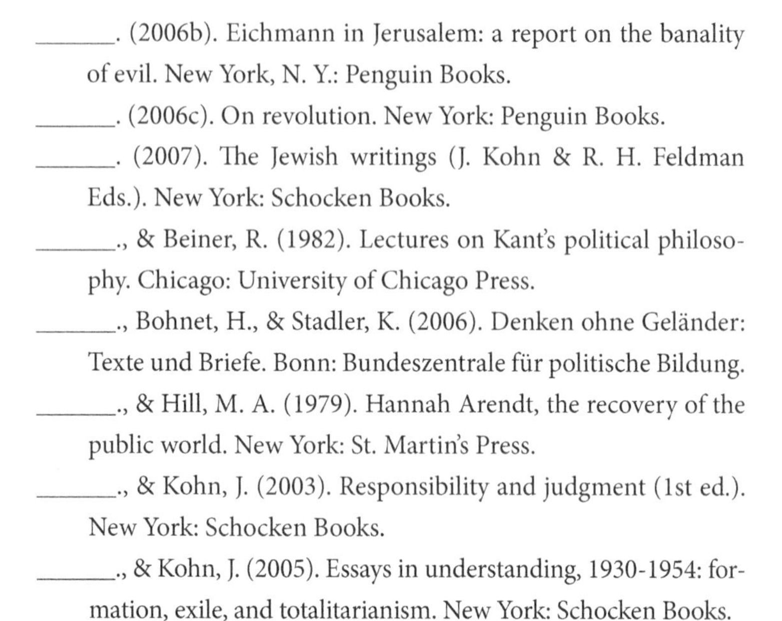

______. (2006b). Eichmann in Jerusalem: a report on the banality of evil. New York, N. Y.: Penguin Books.

______. (2006c). On revolution. New York: Penguin Books.

______. (2007). The Jewish writings (J. Kohn & R. H. Feldman Eds.). New York: Schocken Books.

______., & Beiner, R. (1982). Lectures on Kant's political philosophy. Chicago: University of Chicago Press.

______., Bohnet, H., & Stadler, K. (2006). Denken ohne Geländer: Texte und Briefe. Bonn: Bundeszentrale für politische Bildung.

______., & Hill, M. A. (1979). Hannah Arendt, the recovery of the public world. New York: St. Martin's Press.

______., & Kohn, J. (2003). Responsibility and judgment (1st ed.). New York: Schocken Books.

______., & Kohn, J. (2005). Essays in understanding, 1930-1954: formation, exile, and totalitarianism. New York: Schocken Books.

Bennett, J. (2010). Vibrant matter: a political ecology of things. Durham: Duke University Press.

Berlin, I., & Hardy, H. (2002). Liberty: incorporating four essays on liberty. Oxford: Oxford University Press.

Bernstein, R. J. (1983). Beyond objectivism and relativism: science, hermeneutics, and praxis. Philadelphia: University of Pennsylvania Press.

______. (1996). Hannah Arendt and the Jewish question (lst MIT Press ed.). Cambridge, Mass.: MIT Press.

Bowman, P., & Stamp, R. (2011). Reading Rancière. London ; New York: Continuum.

Burke, E. (2015). Reflections on the revolution in France and other writings. New York: Alfred A. Knopf.

Canovan, M. (1974). The political thought of Hannah Arendt. New York,: Harcourt Brace Jovanovich.

Connolly, W. E. (1993). Beyond Good and Evil: The Ethical Sensibility of Michel Foucault. Political Theory, 21(3), 365-389.

d'Entreves, M. P. (2016). Hannah Arendt. In E. N. Zalta (Ed.), The Stanford Encyclopedia of Philosophy (Winter 2016 ed.): Metaphysics Research Lab, Stanford University.

Derrida, J. (1994). Espectros de Marx. Rio de Janeiro: Relume-Dumará.

Fraser, N., & Honneth, A. (2003). Redistribution or recognition?: a political-philosophical exchange. London ; New York: Verso.

Gadamer, H.-G. (1989). Truth and method (2nd ed.). New York: Crossroad.

Goldoni, M., & McCorkindale, C. (2012). Hannah Arendt and the law. Oxford ; Portland, Or.: Hart Pub. 2.

Habermas, J. r. (1990). Strukturwandel der Öffentlichkeit: Untersuchungen zu einer Kategorie der bürgerlichen Gesellschaft (1. Aufl. ed.). Frankfurt am Main: Suhrkamp.

Heidegger, M. (1977). Sein und Zeit: [mit Randbemerkungen d. Autors] (Unveränd. Text. ed.). Frankfurt am Main: Klostermann.

Hinchman, L. P., & Hinchman, S. (1994). Hannah Arendt: critical essays. Albany: State University of New York Press.

Hobbes, T. (1998). Leviathan (J. C. A. Gaskin Ed.). Oxford ; New York: Oxford University Press.

Horkheimer, M., & Adorno, T. W. (1989). Dialektik der Aufklärung (1. Aufl. ed.). Leipzig: Reclam.

Inglehart, R., & Welzel, C. (2005). Modernization, cultural change, and democracy: the human development sequence. Cambridge, UK ; New York: Cambridge University Press.

______., & Norris, P. (2016). Trump, Brexit, and the Rise of Populism: Economic have-nots and cultural backlash. John F. Kennedy School of Government Faculty Research Working Paper Series.

Kompridis, N. (2007). Struggling over the Meaning of Recognition: A Matter of Identity, Justice, or Freedom? European Journal of Political Theory, 6(3).

Mandoki, K. (2008). Estética cotidiana y juegos de la cultura: prosaica l (2. ed.). México: Conaculta: Fonca: Siglo Veintiuno Editores.

Marchart, O. (2007). Post-foundational political thought: political difference in Nancy, Lefort, Badiou and Laclau. Edinburgh: Edinburgh Univ. Press.

Markie, P. (2015). Rationalism vs. Empiricism. In E. N. Zalta (Ed.), The Stanford Encyclopedia of Philosophy.

Meillassoux, Q. (2009). After finitude: an essay on the necessity of contingency (Pbk. ed.). London ; New York: Continuum.

Montesquieu, C. d. S., Cohler, A. M., Miller, B. C., & Stone, H. S. (1989). The spirit of the laws. Cambridge ; New York: Cambridge University Press.

Pettit, P. (1997). Republicanism: a theory of freedom and government. Oxford: Oxford University Press.

Pitkin, H. (1981). Justice: On Relating Private and Public. Political Theory, 9(3).

______. (1998). The attack of the blob: Hannah Arendt's concept of the social. Chicago: University of Chicago Press.

Rancière, J. (1996). O Desentendimento. São Paulo: Editora 34.

Rawls, J. (2005a). Political liberalism (Expanded ed.). New York: Columbia University Press.

______. (2005b). A theory of justice (Original ed.). Cambridge, Mass.: Belknap Press.

Rorty, R. (1991). Objectivity, relativism, and truth. Cambridge ; New York: Cambridge University Press.

Sartre, J.-P. (1994). Being and nothingness. New York: Gramercy Books.

Sennett, R. (1996). The fall of public man. New York ; London: W. W. Norton.

Siemens, H. W., & Roodt, vol. (2008). Nietzsche, Power and Politics: Rethinking Nietzsche's Legacy for Political Thought. Berlin, New York: de Gruyter.

Strong, T. B. (2012). Politics without vision: thinking without a banister in the twentieth century. Chicago ; London: University of Chicago Press.

Taylor, C. (1989). Sources of the self: the making of the modern identity. Cambridge, Mass.: Harvard University Press.

______. (1992). The ethics of authenticity. Cambridge, Mass.: Harvard University Press.

______., & Gutmann, A. (1994). Multiculturalism: examining the politics of recognition. Princeton, N. J.: Princeton University Press.

Tocqueville, A. d., Bevan, G. E., & Kramnick, I. (2003). Democracy in America: and Two essays on America. London: Penguin.

Villa, D. R. (1996). Arendt and Heidegger: the fate of the political. Princeton, N. J.: Princeton University Press.

Weber, M. (1988). Gesammelte Aufsätze zur Religionssoziologie I. Tübingen: Mohr.

Young-Bruehl, E. (1982). Hannah Arendt, for love of the world. New Haven: Yale University Press.

AGRADECIMENTOS

Ao Prof. Dr. Cícero, pela coragem acolhedora e democrática.

Ao colega Ronaldo, pelos anos de convivência e teimosia compartilhada.

Ao Grupo de Mobilidade Urbana Sustentável de Piracicaba, por tornar a política mais concreta.

A minha esposa Gabriela, companhia para as boas e más horas. Atrai-me para fora do refletir, deixa-me teimar.

Aos meus pais e irmão, Joceli, Josué, Lucas, com quem aprendi que não importa nossas pretensões de acesso à verdade total, importa nossas práticas.

Ao Fábio, pelas boas conversas.

Às pessoas e coisas, com quem experimentei a beleza de encontrar no desencontrar.

Alameda nas redes sociais:

Site: www.alamedaeditorial.com.br
Facebook.com/alamedaeditorial/
Twitter.com/editoraalameda
Instagram.com/editora_alameda/

Esta obra foi impressa em São Paulo no
outono de 2021. No texto foi utilizada
a fonte Minion Pro em corpo 10,3 e
entrelinha de 15,45 pontos.